전략입안편

식당경영론

(上)

사까끼 요시오 저
강 태 봉 역

文知社

머리말

경제의 발전과 함께 외식시장 규모가 점점 커지고 있어 1997년도 현재 23조 원이라는 거대시장을 이루고 있고 21C 초에는 50조 원을 넘을 전망이다.

이러한 외식시장 규모의 확대는 단순히 양적인 팽창뿐 아니라 업계의 사회적 인식을 높이는 계기가 되어 얼마전까지만 해도 단순 밥장사, 물장사의 인식에서 '산업'으로의 위치를 확보하게 되었다.

그러나 외형상으로 나타나는 장미빛과는 달리 우리 업계는 "외식업계 발전에 꼭 필요한 우수한 인재육성의 부진과 이에 관련된 주변 환경의 미비로 아직도 과노동, 저효율로 타업종에 비해 생산성이 떨어져 종업원들에게 좋은 대우를 못해주고 있는 것이 현실"이다. 또한 이러한 내부요인과 아울러 경기침체로 인한 매출신장율의 하락, 임대료 및 인건비 상승 등의 경영환경의 악화, 기업과 개인의 무모한 신규참여로 인한 지나친 과당경쟁 등의 외부 환경의 악화가 어우려져 많은 업소가 어려움을 겪고 있는 실정이다.

이러한 다변하는 시장환경의 변화에 이겨나가기 위해 우리 외식업계도 시대조류를 잘 파악하여 능동적으로 대처할 수 있는 능력을 키워야 할 시대가 된 것이다. 즉 고객들이 무엇을 요구하고 있는지를 끊임없이 연구해 고객을 향한 마인드자체가 상품으로 반영될 수 있도록 해야 한다. 또한 과거의 주먹구구식 운영방식에서 벗어나 각 업소에 맞는 이론구축과 운영기법의 개발이 절실히 요구되며 이에 따르지 못하는 업소는 생존할 수 없는 시대에 돌입했다 할 수 있는 것이다.

이러한 시점에서 발간하는 이 책 "식당경영론"은 日本 OGM컨설팅사의 대표이신 사까이 사장의 평생동안의 현장 경험, 컨설팅 경험을 바탕으로 만들어졌으므로 단순한 이론이 아닌 현장에서 실전적으로 적용할 수 있는 내용들이다. 외식업소를 경영하는 분들에게 외식인의 올바른 마음가짐부터 경영실무에 이르기까지 상세하게 설명하고 있어 일본 내에서도 30만 부 이상 판매된 외식인의 필독서라고 할 수 있는 외식관련의 대표 서적인 것이다.

  금번 O.G.M 코리아에서는 국내 외식인들과 예비 창업자들 및 관련기관의 체계적인 외식이론의 길잡이로서 활용되었으면 하는 바람으로 본서의 출간에 임하게 되었다. 부디 많은 분들의 아낌없는 충고와 질책을 기다리는 바이다.

  아울러 본서의 서론부분과 본문의 일부분은 역자가 8년간 사까끼 선생의 가르침과 컨설팅 경험을 바탕으로 국내현상에 맞게 고쳐놓았음을 밝힌다.

  끝으로 이 책의 발간에 물심양면으로 지원을 아끼지 않으신 사까끼 요시오 사장님과 문지사 출판관계자 여러분에게 진심으로 감사의 마음을 전한다.

1997년 11월
역자 강 태 봉

차 례

제1장 개론

1. 외식산업의 시장규모 3
2. 외식기업의 실태 7
3. 외식업의 업종·업태 10
4. 현재까지의 업계의 발자취 12
5. 앞으로의 업계 전망 14
   1) 대형체인점의 시장점유율이 더욱 증가한다. 14
   2) 타산업에서 외식업계로의 참여가 본격화된다. 14
   3) 업계가 대폭적으로 재편성된다. 15
   4) 음식점 출점전략이 변화한다. 15
   5) 음식점의 기술혁신이 진행된다. 15
   6) 식재의 유통경로가 짧아진다. 15
   7) 일하는 사람의 의식이 변한다. 15

제2장 음식업 번성의 포인트

1. 진정한 상품력이란 22
   1) 맛의 기준이란 23
   2) 기다리게 하지 말고 빨리 제공할 것 25
   3) 항상 균질할 것 28

2. 참다운 서비스력이란? ………………………………………………… 29
3. 참다운 점포력이란 ……………………………………………………… 33
　　1) 점포 설계는 신중하게 ……………………………………………… 34
　　2) 크렌리니스는 상품의 하나 ………………………………………… 35
　　3) 감성(感性)도 점포력의 하나 ……………………………………… 35
4. 외식기업의 경영이란 …………………………………………………… 37
　　1) 외식기업의 정책이란 ……………………………………………… 39
　　2) 외식기업의 전략이란 ……………………………………………… 42
　　3) 음식기업의 전술이란 ……………………………………………… 49
5. 음식기업 규모의 확대방법 …………………………………………… 54
　　1) 飮食店의 경영 스타일 ……………………………………………… 54
　　2) 음식점의 경영시스템 ……………………………………………… 57
　　3) 기업규모에 따라 노력항목을 달리한다. ………………………… 58

제3장　음식점 영업의 실제

1. 조리매뉴얼 작성법 ……………………………………………………… 66
　　1) 메뉴기준표 …………………………………………………………… 66
　　2) 상품매뉴얼 …………………………………………………………… 69
　　3) 준비작업 매뉴얼 …………………………………………………… 76
2. 접객매뉴얼 만드는 법 ………………………………………………… 83
　　1) 복장·몸가짐 매뉴얼 ………………………………………………… 83
　　2) 접객 기초매뉴얼 …………………………………………………… 84
　　3) 접객 스텝 매뉴얼 …………………………………………………… 88
　　4) 접객 응용 매뉴얼 …………………………………………………… 90
3. 청소매뉴얼 작성법 ……………………………………………………… 94

4. 운용매뉴얼 작성법 109
5. 점장매뉴얼 작성법 119
6. 음식점에서 필요한 매뉴얼 일람 121

제4장 음식점의 인사와 교육

1. 종업원 채용 방법 127
   1) 정사원 채용방법 128
2. 음식점의 초기교육 134
   1) 業界 현상의 이해 135
   2) 외식산업인이란 135
   3) 우리 회사의 경영이념과 영업방침 135
   4) 우리 회사의 조직도 136
   5) 하우스룰 136
   6) QSC란 무엇인가? 136
3. 트레이닝의 실제 136
   1) 트레이닝 포인트 137
4. 교육 시스템의 실제 145
5. 평가 시스템 152
   1) 아르바이트의 평가방법 154
   2) 정사원 평가방법 156
6. 카운셀링과 동기부여 159
7. 음식점의 급여 164
   1) 취직시의 필요한 조건 164
   2) 회사의 크고 작음은 상관없다 165

3) 모든 회사조건을 좋게 하고자 생각지 말라! 165
   4) 다른 회사와 비교해서 자랑할 수 있는 것은 무엇인가? 165
   5) 초임을 높이기 위해 우선해야 할 것. 166
   6) 정사원을 줄이는 법 167
   7) 꼭 채용해 달라고 요청하게 해야 한다. 168
   8) 급여의 구성 / 일시적인 급여체계로부터 탈피 169
   9) 새로운 급여체계의 제안 169

8. 음식점의 복리후생 170
   1) 사회보험의 정비 171
   2) 법정외의 복리후생 173

제5장 음식점 조직을 움직이는 법

1. 조직의 원리원칙 181
2. 음식점의 조직 184
3. 음식점의 직무분담 189
   1) 부부 두 사람이 하는 경우(표 5-3) 190
   2) 연매출이 2~3억원인 점포(표 5-4) 191
   3) 점포가 2~4점 규모(표 5-5) 192
   4) 점포수 5~10점포의 규모(표 5-6) 192
   5) 체인점의 역할 분담 193
4. 음식점의 요원계획 196
   1) 점포사이드의 요원계획 196
   2) 본부스텝의 요원계획 199
5. 음식점의 조직 움직이는 법 200
   1) 완전한 권한 이양 201

2) 정당한 평가 ··· 201
3) 계획적인 운영 ··· 202
4) 전원참가 ··· 206
5) 잘 운영되고 있는 회의, 미팅 ··· 207

제1장

개론 - 오늘날의 외식산업을 어떻게 이해할 것인가?

음식점을 경영하는데 있어서 오늘날의 음식업계가 어떻게 전개되고 있는가? 그 개요를 파악하는 것 즉, 오늘날 한국의 음식시장의 실태 그리고 실제로 경영되고 있는 음식점의 업종과 업태, 또한 음식업계의 지금까지의 발자취와 앞으로의 경향 등을 고찰함으로써 음식점 경영의 지표를 명확히 하는 것이 우선 중요하다고 생각된다.

외식업계는 국민 가처분소득의 급속한 증대에 따라서 시장규모가 일거에 확대되어 국내외식산업이 본격적으로 시장 진입하던 1988년 당시 외식시장 규모가 총 7조 억이었던데 반하여, 1996년말 기준, 23조 원으로 300% 이상 확대되는 등 거대산업으로 발돋움하고 있다. 이러한 시장규모가 확대되므로써 음식기업 스스로 질적 전환을 꾀하여 과거 물판적인 체질에서 서서히 탈피, 오늘날에는 음식업계가 외식산업이라 불리우기까지 그 사회적 인지도를 높이고 국내 경제의 일익을 담당하는 등 그 위치를 견고히 하고 있다.

특히, 국내 경기가 선진 경제와 같이 경제구조가 공업중심에서 정보, 서비스산업에 주력하기 시작하여 소프트화가 진행되어가고 있어 음식업계는 더욱 성장을 계속해 가리라 예측되고 있다. 그러나 성장기에 있는 당업계는 시장규모의 상승에 더하여 음식점 과포화라는 마이너스요인도 내포하고 있어 앞으로의 업계 상황은 극히 복잡한 상태로 확대를 계속해 갈 것이라 생각된다.

1. 외식산업의 시장규모

어떠한 종류의 점포까지를 음식업이라고 하느냐 하는 그 틀을 어떻게 정하느냐에 따라서 시장규모가 크게 변하는 것은 말할 것까지도 없다. 문자 그대로 이해하면, 음식업은 커피나 알콜을 파는 음료점과 식사를 파는 업소라는 2가지 커다란 줄기로 성립된다.

일본의 경우는 정부외곽단체인 (財)외식산업종합조사센타(외총연)에서 일본의 음식업계, 즉 외식산업계 시장을 매년 자세히 조사, 데이터를 발표하고 있으나, 국내는 아직 자료 취합 기관 및 역할 담당기관조차 설립되어 있지 않은 것이 현실이다.

따라서 여기서는 오지엠코리아 컨설팅이 8년간의 업계 컨설팅의 경험치를 바탕으로 국내 외식업계의 시장 규모에 관해 서술해 보기로 하자.

표 1-1이 그것이다. 표에 의하면, 외식산업이란 급식주체와 음료주체로 성립된다. 또한, 급식주체는 영업급식(이것을 일반적으로 음식점이라 한다)과 단체급식으로 나뉘어진다.

이렇게 외식산업은 국민의 일상생활의 구석구석까지 확대되어 그 저변이 광범위하다는 것을 알 수 있다.

표 1-1 업종별 외식업 시장규모 및 구성비(1995년대)

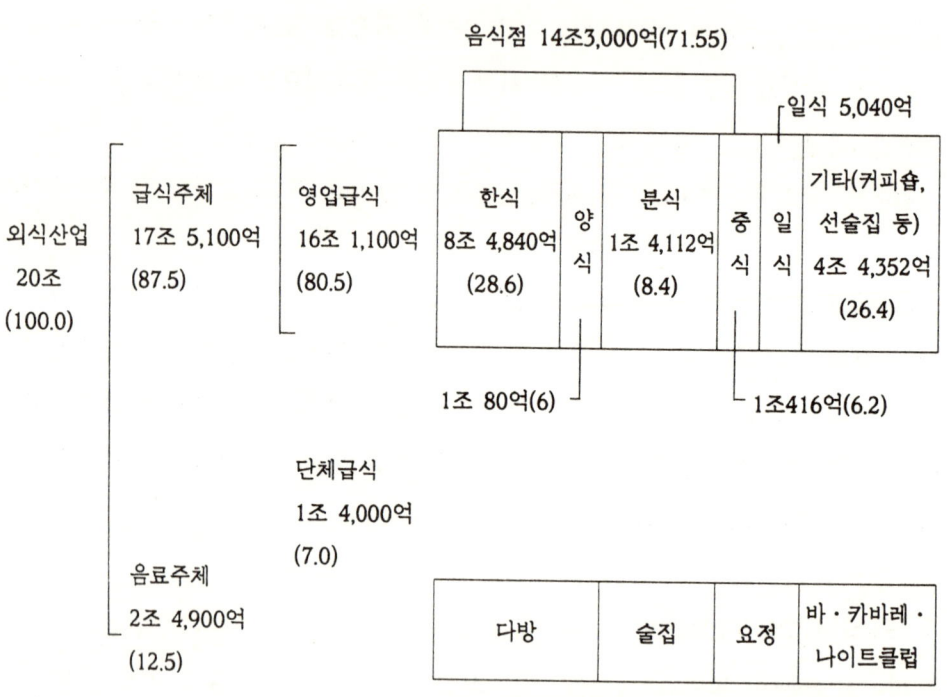

* ( )는 %

<OGM 코리아 컨설팅 추정 규모>

이들의 매출총계가 1995년도에는 20조 정도나 되었다 한다. 이것은 도시근로자 가구의 소비지출의 10%를 차지하는 것이다. 알기 쉽게 이야기하면 서울 시민의 경우 월평균 4.7회의 외식을 하며, 가구당 한달 평균 17만 7백원의 외식비를 지출하고, 1인당 1회 평균 13,700원의 외식비용을 지출하는 것으로 나타나고 있다(1995년 기준).

그렇다면 음식업의 매출은 그냥 가만히 있어도 계속 성장하는 것일까? 확실히 외식산업은 1980년대 중반부터 한국의 경제성장에 힘입어 급속성장을 이루어 왔다. 표 1-2를 보면 알 수 있듯이 1988년에 7조 1000억 원이였던 것이 불과 10년 남짓한 사이에 20조 원을 돌파했다. 이것은 1985년도에 식료품비 지출중 외식비 비중이 8.1%였던 것이 1996년에는 35.5%에 달한 것을 보더라도 쉽게 이해할 수 있을 것이다(표 1-2 식료품비 지출 중 외식비 비중 참조).

표 1-2 식료품비 지출 중 외식비 비중

단위 : %

한국: 8.1(85), 20.2(89), 30.5(94), 33.5(95), 35.5(96)
일본: 15.1(85), 16.6(89), 17.1(94), 17.7(95), 18.1(96)

자료:통계청·일본 총무청 통계국

지금까지 외식시장에 대해 서술해 왔는데 이에 의하면 국내 외식시장은 우리 나라의 경제발전, 국민의 가처분소득의 급속한 증대에 따라서 시장규모가 급격히 확대되어 가고 있다. 즉, 외식산업은 그 발전 구조상 1인당 GNP가 1,000달러 수준일 때를 시발점으로 하며, 1인당 7,000달러가 넘어서면 본격 성장기에 들어서는 특징이 있다. 따라서 국내 국민소득수준과 경제발전 속도에 비례하여 외식산업은 자연스럽게 확대 팽창해 나가고 있는 것이다.

그러나 한편 급속 성장기에 있는 당 업계는 급격한 시장규모의 확대와 더불어 지나치게 늘어나는 음식점 과포화라는 마이너스 요소가 상존하고 있어, 앞으로의 음식점 경영은 지금까지처럼 단조롭고 평범한 방법으로는 다른 업체들간의 경쟁에서 이길 수 없는 시대에 들어서고 있다고 할 수 있다.

표 1-3 한일 외식산업시장 규모 및 외식산업 시장규모 전년 대비 성장율의 추이(1988~1996년)

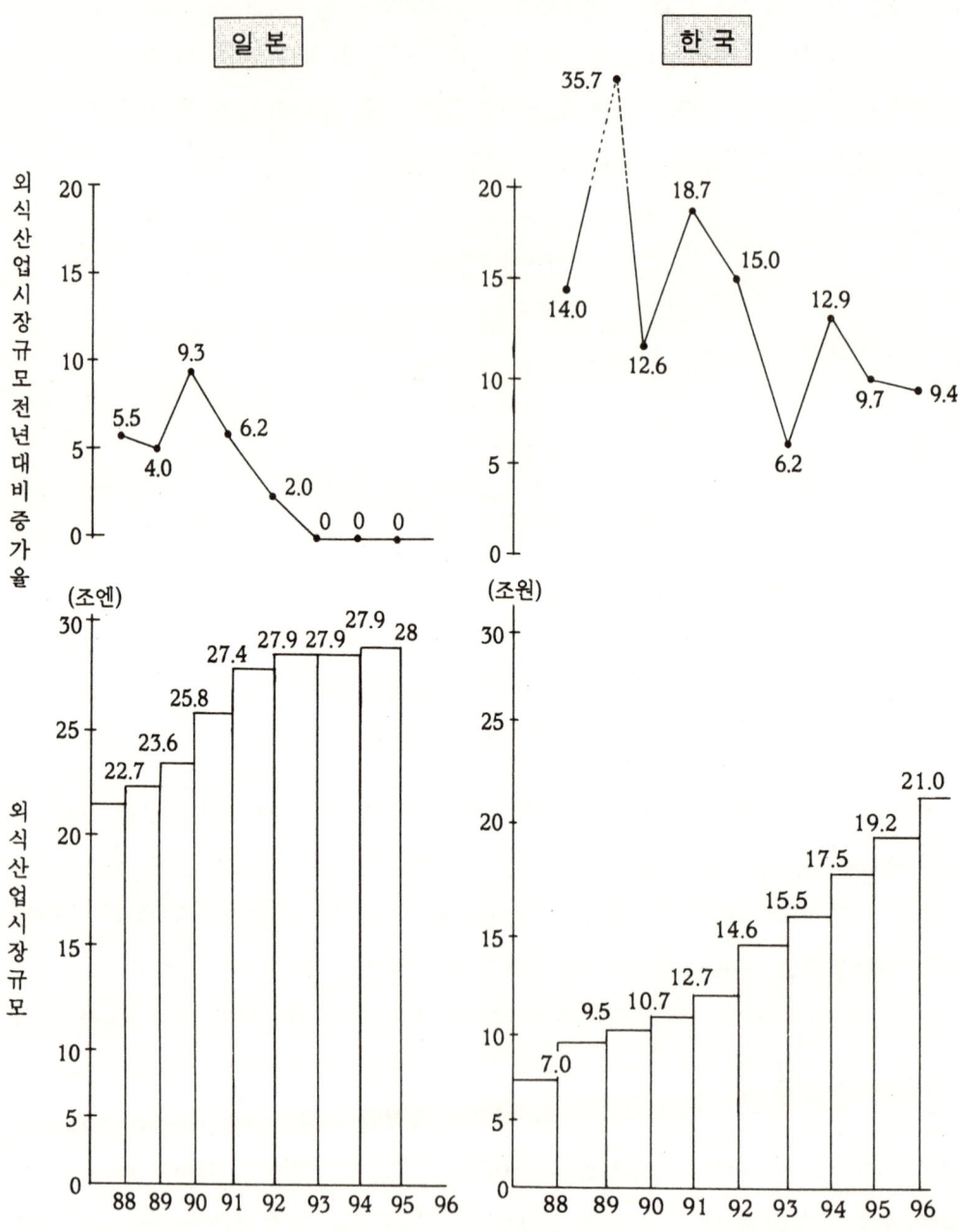

2. 외식기업의 실태

　음식업은 외식산업이라고 일컬어지기까지 그 규모를 확대하고, 사회적인 인지도를 꾸준히 높여 왔다. 그러나 결코 진짜 " 산업 "이라 일컬어질 만한 內容과 質을 외식산업계 자체가 갖고 있는 것일까?

　20조 원의 시장규모는 분명히 거대하다. 그러나 이 20조원 시장을 34여만 개(1995년 기준)의 점포가 서로 나누고 있다는 사실을 간과해서는 안 된다. 이것을 하나의 사업소로 환산하면 연매출 5천9백만원 정도 된다. 즉 월매출이 500만원도 미치지 않는 사업소로 외식산업이 구성되어 있다는 사실을 간과해서는 안 된다.

　또 한편으로는 외식산업에서 상시고용자는 약 100만 명이나 되지만, 점포 당종업원은 너무나 적다. 일반 음식점만 한정해서 보더라도 한 점포에 종업원이 4명 이하인 사업소가 약 91.8%, 5~9명이 7.2%로 10명 이상 되는 곳은 불과 1.0%에 불과하다. 또한 개인기업이 99.9%이고 법인이 0.1%로 극히 법인화율이 낮은 것도 이 업계의 특징이다(자료 : 경제기획원 『총 사업체 통계 조사 보고서』 통계청, 『한국통계 연감』).

　이것만 보더라도 외식산업의 전체상을 알 수 있을 것이다. 이 정도로 너무나 영세하고 생업적, 가업적인 사업소가 많다. 이것이 이름뿐인 외식산업들로, 실태는 밥장사라 일컬어지는 큰 요인 중의 하나이다. 그래서 무엇보다도 저생산성을 탈피하고 규모를 넓혀, 진정한 산업화를 희망하는 것이다.

　그러나 이와 같은 소규모, 저생산성을 갖고 있는 업계가 미국이나 일본으로부터 새로운 경영방법의 도입을 꾀하고 많이 연구하여, 노동생산성을 높이면서 급속성장을 이룬 기업도 1980년대 후반부터 속출하고 있는 것도 사실이다.

　일본의 경우, 외식매출고 수준 상위 50개사의 일람표(표 1-4)는 일본경제신문사의 조사에 의한 것이지만, 연매출 1,000억 엔을 돌파한 기업이 세븐 일레븐, 일본맥도널드, 로손, 스카이락그룹, 세존그룹외식부분, 다이에 외식사업그룹 등 14개소나 되고, 연매출 100억 엔을 넘는 외식기업은 143개社, 또한 주식상장을 이룬 외식기업이 1996년 현재 약 58사나 배출되고 있다.

표 1-4 1996년도 일본 외식업 매출순위 상위 50社

96년순위	회 사 명	업 종	매출고(백만 엔)
1	세븐일레븐재팬/패스트 푸드부분	CVS	493,965
2	일본맥도날드	양식	298,843
3	로손	CVS	295,500
4	스카이락 그룹	양식	247,526
5	세존푸드서비스 그룹	일식	190,510
6	호카호카정 총본부	도시락	164,032
7	다이에푸드서비스	다업종	148,225
8	일본 KFC	양식	141,562
9	로얄 그룹	양식	134,609
10	모스푸드서비스	양식	126,157
11	더스킨푸드서비스 그룹	양식	125,485
12	프린스호텔	호텔	118,994
13	본가 카마도야 체인	도시락	110,949
14	데니스 재팬	양식	101,077
15	小僧초밥 본부	일식	88,539
16	JR동일본 푸드서비스그룹	역식당	84,499
17	養老乃瀧	일식	84,081
18	롯데리아	양식	63,394
19	쯔보하찌체인	선술집	59,319
20	로얄호텔	호텔	58,336
21	京 樽	일식	55,882
22	무라사끼 본사	선술집	53,211
23	잘호텔즈(호텔닛코인터내셔날)	호텔	52,814
24	王將푸드서비스	중식	51,315
25	코코스재팬	양식	51,056
26	大庄	선술집	50,920
27	몬테로사 (시라끼야 체인)	선술집	50,809
28	시덕스	단체급식	50,720
29	그린하우스 그룹	단체급식	50,693
30	호텔 뉴오타니	호텔	47,882
31	다이찌 호텔체인	호텔	46,255
32	뉴도쿄 그룹	다업종	46,229
33	도토루커피	커피	45,055
34	엠서비스	단체급식	40,130
35	미니스탑	CVS	39,328
36	藤田觀光	호텔	38,876
37	닛코트러스트	단체급식	37,964
38	제국호텔	호텔	36,928
39	大和實業	다업종	36,848
40	포시즈(피자라)	피자	35,500
41	全日空엔터프라이즈	다업종	35,308
42	사또	일식	35,217
43	사뽀로라이온(라이온체인)	비어홀	35,123
44	다이낙	다업종	33,949
45	am/pm 재팬	CVS	33,600
46	오리엔탈랜드	디즈니랜드內음식시설	32,139
47	피자 캘리포니아	피자(배달)	31,662
48	제이다이너 東海	다업종	31,490
49	전국대학생협동조합연합회	전국대학식당연합	31,456
50	木曾路	일식	31,369

한국의 경우, 표 1-5와 같이 1996년 기준 가장 높은 매출을 올린 업체는 롯데리아로, 국내 외식업계 사상 초유의 2천억 원을 넘는 매출을 기록하였다. 롯데리아에 이어 KFC가 2위, 그리고 95년 대비 25% 매출이 증가한 피자헛이 3위를 차지하였다.

이러한 대형 체인점은 근대적인 경영방법을 적극적으로 일본이나 미국에서 도입, 자사에서 창의적인 연구를 거듭하여 자금력, 인재력, 입지 확보력을 바탕으로 업계에서의 시장규모를 점점 높여갈 것이다. 대형 체인점(매출액 상위 50사)이 업계에서 차지하는 시장규모는 1996년 약 7%미만이지만, 일본과 미국은 1987년에 이미 약 13%, 27%를 넘어서고 있다.

이런 점으로 보아 대형 체인점의 시장규모는 더욱 신장될 것이고, 이러한 상위 그룹들이 업계를 리드하면서 업계의 전반적인 구조가 변화할 것이다.

표 1-5 1996년도 국내 상위 10개 체인브랜드 매출액·매출 증가율 현황

1996 순위	1995 순위	브랜드명	업 태	매 출 액 (95년)	96년)	매출증가율(%) 96VS95
1	1	롯데리아	FF(Buger)	1,500	2,400	60 %
2	2	KFC	FF(Chicken)	1,087	1,200	10 %
3	3	피 자 헛	Pizza	880	1,100	25 %
4	4	맥도널드	FF(Burger)	410	700	41 %
5	10	파파이스	FF(Chicken)	125	450	260 %
6	6	Coco's	Family	330	410	24 %
7	5	웬 디 스	FF(Burger)	400	400	0 %
8		배스킨라빈스	Ice cream	225	370	64 %
9	7	T.G.I.F	Dinner house	260	340	36 %
10	8	버거킹	FF(Burger)	203	320	57 %
계				5,411	7,690	42 %

3. 외식업의 업종·업태

오늘의 한국 음식업의 영업형태는 어떻게 되어 있을까? 그 영업방법을 정확히 파악하는 것이 음식점 경영상 극히 중요하다.

전술한 표 <외식산업 시장규모>항 표 1-1에서 한국 음식산업 분류를 커다란 틀로 나누어 놓았지만 이 분류는 지금까지 OGM 코리아 컨설팅이 통계작업상 수단으로 사용해온 것으로 오늘날의 국민소비동향, 그리고 점포측에 있어서의 대응방안에 대해서 생각해 보면 더욱 유연성이 있는 입체적인 분류방법이 바람직하다고 생각된다.

분명 10년 전까지는 그 점포에서 무엇을 팔고 있는가? 그 취급하는 상품에 따라서 한식, 일식, 양식, 중식, 주점 등으로 분류해 왔고 고객측에서도 "오늘은 무엇을 먹을까, 이 점포에서는 어떤 요리를 먹을 수 있을까"로 음식점을 결정해 왔다. 즉 이것을 '업종발상'이라고 한다.

그것이 한국인의 라이프스타일이 서구화됨에 따라, 선진 음식점의 방식과 수법이 도입되어 1980년대 후반 올림픽 전후에 크게 변화하게 된다.

이것이 '업태발상'이다. "오늘은 무엇을 먹을까"라는 단순한 동기만이 아니라, "오늘은 시간이 없으니까 햄버거로 때울까"라고 패스트 푸드점으로 가고, 친구나 가족 등 다수가 함께 이용할 때에는 "메뉴 종류가 많은 패밀리 레스토랑 쪽이 편하다"라며 패밀리 레스토랑으로 가고, 데이트와 손님 접대에는 "큰맘 먹고 근사한 곳으로 갈까"라고 하여 디너하우스로 가는 것이다.

1980년대 후반 무렵부터 소비자간에서 이렇게 이용하는 T.P.O(Time : 시간, Place : 장소, Object : 목적)에 따라 음식점을 선택하게 되었다. 그리고 그 이용동기에 대응하여 패스트 푸드, 패밀리 레스토랑, 디너하우스라는 업태가 명확하게 분화되어 왔다. 이 업태발상은 미국의 음식점 경영이론·수법이고, 이 미국이론이 일본이나 한국에서의 업태발상을 확실하게 했다고 할 수 있다.

표 1-6은 한국 음식점의 업종·업태이다. 가로가 업태이고, 세로가 업종이다. 업태란에는 패밀리 다이닝이라는 새로운 말이 나오는데, 1990년대에 들어와 소비자들의 생활수준이 향상됨에 따라 업계 자체의 경쟁에서 패밀리 레스토랑과 디너하우스 중간에 더 한층 높은 레벨에 대응한 새로운 업태 나타나게 되었다.

이 업태는 점포의 상품력, 서비스력, 점포력과 손님이 지불하는 금액에 의하여 자연스럽게 범위가 결정된다. 표 1-7을 잘 보기 바란다. 패스트 푸드는 원칙적으로 셀프서비스이며 상품도 만들어 놓은 경우가 많다. 따라서 지불금액도 3,000원 정도이다. 그러나 패밀리 레스토랑의 경우는 웨이터와 웨이트리스가 테이블에서 정형화된 서비스를 하고 요리의 레벨은 중간 정도이다. 따라서 객단가는 3,000~8,000원이 된다.

패밀리 다이닝에서는 8,000~20,000원, 고급 디너하우스는 20,000원 이상의 객단가를 가지고 있다. 이처럼 앞으로는 고객의 이용동기가 '무엇을 먹고 싶은가'만이 아니라, '얼마 정도로 먹고 싶다'라는 기준이 명확하게 있고 그러한 고객의 욕구에 대응한 영업방식이 요구된다. 이것이 '업태발상'이다.

이 업태발상을 충분히 이해하지 못하고 패밀리 레스토랑에 디너하우스의 서비스 제공과 점포 구조를 만든다거나, 디너하우스 가격을 받는 데도 현장의 상품력, 서비스력, 점포력 등이 실제로 패밀리 레스토랑수준인 음식점이 의외로 많다.

음식점은 이 업종·업태를 이해하고 나서 시작해야 한다.

표 1-6 한국 음식점의 업종·업태

업종 \ 업태	패스트 푸드 객단가 : 3,000원 정도 서비스 : 셀프 및 카운터 업무 메뉴 : 한정 제공시간 : 3분 이내	패밀리 레스토랑 객단가 : 3,000~8,000원 서비스 : 정형화된 풀서비스 메뉴 : 폭넓은 상품구성 제공시간 : 15분 이내	패밀리 다이닝 객단가 : 8000~20,000 서비스 : 풀서비스 메뉴 : 선택의 폭이 있는 상품구성 제공시간 : 15분 이내	디너하우스 객단가 : 2만원이상 서비스 : 풀서비스 메뉴 : 한정된 상품구성 제공시간 : 30분 이내
한 식	우리만두 미가도시락 분식집 등의 간편식	평창장터국밥 놀부보쌈, 고래등 마포갈비 등의 대중 한식점	벽제갈비, 평창갈비, 삼원가든, 한국관, 늘봄공원, 안동황우촌 등의 일반 한식과 토담골, 감자바우 등의 대중 한정식	석란, 용수산, 가야랑 등의 고급 한정식과 호텔 한식
일 식	장터국수 민속마당 일본생라면집	돈카 기소야 관서옥 미도야	군산회집 부산회집 등의 일반 일식점	코오라 호텔 일식당
중 식	취영루 만두 전문점	일반 대중 중식당	선궁 로터스가든	팔선 만리장성 중국성 연경
양 식	KFC 롯데리아 맥도날드 파파이스	토마토 앤드 오니온 코코스 스카이락 비버리힐, 삐에드로	T.G.I.프라이데이 시즐러, LA Palms 베니건스 토니로마스	아테네 호텔 양식당
선술집	투다리 포장마차	칸, 소주방 하이트광장, 카스타운	기린비어 파스타 벨라벨라	요정 호텔의 클럽

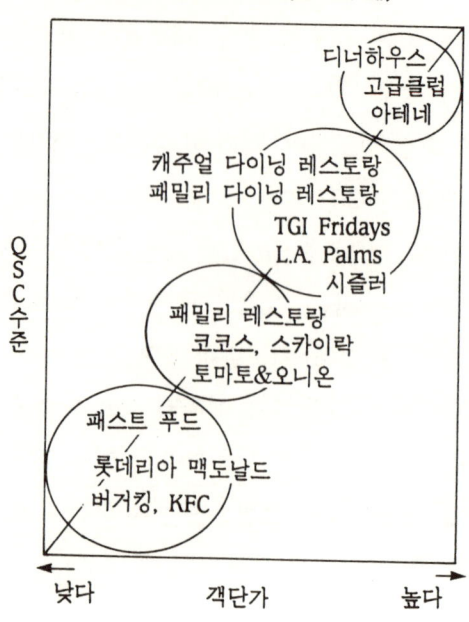

표 1-7 업태 그래프(한국의 예)

4. 현재까지의 업계의 발자취

한국 음식점은 통일신라시대부터 음식업의 기원인 주막이 출현하여, 조선시대에는 작은 요리점 형태를 갖추기 시작했다. 또한 1900년에 손탁호텔 내에 프랑스식 음식점이 처음 개점됨으로써 근대적 음식업의 시발점이 되었다. 그러나 음식점 자체는 상업의 일부이지, 기업으로써, 사업으로써 사회적 인식을 얻을 수는 없었고, 거의 모든 음식점이 생업점, 가업점이었다.

조금 큰 음식점이라 하더라도 그것은 어디까지나 가업이고 가족 영달의 수단 중 하나에 지나지 않으며, 거기서 일하는 종업원은 과거형 노동형태인 도제제도를 바탕으로 기업화와는 거리가 멀었다.

이러한 음식업계가 1940년대에 들어와 첫걸음을 내디디면서 하나의 사업, 기업으로 성장할 기미가 보였지만, 1950년 6.25전쟁으로 그 기업기반이 뒤집혀 버렸다.

이것은 음식점만이 아니라 한국의 모든 산업이 기반부터 파괴되었기 때문에 어쩔 도리가 없었지만, 이 폐허의 흔적 속에서 한국의 음식업은 다시 걸음을 내딛기 시작했다.

여기서 전후 40년간 업계의 변천을 살펴보면, 전후 40여년간은 기아의 시대, 대중식당의 시대, 전문점의 시대, 가볍고 편리한 간편식 시대, 미국형, 일본형 신업태의 시대로 변화하고 있음을 알 수 있다.

지금까지 전후 40여년간 대전의 폐허속에서 경이로운 부흥을 이루었고, 이제는 선진국 대열에 진입하게 된 한국. 절대적인 부족의 시대에서 잉여의 시대로, 기아에서 포식으로, 충족의 시대에서 충실의 시대로, 드라마틱하게 변화를 이루었다.

그리고 지금 고객들은 결코 양과 맛만으로 그 점포를 평가하지 않는다. 냉정하고 엄격한 눈으로 음식의 질을 선택한다. 곧 선택의 시대로 돌입하고 있다. 당연히, 음식점 영업, 경영도 40여년 동안에 크게 변화하게 되었다.

음식점의 조류가 크게 변화된 것은 1990년대 들어서부터이다. 1988년은 서울올림픽을 성공리에 마치고, 한국이 세계 여러 나라 속으로 완전한 복귀를 이루어 마침내 국제화시대로 들어가려고 하는 고도성장기였다. 이 무렵은 국민 모두가 보통 생활을 하고 싶다라는 평범한 감각, 즉 중산층 의식이 대부분이었다.

바로 이무렵부터 유통업은 대량사입, 대량판매방식으로 소비자에게 상품을 점점 싸게 팔았다. 이 量販시스템의 모범은 미국 유통업계의 주류를 이루고 있는 체인스토아방식이었다.

이 체인스토아 이론을 유통업자들은 적극적으로 도입하고자 했다. 그 결과, 오늘날의 킴스클럽, E마트, 플라이스클럽 등과 같은 대형 판매체인이 탄생하게 되었다.

그리고 이 체인스토아 방법을 물판업뿐만 아니라 음식업계에서도 채용하게 되었는데, 맥도날도, 켄터키후라이드치킨과 데니즈, 빅보이 등이 미국에서 체인스토아 이론을 바탕으로 급속성장한 대표적인 예이다.

한국에서는 1980년에 패스트푸드를 중심으로 생긴 KFC, 맥도날드, 롯데리아, 패밀리레스토랑과 패밀리다이닝을 축으로 탄생한 코코스, 스카이락, 토마토앤드오니온, TGI.F 등이 미국 외식산업의 체인스토아 이론을 적극적으로 받아들여 전개한 예이다.

이렇게 해서 한국 소비자의 소박한 감각, 중산층 의식을 기초로 미국에서 상륙한 체인스토아 이론에 바탕을 둔 외식기업이 전국적으로 뿌리를 내리기 시작하여 급속성장을 이루게 된다.

메뉴구성, 상품제공방법, 조리방법, 서비스시스템, 갖가지 매뉴얼, 교육시스템, 주방시스템, 점포설계 등 음식점의 수많은 소프트, 하드웨어의 노하우가 미국과 일본에서 도입되어 전국의 중소 음식점으로 전파되어 가고 있다.

그리고 급속확대를 이룬 대형체인과 서서히 조금씩 힘을 쌓아가고 있는 지방의 중소음식점, 그 양자사이에 끼어서 더 이상 나아질 여지가 없는 영세점이라는 구도가 만들어지고 있다.

이와같이 앞으로 업계는 경영환경의 어려움, 대형체인점과 지역 중소점과의 경쟁상황 속에서, 또한 무엇보다도 앞으로 물질보다는 마음, 돈보다도 자신의 자유시간을 중요하게 생각하는, 지금까지와는 다른 새로운 가치관을 갖는 고객을 얼마나 만족시키고, 자점으로 끌어들일 수 있을까라는 예전에 없었던 대응을 음식업계는 추구해야만 한다.

5. 앞으로의 업계 전망

1900년대 외식업의 태동 이후, 미미한 발전을 해오던 외식업은 GNP의 상승과 그에 따른 경제구조의 변화, 소비자의 라이프 스타일과 욕구의 변화로 지금은 급성장기를 맞이했다. 이런 업계 변화를 정확하게 예측하는 것은 어렵지만 감히 열거하면 다음과 같은 항목을 생각할 수 있다.

1) 대형체인점의 시장점유율이 더욱 증가한다.

1980년대 말에 패스트푸드 및 대형 체인점의 시장점유율은 미미했지만, 1990년대 들어서 스카이락, 코코스, TGI프라이데이즈, 토니로마스, 베니건스 등의 자금력, 인재력이 압도적 우위에 있는 패밀리레스토랑, 패밀리다이닝 중심의 대기업이 등장하면서 외식업은 크게 성장하기 시작했다. 그리고 전국에 이르는 지역 중소 음식업자와의 경합이 시작되었다. 게다가 이러한 대기업 체인은 지금까지와 같이 단일 컨셉이 아닌 여러 종류의 컨셉으로, 다양한 고객과 그들의 욕구에 대응해 나갈 것이다.

2) 타산업에서 외식업계로의 참여가 본격화된다.

산업구조의 중심이 제2차 산업에서 제3차산업으로 옮겨감에 따라 기간산업인 제철산업, 자동차산업, 전기, 가스 등의 유력기업이 점차로 외식업계로 참여하고 있다.

앞으로 신규 참여하는 업계는 결코 음식업과 관계 깊은 유통업과 식품가공업자만은 아닌 것이다.

3) 업계가 대폭적으로 재편성된다.

대형체인은 실제로 실력을 갖춘 업체와 실력이 따르지 않아 후발에 앞지르기 당하는 업체로 뚜렷이 구별되었다. 그리고 외식기업간, 또는 타업계간의 합작형태도 많아지며, 기업합작, 흡수, 매수가 활발해진다. 이것은 대형기업만이 아니라 지방 중소음식기업 사이에서도 진행되고 있다.

4) 음식점 출점전략이 변화한다.

오늘날과 같은 지가상승이 계속되는 한, 지금처럼 도심지 패밀리레스토랑, 패밀리다이닝점의 출점 등은 점포 손익계산상 일부 대기업이외는 불가능하게 된다. 따라서 2등급 입지, 지방 소도시, 빌딩 재활용 등 출점방식을 재고하지 않으면 안 되게 되었다. 음식점이 시가지에서 교외지로 옮겨가고 있는 현상이 바로 이것이다.

5) 음식점의 기술혁신이 진행된다.

조리기기가 점점 진보한다. 지금까지 주방기기는 일반 가정의 전자렌지, 냉장고 등에 비해서 뒤떨어졌지만 경쟁이 심화되면 될수록 주방기기, 공조기기를 비롯 점포 하드면의 기술혁명이 진행된다. 기술혁명은 점포만이 아니라 식재 생산·가공에서도 똑같이 비약적인 변화가 진행될 것이다.

6) 식재의 유통경로가 짧아진다.

오늘날 교통기관의 발달과 외국 유통시장 개방으로 인해 점점 외국에서의 음식재료 조달 비율이 높아진다. 식재 흐름은 생산지에서 음식점까지 단계를 상당히 단순하게 하여 재료비 상승을 억제하는 경향이 점점 강해진다. 그리고 그에 따른 식재 공급업계의 재편이 진행될 것이다.

7) 일하는 사람의 의식이 변한다.

지금까지는 물질과 돈을 위해서 일해 왔다. 그러나 선진국 대열에 참여하려는 오늘날에는 단지 돈만을 위해 악착같이 일하지 않게 되었다. 그것보다는 돈도 좋지만 여유있게 지낼 수 있는 시간을 추구하기 시작했다. 앞으로의 기업은 종업원들에게 어느 정도의 시간을 줄 수 있느냐가 그 기업 실력 판정의 기준이 될 것이다.

이상으로 7개 항목에 걸쳐서 업계를 둘러싼 상황의 변화를 서술했는데, 그 이상으로 음식업 경영에서 주의해야 할 것이 바로 소비자의 욕구변화이다. 사회가 변화하고 그에 따르는 소비자의 라이프스타일이 변하기 때문에, 당연히 이용하는 음식점에 대한 고객욕구도 변하게 된다. 이 변화의 조류를 간단히 말하면 다음과 같다.

(1) 건강 지향

인간은 돈을 벌어 소유하고 싶은 것을 충족해, 생활 자체에 만족하게 되면 다음으로는 건강하게 오래 살고 싶어하는게 인지상정이다. 인간에게는 5가지 욕망의 단계가 있다고 한다.

① 살기 위해 먹는다, ② 안전한 장소에서 쉬고 싶다, ③ 사람들이 갖고 있는 물건을 자신도 갖고 싶다, ④ 재미있고 쾌적하게 레져를 향락하고 싶다. ⑤ 언제까지나 건강하게 오래 살고 싶다라고 하는 5단계이다.

미국은 이미 5단계에 있고, 우리 나라는 제 3에서 제4단계로, 일부 계층에서는 제4단계에서 5단계로 넘어가려는 상황이라 할 수 있다. 그 나라가 풍요로워지면 질수록 건강에 대한 관심도 높아진다.

미국을 예로 들면, 1975년 무렵까지는 레드미트(Red meat) 즉 소, 돼지, 양고기를 선호했던 것이 그 이후에는 화이트미트 (White meat) 즉 송아지, 돼지새끼, 새끼양, 닭고기로 변했고, 1980년경에는 그것이 시푸드(Sea food)로 그리고 최근에는 야채·그린으로 고객의 관심이 옮겨지고 있다. 그 증거로 지금 미국의 패스트 푸드와 커피숍에서는 샐러드바가 인기를 끌고 있다.

따라서 앞으로 음식점은 무거운 식사, 지방이 많은 고기를 취급하는 레스토랑보다도 건강에 신경을 쓰는 건강요리 쪽이 보다 현실적이 될 것이다.

(2) 크로스오버 지향

우리 나라는 전쟁을 겪으면서 미국을 통하여 라이프스타일과 문화에 있어 많은 영향을 받았다. 따라서 서구문명에의 동경, 특히 전후에는 아메리칸드림의 열병을 앓기도 했다. 미국식 의식주 스타일이야말로 풍요로움의 상징이라고 믿었던 것이다.

그러나 지금 미국에서는 이불에서 자는 것이 침대에서 자는 것보다 새롭고 초밥집에서 초밥을, 한식점에서 불고기를 먹는 것이 더욱 현대적이라 느낀다. 이제 드디어 오리엔탈(동양)이 미국에 자리잡기 시작했다.

미국이 무국적화, 크로스오버 경향이 강하면 강할수록 미국 스타일을 신봉하는 사람들도 무국적화 크로스오버 경향을 띠게 된다. 나라와 나라사이의 교류가 깊어질수록 앞으로는 무국적화, 크로스오버화가 진행될 것이다.

(3) 업스케일, 업그레이드

우리 나라는 지속적인 경제발전으로 사람들의 생활이 풍요로워지고 행복을 추구하게 되었다. 평범한 생활을 원하던 것이 어느새 평범함을 싫어하는 개성의 시대로 접어들고 있는 것이다.

돈과 물질을 갖는 것이 행복이라 생각하고 있던 사람들이 돈이나 물질도 중요하지만, 자신의 라이프스타일과 건강에 신경을 쓰게 시작하게 되는 등 사회의 가치관이 크게 변화하였다. 그러나 아무리 소득이 늘고 라이프스타일이 크게 변했다고 해서 하루에 세 번 하는 식사를 아홉 번 할 수는 없다. 따라서 한 번 하는 식사에 대한 관심이 대단히 높아지고 있다.

즉, 식사의 양보다 질을 따지게 되었다. 요리의 내용과 연출, 용기의 감성, 점포의 구조, 분위기, 그리고 종업원의 서비스 수준을 다시 살펴보아야 한다는 뜻이다. 그리고 항상 보다 높은 수준, 질을 추구한다. 이것을 업스케일, 업그레이드라고 한다. 이것은 디너하우스와 패밀리다이닝에 한하지 않고 패스트 푸드에서도 마찬가지로 질의 충실이 요구될 것이다. 그만큼 점포에서 일하는 종업원, 특히 경영자와 간부는 보다 높은 감성과 품성을 갖출 것이 요구되는 것이다.

이상과 같이 고객의 요구는 건강지향, 클로스오버, 그리고 업스케일, 업그레이드로 바뀌어가고 있다. 그리고 고객의 요구에 대응하여 서서히 음식업계가 변화해 가고 있다.

따라서 소비자의 변화를 포함해 업계 주변의 환경변화를 항상 명확하게 파악하여 정확하게 대응하는 것이음식점경영의 중요한 과제라 할 수 있다.

지금까지 외식시장에 대해 서술해 왔는데, 한국의 외식업계는 오늘날 20조 규모의 시장과 매년 두 자리수의 성장을 거듭하는 거대 시장임은 틀림이 없지만, 이것은 필연적으로 치열한 생존 경쟁에서 살아 남아야 한다는 환경으로 변모해 간다는 것을 의미한다. 이렇듯 앞으로의 음식점 경영은 지금까지처럼 변화 없는 단조롭고 평범한 방법으로는 다른 기업과의 경쟁에서 이길 수 없다.

　이제 이러한 외식사업의 환경의 토대에서 진정한 음식점의 번성의 조건에 대하여 생각해 보기로 하자.

제2장

음식업 번성의 포인트

음식점 경영자라면 누구나 마찬가지로 점포를 번성시키고 싶어할 것이다. 그렇지만 '번성점이란 이것이다'라는 명확한 정의를 내리기란 참으로 어렵다. 따라서 점포의 번성을 지속시킨다는 것은 정말 힘든 일이다. 그렇지만 10년, 20년이나 번성을 계속하고 있는 점포를 잘 관찰, 분석하면 번성점만들기의 법칙을 확실히 조립할 수가 있다. 이것을 '번성점만들기의 정석'이라 한다. 야구나 럭비 등에 이론이 있고 바둑이나 장기에 정석이 있듯이 음식점을 번성시키는데도 정석은 있다. 이 정석은 야구로 예를 들면 공격과 수비이다. 다시 말해 던지고, 치고, 지킨다라는 기본이 있다. 이 기본을 철저하게 훈련할 때 비로소 강한 팀으로 성장하는 것과 마찬가지로 음식점에서도 번성을 지키기 위해서는 맛있고 좋은 느낌의 서비스와 분위기가 요구된다. 이것을 음식점 번성의 3요소라 하고 상품력, 서비스력, 점포력으로 그것을 표현한다.

이 팀(음식점에서는 점포)의 기초훈련이 잘 되어 있으면 다음은 어떻게 싸우느냐 하는 감독과 코치의 지도력이 문제가 된다. 음식점에서는 감독이 사장이고, 코치가 점장이라는 것을 쉽게 이해할 수 있을 것이다. 때문에 번성점의 3요소가 정착되면 다음에는 사장과 점장이 그 기업, 점포를 어떻게 운영해 가느냐가 문제가 된다. 이 지휘방법에 따라 점포의 번성이 크게 좌우되는 것은 말할 것까지도 없는 일이다.

따라서 지휘방법, 리드방법이 지속적인 번성의 중요한 요소가 된다. 그 실현을 위하여 각각의 기업이 목표설정을 하고 그것을 실현가능하게 하는 조직화, 시스템화가 이루어져야 한다.

다시 말해 번성점만들기의 정석 다음으로 음식기업의 목표설정과 음식기업의 지휘방법 등에 대한 명확한 신념, 결단이 요구된다. 여기서는 이들 항목을 순서대로 서술하고자 한다.

음식점 번성의 조건 (정석)

음식점을 번성시키기 위한 조건에는 상품력, 서비스력, 그리고 점포력의 세 가지 기본항목이 있다. 또한 더 욕심을 내자면 입지력과 기획 개발력 두 가지 힘을 더할 수 있다. 음식점 번성을 위한 기본은 ① 상품력 ② 서비스력 ③ 점포력 ④ 입지력 ⑤ 기획개발력이며, 이 다섯 가지 '힘'을 강화하는 것을 '음식점 번성의 5가지 정석'이라 한다.

①~③ 항목은 현장에 관한 중요항목이며, ④와 ⑤는 본부측에서 하는 중요항목이다. 이 5항목을 어떻게 종합하고 균형을 맞추느냐에 음식점 번성이 달려 있다 할 수 있다. 현장 3항목을 상품력 = Quality, 서비스력 = Service, 점포력 = Cleanness 라고 하는데 음식업계에서는 각각의 머릿글자를 따서 일반적으로 QSC라고 부른다.

항상 이 QSC의 균형을 유지하는 것이 음식점 번성을 위한 가장 중요한 항목이다. 그러나 일반 음식점에서 QSC의 균형을 이루기란 매우 어렵다. 가령, 조리에 자신이 있는 주방장 출신 점주가 경영하는 점포에서는 상품은 끊임없이 연구하며 노력하지만, 접객 쪽은 그냥 대충 넘어가거나 불결함도 그냥 지나치는 음식점을 흔히 보게 된다. 또한 점포디자인은 번화가의 유명점포를 그대로 옮겨놓은 듯한 점포지만, 요리는 너무 형편없는 음식점을 흔히 볼 수 있다. 이런 점포는 개점 초기에는 호기심으로 손님이 찾아오지만 시간이 지나면 손님이 떨어져 문을 닫게 될 지경에 이르게 된다.

QSC의 균형이 맞지 않는 음식점은 요즘 같은 수준 높은 고객의 선택에서 버림받게 된다. 생활의 질을 추구하는 소비자들에게 더 이상 얼렁뚱땅해서 팔 수 없게 되었다는 것은 제1장 '앞으로의 업계 전망'에서 서술해 놓은 그대로이다. 다시 말해 QSC의 균형이 바로 번성점 만들기의 가장 중요한 항목이라 할 수 있다.

그러면 이 QSC 각 항목을 어떻게 하면 잘 실행할 수 있겠는가? 우선은 각 항목의 기준(스탠다드)를 명확하게 하고, 이 기준을 종업원 전원이 충분히 이해한 후 점포(현장사이드)에서 하나하나 완전하게 실행해가는 것이 가장 중요하다. 따라서 일반 음식점에서는 상품력, 서비스력, 점포력에 관하여 각각 그 기준을 명확하게 하도록 해야 한다.

1. 진정한 상품력이란

음식점의 이상적인 상품력이란 ① 맛있고 ② 기다리지 않고 또한 ③ 항상 같은 품질일 것, 이상 세 가지 조건을 완전하게 충족한 상태를 말한다. 이 3항목 중 하나라도 결여되면 '상품력 있다'고 할 수 없다.

아무리 맛있는 요리를 만들어내는 점포라도 30분 40분이나 손님을 기다리게 한다면 고객은 결코 맛있다고 여기지 않는다. 또 친구끼리 와서 같은 요리를 주문했는데 나온 요리가 양에 차이가 있거나, 요리를 그릇에 담은 것이 보기 좋지 않다든지 하면 그 손님은 제공된 요리를 '상품력 있는 요리'라고 생각하지 않을 것이다. 진정한 상품력이란, 맛 이외에도 중요한 항목이 있다는 것이 이해가 갈 것이다.

1) 맛의 기준이란

그러나 음식점에서는 "맛"이 가장 중요한 항목임은 말할 것도 없다. 이 "좋은 맛"은 3가지 맛으로 이루어진다. 즉, 첫맛(先味), 중간맛(中味), 끝맛(後味)이다. 지금까지 음식점들은 중간맛에만 집착하고 첫맛과 끝맛을 소홀히 다루는 경향이 있었다. 여기서는 첫맛·중간맛·끝맛에 관해 서술해 보겠다.

(1) 첫맛(선미)이란

첫맛이란 손님 앞에 "오래 기다리셨습니다. 햄버거스테이크입니다"라며 웨이트리스가 상품을 가져다 놓는 순간에 생기는 맛이다. 이 햄버거스테이크의 철판이 잘 달구어져 지글지글 맛있어 보이는 소리를 내면 바로 선미가 있게 되는 것이다. 생맥주나 샐러드를 제공할 때 맥주컵이나 샐러드그릇이 차가우면 '정말 맛있겠다'라고 손님들은 눈으로 맛을 느낀다. 이것을 첫맛(선미)이라 한다.

차가운 것은 항상 차갑게, 따뜻한 것은 항상 따뜻하게 제공해서 손님이 입으로 가져가기 전에 '맛있겠다'라고 느끼게 만드는 것이 중요하다. 때문에 주방설비나 음식 제공시의 배려가 중요하다. 그 구체적 방법에 관해서는 주방시스템, 오퍼레이션 항에서 상세히 서술하겠지만, 선미의 추구가 다음의 중미를 더욱 매력적인 것으로 만드는 첨병임을 충분히 인식해야 할 것이다.

(2) 중간맛(중미)이란

중간맛이란 물론 요리 자체의 맛, 즉 맛이 있나 없나, 손님이 입에 넣음과 동시에 손님 자신이 판단하는 맛을 말한다. 이 중간맛은 요리에 사용한 소재의 질, 사용한 조미료, 그리고 조리사의 기술이라는 세 가지 요소로 결정된다.

고급 전문점의 요리사는 요리의 소재에 대해서는 잘 알고 있으므로 계절 식재료에 관해서도 이해가 깊고, 소재 하나하나의 성질이나 취급법에 대해서도 조예가 깊다. 그러나 대중 음식점의 조리사들은 이런 점에는 매우 무관심해서 '우리 점포는 대중을 상대하는 점포이니까 이정도면 돼!!'라고 처음부터 가볍게 생각하고 대수롭지 않게 여겨 납품업자에게 일임하는 경우가 많다.

이렇게 해서는 결코 맛있는 요리를 만들 수 없다. 맛의 결정요소는 소재의 사용법에 의해 정해진다. 반드시 경영자와 조리사는 시장과 산지로 나가서 그 분야의 전문가로부터 배우고 익혀 소재의 성질, 사용법에 대한 지식을 심화시켜야 한다.

다음으로 조미료이다. 자기 점포에서 사용하고 있는 간장, 조미료, 스파이스(향신료), 모든 것에 걸쳐 체크해 보자. 싸면 된다고 하여 싼 것만 사용하고 있지는 않은지, 또한 도대체 몇 가지 종류의 조미료를 갖추고 있는지, 이 조미료를 사용하므로써 어느정도 맛을 높일 수 있는지를 체크해 보자. 조미료 사용법인 T.P.O(시간, 장소, 목적)를 제조공장이나 스파이스 전문가를 찾아가 연수를 받는 것도 바람직한 일이다.

끝으로 중미에서 중요한 것은 조리사의 조리기술이다. 프랑스 요리나 일본 교토요리 등은 조리장소가 해안선에서 멀리 떨어진 내륙지방인 파리와 쿄토에 있었기 때문에 조리사가 솜씨를 발휘해서 선도가 떨어진 생선을 맛있게 먹을 수 있도록 연구를 하였던 것이다. 그때부터 불란서요리나 교토요리의 전통이 생겨난 것이다. 이와같이 맛에는 반드시 요리사의 조리기술이 필요하다.

그런데 오늘날의 패스트푸드나 패밀리레스토랑 체인점에서는 요리사 없이 영업을 한다. 분명 이들 체인점에서는 매뉴얼이나 조리기준를 만들어 업체에 발주하거나, 자사의 센트랄키친(중앙공급식 주방)에서 조리·가공을 마친 식재를 점포까지 배송한다. 그러므로 점포사이드에서는 단순히 데우고, 굽고, 튀기고, 극단적인 경우는 담기만 하면 되는 시스템을 갖추고 있으므로 조리사가 필요 없을지도 모른다.

그러나 대형 체인인 패스트푸드나 패밀리레스토랑이 아닌 일반 음식점에는 조리사는 반드시 있어야 하며 그들의 조리기술 또한 불가결하다. 그 증거로 아마추어와 베테랑 조리사에게 똑같은 식재, 조리기기를 사용하게 하여 음식을 만들게 해보면 이런 것쯤은 곧 이해할 수 있게 된다.

이 기술의 차이가 바로 음식점에서는 맛의 차이로 나타나게 된다. 음식점에서는 맛이야말로 번성의 결정요소이며, 그것은 조리사의 조리기술에 의지하는 바가 참으로 크다. 그렇지만 노련한 조리사만 채용한다는 것은 경영상에서도 인적인 면에서도 상당히 어려운 일이다. 이런 점을 보완하기 위하여 주방을 합리적으로 개선해야 하는데 이 항목은 '음식점의 점포설계'에서 거론하기로 하고, 여기서는 중미를 결정짓는 요소는 이 조리기술임을 잊어서는 안 된다.

다시말하면 중미란 식재료 사용방법, 조미료 사용방법, 그리고 조리 기술 이 세 가지 조건으로 결정된다.

(3) 끝맛(후미)이란

마지막으로 끝맛(후미)이다. 흔히들 '뒷맛이 개운치 못하다'는 말을 자주 한다. 음식점에서도 마찬가지로 이런 말을 쓴다. 이 끝맛(후미)이란 손님이 계산대에서 계산을 마치고 가게를 나올 때, "이 점포는 정말 좋았다", "좋지 않았다"라고 판단을 내리는 것을 말한다. 어떤 고객일지라도 자기나름의 좋고 나쁨의 기준을 가지고 있다. '이런 맛과 서비스라면 이 정도의 가격은 당연하다'라든가 '이런 수준에 이 가격은 너무 비싸다' 등으로 자신만의 잣대로 판단을 하게 된다.

따라서 메뉴가격이 후미의 결정요소가 된다. 주변 객층과 전혀 다른 수준인 고급식당을 개업하였는데 손님이 와주지 않는다던가, 특히 그 지역 계층의 소득수준을 고려치 않고, 솜씨에 자신 있다 하여 잘 검토도 하지 않고 고급전문점을 개점해서 실패하는 경우를 자주 본다. 이것은 메뉴정책에서 개점하기 전부터 벌써 실패를 한 것이다. 그 지역 고객수준에 맞는 메뉴정책이 후미를 결정짓는 가장 중요한 포인트이므로 이 메뉴 머천다이징(상품기획)이 얼마나 중요한가를 이해할 수 있을 것이다.

이상과 같이 음식점의 맛에는 요리를 고객에게 제공했을 때, 입에 넣었을 때, 그리고 계산을 마쳤을 때와 같이 세 번의 승부 포인트가 있다 할 수 있다.

음식점의 경영자나 간부들은 이 세 가지의 순간순간에 고객들의 표정을 주의깊게 관찰하여 그 반응을 보고 자점의 수준을 측정하고자 하는 노력이 필요하다.

2) 기다리게 하지 말고 빨리 제공할 것

'저 점포는 음식 맛이 좋아'라는 말에 이끌려 기대를 가지고 갔는데 음식이 30분, 40분이나 늦게 나오면 기대감과 행복감이 한꺼번에 무산되고 만다. 아무리 맛있고 정성들인 요리라도 기대나 행복감을 느낄 수 없게 된다.

이와같은 경험은 누구나 한두 번은 있을 것이다. 맛과 함께 기다리지 않게 하는 자세가 얼마나 중요하다는 것을 쉽게 이해할 수 있을 것이다. 그러면 어떻게 하면 고객을 기다리게 하지 않고 빨리 요리를 제공할 수 있을까? 그건 한마디로 말해서 주방시스템과 오퍼레이이션이다.

일반 음식점 경영자는 주방 레이아웃을 너무 가볍게 보는 경향이 있다. 점포를 설계할 때 디자인이나 객석수에만 신경을 쓰고 주방 쪽은 간단히 주방업자에게 일임하고 만다. 이러면 좋은 주방을 만들 수 없게 된다.

음식점의 주방은 사람의 신체에 비유하면 심장과 같다. 심장이 약하면 마라톤을 끝까지 할 수 없다. 100미터 달리기도 전력 질주할 수 없다. 음식점에서 주방시스템이 완벽하지 않으면 요리를 빨리 제공할 수 없다. 더구나 만석일 때 고객에게 요리를 원활하게 제공하기란 불가능할 것이다.

이렇게 요리를 기다리지 않게 빨리 제공하기 위해서는 주방을 짜임새있게 해야 한다. 그러기 위해서는 먼저,

① 고객에게 무엇을 팔려고 하는가(메뉴컨셉)를 확립한다.
② 메뉴의 상품의 품목별 메뉴기준표를 만들고 이에 기준하여 조리 라인을 정한다(어디에 어떤 식재를 두고, 어디서 조리작업을 할 것인가?).
③ 정해진 조리기기의 레이아웃을 바탕으로 설계도면 위에서 실제로 주문을 하여 조리사의 동선을 체크한다(시뮬레이션).
④ 불합리한 동선이 발견되면 이것을 개선하고 주방설계도를 마무리한다(상세한 주방설계에 대해서는 하권의 '음식점 점포설계'의 장에 기술되고 있으므로 참조하기 바란다).

주방레이아웃이 결정되면 다음은 오퍼레이션이다. 아무리 주방레이아웃을 훌륭하게 만들었더라도 주방에서 일하는 종업원이나 경영자가 주방의 사용방법을 이해하지 못하면 결코 요리가 빨리 나오지 못한다.

아침에 점포 문을 열고 오전중에 준비작업을, 점심 피크타임, 저녁준비작업, 저녁 피크타임, 그리고 폐점에 이르기까지의 하루의 영업흐름을 어떻게 파악하고 계획하여 움직이게 하는가가 문제이다.

피크타임 전에 얼마만큼 잘 준비(스탠바이)하였는가? 이것이 피크시에 요리를 원

활하게 제공할 수 있는 기반이 된다. 이와같이 1일 주방 내 작업 흐름을 조립·구성하는 것을 주방 오퍼레이션이라 한다.

주방오퍼레이션에서 중요한 것은 완벽에 가까운 스탠바이와 주방을 움직이는 방법, 올바르게 숙지한 기기사용법이다.

주방의 책임을 맡고있는 주방장은 일일 출고분을 정확히 예측해서 사전에 필요한 양을 미리 준비를 해두어야 한다. 1일 매상예측이 크게 빗나가 매출이 2배가 된다면 틀림없이 주방은 대소동이 벌어질 것이다. 피크시에 '이것은 품절이다. 저것이 떨어졌다'라는 소동이 벌어져 결과적으로 고객을 30분, 40분씩이나 기다리게 하고 만다.

따라서 조리사는 조리기술과 더불어 예상매출을 근거로 필요한 분량만큼의 사전준비 작업을 해두는 관리를 중요시해야 한다. 이 예측 방법은 '음식점의 계수관리'에서 매출통계표 작성방법이나 ABC분석표를 잘 읽을 수 있으면, 이 사전준비 작업량 예측은 간단히 할 수 있다. 이와같이 생각해보면 음식업은 어떤 의미에서는 '스탠바이업'임을 알 수 있을 것이다.

다음으로 주방기기의 사용법을 철저하게 익히는 것이 중요하다. "음식점의 점포설계"장에서 해설하고 있는 오늘날의 신형 음식점 주방은 이때까지의 음식점 주방과는 전혀 다른 형태이므로, 파워면에서도 구형이 오토바이라면 신형은 승용차만큼 힘이 있다.

그런데 일반 조리사는 이 파워의 차이를 이해하지 못한 채 오랜 세월 조리를 해왔으니까 그 정도는 간단히 다룰 수 있다는 생각으로 신형 주방에서 일을 한다. 결국 이전의 구형 주방이 더 편리했다고 울상을 짓고 만다. 오토바이를 타던 사람이 자동차를 운전하려면, 자동차 학원에서 배워 면허를 따고 나서 비로소 자동차를 자유로이 운전할 수 있는 것과 마찬가지이다.

앞으로의 주방은 이 사용법의 능숙도로 크게 좌우된다. 따라서 만약 신형 주방시스템을 도입할 경우에는 주방업자의 소개로 신형 시스템을 움직이는 방법을 연수받아야 할 것이다.

이상과 같이 요리를 손님께 빨리 제공하려면 주방 시스템과 오퍼레이션이 중요하다.

3) 항상 균질할 것

상품력의 세번째 조건은 언제나 같은 질(質)과 양(量)이어야 한다는 것이다. 같은 요리를 주문하였는데 요리의 크기가 크게 차이가 나든지 햄버거가 너무 구워졌다든지 하면 상품력이 없는 것이 된다.

3일 전에 먹었을 때는 맛이 있어서 칭찬을 했는데, 그 요리를 오늘 다시 주문해서 먹어보니 맛이 좋지 않았다고 하면 곤란하다. 요리를 만드는 조리사에 따라 맛이 각각 달라서도 또한 곤란하다. 그러나 일반 음식점에서는 이와 같은 일이 예사로 일어난다.

계절의 맛을 추구하는 고급전문점에서 계절에 따라 맛이 달라지는 것은 어쩔 수 없는 일이지만, 일반 음식점에서는 절대 있어서는 안 된다. 항상 질과 양이 똑같아야 한다. 그런 생각에서 보면, 맥도날드의 맛과 균일성은 정말 놀랍다. 전국 어디서나 맥도날드 햄버거 맛은 같으며 신입사원이 만드나 10년 된 베테랑이 만드나 누가 만들어도 언제나 맛이 똑같다. 그렇기 때문에 거대한 외식기업으로 성장하였는데, 맛을 균일하게 하는 맥도날드의 이 구조야말로 일반 음식기업이 본받아야 할 점이다.

균일성을 추구하는 구조를 만들기 위해서는 우선, 정확한 메뉴기준표를 만들고 또 조리시에서는 균등한 맛을 낼 수 있는 주방기기의 개발이 중요하다.

우선 메뉴기준표를 어떻게 만들어야 하나. 이 메뉴기준표 작성법도 '음식점 영업의 실제'의 '조리매뉴얼 작성법'에서 상세히 설명하겠지만, 요는 메뉴기준표의 양과 조리방법을 엄수하는 것 이외에는 다른 방법은 없다. 주방 안에 알기 쉽게 그림과 메뉴기준표를 붙여서 전 종업원이 이를 지키게 하는 것이 제일 중요하다.

여기서 빠뜨려서는 안 되는 것이 식자재 공급업자에게 항상 같은 질의 식자재를 지시대로 납품시키는 일이다. 식자재의 질이 납품시마다 달라서는 결코 균일성을 유지할 수 없기 때문이다.

다음은 주방기기에 대한 자세이다. 최근에는 후라이어, 그리들, 오븐 등, 여러 가지로 우수한 주방기기가 개발되어 있지만 이들 주방기기의 사용법을 잘못 알고 다루면 큰일난다.

가령, 후라이어에서 자주 일어나는 경우로, 최근에 시중에 나오는 후라이어는 써

모스타트가 달려있어서 기름온도를 170도로 유지하려면 써모스타트가 그 온도가 되도록 작동하기 때문에 안심하고 튀길 수 있다. 그러나 한꺼번에 생선이나 감자를 다량으로 넣으면 기름온도가 급히 내려가서 바삭바삭하게 튀겨지지 않는다. 이렇게 맛없게 튀겨진 것을 그대로 손님에게 제공하면 어떻게 될 것인가? 틀림없이 지난번과 맛이 다르다고 불평할 것이다.

이것은 후라이어뿐만이 아니다. 그리들도 같은 잘못을 범하기 쉽다. 아무리 음식을 균일하게 제공하기 위한 주방기기가 개발되었어도 이들 기기에는 한계가 있어서 그것을 능숙하게 사용하려는 마음가짐이 필요하다. 이들에 대한 무관심이 음식점에서의 맛의 균일성을 무너뜨리는 커다란 원인이라 할 수 있다.

또한, 적극적인 방법으로는 맛의 균질(均質), 균량(均量)을 위해 여러 가지 주방기기가 개발되어 있는데 이들 기기를 주방에 설치하는 것도 중요하다.

조리사의 솜씨가 좋으면 좋을수록 자기 육감에 의존하는 경향이 강하다. 그리고 자기 솜씨를 자랑한다. 점포가 작고 접객수가 적다면 조리장의 솜씨도 자랑할 만하겠지만 점포가 크고 객석수가 늘어나고, 또 점포수가 늘어나면 늘어날수록 이건 물리적으로 불가능한 일이다. 균일성을 유지하려면 조리기기를 적극적으로 수용하여 메뉴 기준표대로 조리작업을 진행시킬 조직을 만들어야 한다.

이상과 같이 진정한 상품력이란 맛있고, 기다리게 하지 않고, 또한 언제나 같은 맛으로 제공되는 상품을 말하는 것이다.

2. 참다운 서비스력이란?

지금까지 상품력에 관하여 설명하였다. 그러나 그 점포가 아무리 상품력이 좋아 설득력이 있어도 서비스력이 낮으면 모처럼 좋은 상품력도 효과를 제대로 발휘하지 못한다. 점포에서 일하는 종업원들이 활기차게 마음에서 우러나는 접대(서비스)를 할 때, 비로소 상품력이 살아나며 그 점포가 고객으로부터 지지를 받게 된다.

그러면, 서비스란 도대체 어떻게 해야 수준이 올라가며, 고객에게 지지받는 점포로 만들 수 있을까?

우선 '서비스'란 말의 뜻을 정확하게 이해할 필요가 있다. 일반적으로 '서비스'라면 '값을 싸게 한다'든지 '덤으로 뭔가를 더준다'는 경우에 이 '서비스'라는 말을 흔히 사용한다. 그러나 음식업계에서 쓰는 '서비스'는 이와달리 '우리 점포에 잘 오셨습니다'라는 감사의 마음으로 '환대'를 한다는 뜻으로 '서비스'라는 말을 사용한다. 다시말하면 '최대의 환대'를 하려면 어떻게 해야 하는가이다.

음식점에서 서비스나 접대를 하려면 4가지 필요한 항목이 있다. 그것은 ① 복장, 몸가짐 ② 태도의 정형(定型) ③ 미소 ④ 배려이다.

(1) 복장, 몸가짐

손님을 환영하고 마음에서 우러나는 접대를 하려면 맞이하는 종업원의 복장이나 몸가짐이 단정해야 한다. 아무리 얼굴에 미소를 띄고 밝은 목소리로 '어서오십시오'라고 인사하더라도 종업원의 머리가 새둥지 같거나 유니폼이 때와 기름으로 반들반들거린다면 환대에도 불구하고 고객들은 얼굴을 찡그리게 된다.

그 중에는 화사한 귀걸이를 하고 유행하는 옷을 입고, 마치 패션모델 차림을 하고 있는 웨이트레스도 있다. 이건 마치 주객이 전도된 느낌이다. 음식점은 고객이 주인이며, 종업원은 어디까지나 종이며, 고객들이 행복하고 즐겁게 음식을 들게 하기 위한 연출을 해야하므로 종업원은 어디까지나 조연이지 주연은 아니다.

몸가짐에 대한 상세는 '음식점 영업의 실제'의 '접객매뉴얼 만들기'절에서 기술하겠다. 이것을 참고로 해서 자점의 종업원이 지켜야 할 복장과 몸가짐의 기준을 명확히 정하고 이것을 철저히 지키게 해야 한다.

항상 주방, 탈의실 등에 이 기준에 관한 일러스트를 붙여놓고 조회, 미팅 등에서 체크하여 규정대로 실시하도록 종업원에게 요구해야 한다. 복장, 몸가짐의 기준 정도도 지키지 못한다면 번성점을 만들 자격도 없다. 자사 종업원에게 이 정도의 일도 지키지 못하게 하고, 설득하지 못해서야 고객을 기쁘게 하고 행복하게 하는 일은 도저히 불가능하다 할 것이다.

(2) 태도의 정형

복장이나 몸가짐이 잘 되고 있으면 다음에는 태도 (언어와 동작)가 좋아야 한다. 손님을 맞이하여 식사를 제공하고 배웅할 때까지의 모든 과정에서 고객이 '이 점포의 인상은 참좋다!!'라고 감격해야만 땀 흘리면서 정성들여 만든 요리가 살아나고 고객이 점포를 다시 찾게 되는 것이다.

따라서 '인상이 좋다'라고 손님으로부터 칭찬을 받으려면 접객시에 쓰는 말씨나 동작의 기준을 명확하게 해야 한다. 즉, 대기, 손님마중, 안내, 주문받기, 주문전달, 요리제공, 중간치우기, 배웅, 치우기, 세팅하기의 10단계에 걸친 말과 동작의 기준을 정해야 한다(이 기준 정하기는 "접객매뉴얼 만들기"를 참조할 것).

이와같이 손님을 맞이하고 나서 배웅할 때까지의 단계에서 언어와 동작을 정확히 정하여 서비스하는 것을 '정형 서비스'라고 한다. 스카이락은 스카이락의 정형서비스, 코코스는 코코스의 독자적인 정형서비스를 가지고 있다. 그러나 일반 음식업자는 이 '정형서비스'를 '꼭두각시' 같다고 싫어한다. 그리고 자기 나름대로 서비스를 하는 경우가 매우 많다.

그러면 과연 이런 방법으로 서비스력이 좋아질 것인가 하는 것은 의문이다. 분명 모든 종업원이 어릴 때부터 가정에서 습관화되어 있는 겸손한 태도를 지니고 있다면 어느 정도까지는 올라갈 것이나, 종업원 한 사람 한 사람의 자란 가정환경도 다르고, 각자가 배워온 예의범절도 다르기 때문에 처음부터 결코 수준높은 서비스를 바랄 수는 없다. 우선 먼저 자기 점포의 서비스기준을 명확히 정하고(定型化하여), 그리고 나서 이들 항목을 정확히 지켜나가는 것이 서비스의 수준을 올리는 최선의 방법일 것이다.

(3) 미소 띤 얼굴

복장, 몸가짐과 정형서비스가 가능하면 다음은 '미소'다. 맥도날드의 'Keep Smile'은 음식업계뿐만 아니라 전 업종에서 유명하다. 창업자인 고레이 A.크록은 '미소짓는 얼굴이야말로 손님께 가까이 갈 수 있는 제일 좋은 방법이다'라고, 맥도날드가 약진을 계속하는 가장 큰 요인이라 말하고 있다.

자점의 종업원이 미소를 지으며 계속 일한다는 것은 매우 어려운 일이다. 그러나 번성점이라 일컬어지는 점포를 찾아가 보면 미소짓는 얼굴이 언제나 있게 마련이다. 그 이유는 도대체 무엇일까? 이 원인을 경험한 바에 의하여 정리해 보면 다음과 같다.

① 감사하는 마음을 갖는다 : 수많은 점포 중에서 우리 점포를 찾아주신데 대해 감사하는 마음으로 종업원이 손님을 맞이한다.

② 애정을 갖는다 : 연인이나 친형제, 친척을 맞이하는 마음으로 손님을 맞이하고 대접한다. 우리들에게 행복을 가져다주는 사람은 고객들이므로 애정을 가지고 고객을 접대한다.

③ 남을 반드시 기쁘게 할 수 있다는 자신감 : 우리 점포에 오신 이상 반드시 맛있고 즐겁게 드시도록 다른 점포에 뒤지지 않는 서비스를 하겠다는 자신감을 갖는다.

즉, 감사, 애정, 자신감 이 세 가지 항목이 있을때 비로소 미소짓는 얼굴을 할 수가 있는 것이다.

경영자나 간부들은 항상 이 3항목을 종업원에게 심어주고 미소지을 수 있는 환경을 만들어 나가야 한다. 어두운 분위기의 직장에서는 결코 미소짓는 얼굴이 나올 수 없으며, 내일의 목표도 세우지 못하는 기업에서 아무리 웃으라 해도 이것은 무리이다. 전 종업원이 일치 단결하여 장차 자기들의 행복을 향해 꿈을 가꿀 수 있는 환경이 바로 "미소짓는 얼굴"의 원점이라 할 수 있겠다.

(4) 배려

서비스 레벨의 마지막 단계는 손님에게 여러 가지로 마음을 쓰는 일이다. 고객은 누구나 귀빈으로 대접받기를 바라며 언제나 자기에게 마음을 써주기를 바란다. "오랫만이시군요!", "비가 와서 갑갑하죠?"라고 하는 종업원의 한마디가 고객의 기분을 한층 좋게 한다.

물 한 컵 서비스 하는 일에도 아무리 불러도 와 주지 않는 점포와 컵 안에 물이 반으로 줄면 재빨리 채워주는 점포와는 고객의 발길이 향하는 빈도에 많은 차가 있을 것이다. 요는 종업원 한 사람 한 사람이 얼마나 고객으로부터 눈을 떼지 않고 지켜보면서 고객이 무언가 원하면 곧 알아차려 재빨리 와서 행동에 옮기는가 하는 배려이다. 그러기 위해서는 항상 테이블 위의 상태를 지켜보면서 점 내에 고객이 있는 한 이 고객의 행동이 최우선이라는 배려가 중요하다.

그런데 일반 음식점에서는 종업원끼리 예사로 잡담을 하는 일이 있는데, 이것은 손님에 대한 배려라 할 수 없다. 특히, 여유있는 시간은 종업원들이 고객에게 마음을 쓸(배려) 최대의 찬스이다. 객석을 돌면서 물이나 차를 갖다드리던지, 오늘 요리 맛에 대한 비평을 듣거나 어린이 손님을 상대해주는 최대의 찬스인 것이다.

이상과 같이 서비스력이란 ① 복장, 몸가짐 ② 태도의 정형 ③ 미소짓는 얼굴 ④ 배려, 이 4가지 요소로 성립된다.

여기서 잘못 생각해서는 안 되는 것은 ①에서 ④ 단계를 차례대로 실행해야 하며, 결코 ①을 뛰어넘어 ③이나 ④를 해서는 안 된다는 것이다. 비유하자면 ①은 초등학교, ②는 중학교, ③은 고등학교, ④는 대학교에 해당하는 셈이다.

초등학교에서 곱셈을 배웠기 때문에 중학교에서 연립방정식을 풀 수 있는 것이며, 이 연립방정식을 알고 있으므로 고등학교에서 미적분을 풀 수 있는 것이다. 대학교 수준인 배려항목을 결코 신입 종업원에게 요구해서는 안 된다. 정확한 복장·몸가짐부터 가르쳐 순서에 따라 레벨을 높여가야만 고객으로부터 올바른 평가를 받을 수 있다.

이상과 같이 참다운 서비스력은 복장·몸가짐, 태도의 정형, 미소띤 얼굴, 배려까지 서서히 레벨을 높여가야 비로소 실현할 수 있는 것이다.

마지막으로 이 서비스레벨은 현장에서 일하는 종업원의 "하고자 하는 마음"에 크게 좌우된다는 것을 잊어서는 안 된다. 특히 미소띤 얼굴이나 배려 단계에서는 이것이 한층 명백히 나타난다. 음식업의 번성은 그 점포에서 일하는 종업원들의 질(質)로 판가름난다. 즉 '음식업은 피플비지니스'란 면에서 생각하면 '서비스력'이란 정말 어려운 요소임을 알 수 있을 것이다.

3. 참다운 점포력이란

음식점의 번성에는 상품력, 점포력, 서비스력, 이 3가지 힘의 균형이 불가결하다. 지금까지 상품력과 서비스력에 관하여 서술해 왔다. 그러면 참다운 점포력이란 도대체 무엇인가?

음식점을 이용하는 고객들은 상품력, 서비스력, 점포력을 명확하게 구분하여 이 점포는 이 점은 좋다던지 나쁘다던지 하는 판단은 내리지는 않을 것이다. 알기 쉽게 말하면 얼마나 '맛있게' 또 '즐겁게' 그 가게를 이용할 수 있을까(그밖에 이용하는 가격도 중요한 기준이겠으나)로 점포를 선택할 것이다. 따라서 참다운 점포력은 '맛있게', '즐겁게'라는 2가지 조건을 충족시킬 수 있어야 비로소 달성된다.

그러나 대부분의 음식점에서는 이들 조건은 무시되고, 눈에 띄는 디자인 우선으로 점포를 만든다. 이것으로만 개점 초기에는 점포에 대한 호기심이 가미되어 고객이 점포를 찾아주지만, 2~3개월이 지나면 틀림없이 한산해질 것이다.

1) 점포 설계는 신중하게

디자인 우선인 점포에서 만석시에 과연 고객을 기다리게 하지 않고 요리를 빨리 제공할 수 있을까? 또 아침부터 밤까지 일하는 종업원의 동선이나 피로함을 고려하여 점포를 설계했을까? 만약, 그같은 일들을 전혀 무시하고 신기함을 우선한 점포라면 여기서 일하는 종업원은 곧 피곤해져서 미소 띤 서비스 따위를 기대하기란 불가능할 것이다.

이렇게 생각해 보면 참다운 점포력이란 디자인뿐만 아니라, 더많은 조건들이 있다는 것을 알 수 있을 것이다.

정말 실력있는 점포 설계자라면 '어떤 객층에 얼마정도의 객단가로 무엇을 팔 것인가'라고 물어올 것이다. 먼저 점포 스케치를 그려가지고 와서 '이런 점포는 어떻습니까?'라고는 말하지 않을 것이다.

영업컨셉을 명확히 하고 메뉴를 결정한 후에 주방 레이아웃을 그리고 나서 점포의 정식 설계도를 작성하는 것이 점포설계자의 본래 모습이다.

참다운 점포력이란 ① 기능 ② 스페이스 ③ 동선 ④ 디자인 ⑤ 온도 ⑥ 칼라 ⑦ 조명 ⑧ 음향의 조화가 필요하고 순서대로 중요시여겨야지 결코 디자인을 우선해서는 안 된다(설계에 대해서는 '음식점의 점포설계'장에서 기술하겠다). 이들 항목을 정확히 순서를 따라 실행해 나가면 틀림없이 요리는 맛있게 또한 빨리 제공할 수 있으며, 점포에서 일하는 종업원들이 피곤하지 않고 언제나 웃는 얼굴로 일할 수 있는 여유가 생긴다. 결코 설계자에게 '설계전문가니까'라고 안심하고 일임해서는 안 된다. 왜냐하면 설계자는 음식점에서 조리한 경험이 전혀 없는 사람이고, 홀에서 일한 경험이 전혀 없는 사람이기도 하기 때문이다. 그러므로 설계자에게 모든 것을 일임한다는 것은 위험천만한 일이다. 진정 번성을 이루고 싶다면 그 설계자를 며칠간만이라도 가게에 데리고 와서 음식점에서 일하는 사람의 움직임이나 마음까지도 충분히 이해시켜야 한다.

점포 만들기에는 고객을 기다리게 하지 않고 빨리 제공할 수 있는 주방, 종업원이 피로하지 않고 일하기 쉬운 동선, 고객이 자리에 앉았을 때 기분 좋은 분위기, 또 점내환기, 실내온도, 조명, 음향 등등 정말로 많은 항목들이 있다. 결코 쉽게 점포설계를 하지 말라고 당부하고 싶다.

2) 크렌리니스는 상품의 하나

점포력의 중요 항목 중 하나는 크렌리니스(청결한 상태)이다. 지금까지의 음식점은 비교적 이 크렌리니스에 무관심했다고 할 수 있다. 주방은 기름으로 질퍽거리고, 바닥은 미끌미끌, 홀 구석에는 먼지가 쌓여 있어도 아무렇지 않게 여기고, 주방 출입구는 새까만 더러운 흔적들이 카페트에 깔려 있는 음식점이 너무도 많다.

예전이라면 몰라도 오늘날의 소비자의 생활수준에서는 이같이 불결한 점포는 아무리 음식이 맛있고 점주가 인상이 좋아도 손님은 거부한다. 이제부터는 '청결'도 하나의 상품이며, 점포의 청결이 매출을 크게 좌우하게 된다.

그러면 어떻게 해야 음식점의 청결을 유지할 수 있겠는가? 먼저 어떤 상태가 청결한가라는 기준을 명확히 해야 한다.

미국 외식산업계에서는 청결한 상태를 'Cleanliness'라 하여 일반적으로 청소를 하는 행위인 'cleaness(크린니스)'와 명확하게 구별하고 있다.

'Cleanliness(크렌리니스)'란 '반짝반짝 빛나고 윤기나는 쾌적한 청결감'이라는 것으로 이 크렌리니스는 ① 드라이(Dry) ② 샤이니(Shiny) ③ 오더리(Orderly)라는 세 가지 조건을 만족시킴으로써 실현된다. 따라서 '크렌리니스'를 실현하기 위해서는 어떠한 상태를 드라이, 샤이니, 오더리라 하는지를 크렌리니스 매뉴얼에 명시하고, 점포 바깥주변, 현관, 홀, 주방, 백야드 등의 각 구역의 체크포인트를 게시하여 각각의 항목을 달성할 수 있도록 하는 것이 가장 중요하다.

다음으로 이들 기준이 명시되었으면 그것을 담당자별, 장소별, 그리고 요일별로 일람표를 만들어 실행을 촉진시켜야 한다(이것을 clean - up chart라 한다).

이렇게 점포를 깨끗이 유지하면 고객이 안심하고 점포에 올 수 있다. 여성 고객이 지저분한 라면가게를 싫어하는 것으로도 청결상태가 상품의 하나임을 쉽게 이해할 수 있을 것이다.

3) 감성(感性)도 점포력의 하나

예전에는 양이 많고 싸기만 하면 음식점은 번성했다. 그러나 경제부흥과 호경기를 맞으면서 맛이 없으면 고객이 오지 않게 되었다. 앞으로는 맛 이외에 즐거움이 없으면 고객은 찾지 않을 것이다. 물질에서 마음의 시대로 접어든 것이다. 즉 맛, 즐거움과 함께 감성의 시대로 바뀔 것이다.

지금까지 맛있는 요리만 제공하면 된다고 생각하고 오직 기술만을 연마하였던 중·소점포 점주에게 있어서는 놀라운 가치관의 변화이다. 이 변화에 따라가지 못하는 음식점은 틀림없이 뒤지고 말 것이다. 그러나 이 감성이라는 것은 개인에 따라 레벨이 다르고 기준도 달라서 매우 까다롭다. 특히 50대, 60대 경영자는 감성이란 걸 이해하지도 못하는 경우도 있다.

대도시 번화가에서 유행한다고 해서, 지방도시에서 아무 검토도 없이 화려한 건물의 카페바를 가져와 개업하면 반 년도 못 간다. 카페스타일로 김밥가게나 라면가게를 개점하는 무모한 사람도 있다. 고객이 요구하는 진정한 감성이란 이와 같이 도시 것을 흉내내는 것은 아닐 것이다. 서울과 같은 한정된 대도시의 감성을 그대로 가져온다고 해도 지방 소비자의 마음을 잡기는 불가능하다.

음식점이 갖는 테마(주제)는 결코 원색으로 화려하게 꾸민 것이 아니라, 스위스의 산속 오두막집, 영국의 농가, 보스톤의 저택, 산타모니카의 민가로 족한 것이다. 이 삶의 내음이 나는 감성이야말로 긴 안목으로 볼 때 고객으로부터 지지를 받을 것이다.

이렇게 생각해 보면, 앞으로의 음식업자는 자기 자신의 일상생활에서 예술을 사랑하고 도예, 조각, 회화를 이해하고 자기의 라이프스타일을 풍부히 하도록 노력해야 이같은 감성이 닦여진다는 것을 알 수 있을 것이다. 점포 벽에 걸어둔 액자나 창가에 놓아둔 꽃병, 그리고 점포에 있는 식물에도 고객은 엄한 눈으로 바라본다. 음식점의 경쟁레벨은 맛의 레벨에서 한층 올라 서 있다는 것을 잊어서는 안 된다.

이상과 같이 진정한 점포력이란 설계방법, 청결상태 그리고 점포에 대한 감성, 이 세 가지 요소로 성립된다는 것을 알 수 있다. 지금까지 상품력, 서비스력, 점포력에 대해 현장에서 노력해야 할 항목에 대해서 기술하였다.

이것이 QSC이며 음식점 번성을 위한 가장 중요한 항목이다. 그 다음에 음식점 규모가 커지고 기업이 성장함에 따라 입지력(立地力)과 기획개발력(企劃開發力)이 중요하다. 이 두 가지 항목은 본부에서 할 일이며 이들 항목에 얼마나 진지하게 임하는가에 따라 그 기업의 성장여부가 좌우된다. 중요한 것은 음식점의 번성은 상품력, 서비스력, 점포력 등 현장에서의 노력 세 가지와 입지력, 개획개발력, 두 가지의 본부측에서 노력해야 할 요소를 포함하여 모두 다섯 가지가 힘을 발휘함으로써 달성되는 것이다.

4. 외식기업의 경영이란

지금까지 현장(점포측)에서 본 번성법에 관하여 서술했다. 그러나 이 번성법, 특히 QSC를 철저히 추구해 나가면 2년이나 3년간은 그런대로 가게를 번성시킬 수 있다. 그러나 10년, 20년 오래 지속시키기란 그리 쉬운 일이 아니다.

회사에서 내세운 영업컨셉이 그 시대 소비자와 잘 어울리고 지지를 받으면 번성하는 경우가 많기는 하다. 그러나 그 번성이 10년 20년간 지속되지는 못한다. 그 이유는 항상 소비자의 라이프스타일이 변하고 음식점에 대한 요구가 변함에도 불구하고 자사 컨셉이 소비자에게 호응을 받았다고 하여 컨셉을 변화하는 소비자의 욕구에 조화시키는 일을 태만히 하기 때문이다. 또 점포에서 일하는 종업원의 의식도 생활수준의 향상이나 가치관의 변화로 크게 달라진다. 그러나 경영자측에서는 지금까지 점포를 운영해 왔으므로 이대로 할 수 있다고 생각하여 새시대의 흐름에 알맞는 고용을 하려 하지 않는다. 그래서 사기가 떨어지고 현장 레벨이 떨어지고, 결과적으로 매출이 신장되지 않고 바닥에서 맴돌게 된다.

그 이외에 시대의 흐름과 함께 점포를 출점할 입지도 변화하고, 점포에서 사용하는 재료도 오늘날과 같은 국제화시대에는 세계의 정치, 경제 상황에 따라 대폭적으로 변동한다. 또한 급속한 과학기술의 발달, 기술혁신에 의한 조리방법의 변화 등 경영자는 현장의 QSC만 신경써서는 도저히 될 수 없는 사항들이 많다.

지금까지의 음식점에서는 견습생에서 조리사로, 그리고 조리사를 거쳐 고생 끝에 겨우 독립하여 소원하던 자기 점포를 갖는 경영자가 많았고, 현장의 QSC에만 집착하여 번성점을 이루어 2점포, 3점포 출점하다 보면 점포의 영업뿐만 아니라 회사경영이라는 벽에 부딪쳐 고민하는 사례가 매우 많았다.

이 절에서는 음식점의 회사경영이란 무엇인가? 그 대략의 이해와 함께 기업규모에 따라 다른 주요사항을 어떤 식으로 경영해야 하는가를 기술하겠다.

오늘날에 이르기까지 우리나라의 음식업이 생업(生業)이나 가업(家業) 테두리에 머물러 있었기 때문에 음식업을 기업으로 파악한 경영자는 그리 많지 않다. 점포 하나를 번성시켜 돈을 벌었으니 2호점을 내고 점점 확대하여 5, 6호점에 이르러서는 관리가 안 돼 매출이 크게 하락하고, 종업원의 사기도 떨어지고 나면 그때서야 비로소 후회하게 된다.

표 2-1 음식점 경영

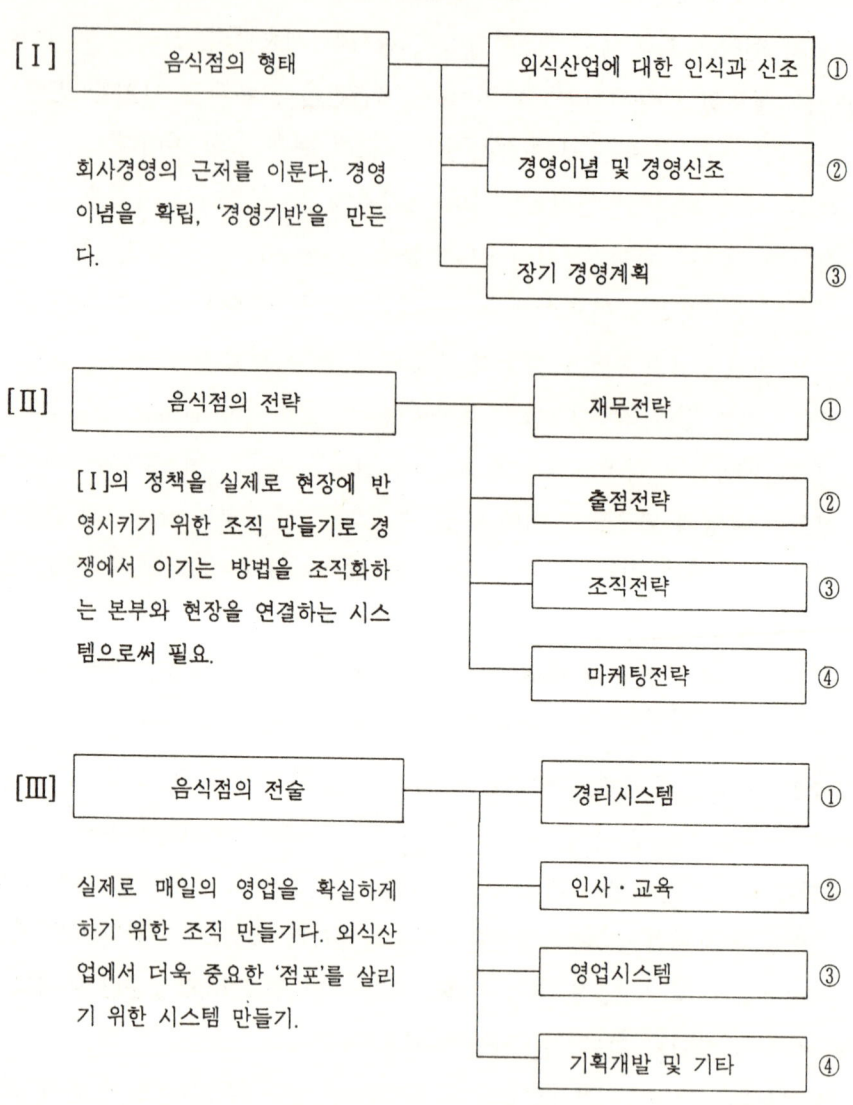

 음식업이 기업으로 성공하기 바란다면 먼저 기업, 특히 회사란 도대체 어떤 곳이며 어떻게 경영해야 하는가에 대한 전체상을 명확히 하고, 항목을 철저히 파악해 나가는 것이 중요하다.
 여기서 확실히 해두어야 할 것은 "내가 자랑할 만한 점포 하나만으로 족하다"라고 생각하는 소규모점포 등 가내노동으로 만족하면서 자신의 사유재산만을 추구하는 생업점을 제외한다. 사업의 경영자인 자신과 함께 일하는 종업원이 행복하게 살

아야 한다는 기업가로서의 명확한 신념과 목표를 가진 경영자가 열심히 운영하는 음식회사라는 것이 대전제이다.

이러한 전제하에 먼저 그 윤곽에 대하여 생각해 보자.

회사경영을 흔히 전쟁을 예로 들어 설명하는데 이것이 가장 이해하기 쉽기 때문이다. 전쟁을 수행함에 있어서는 ① 상대국과 언제, 어느 지점에서 전투를 개시할 것인가, 즉 싸울 것인가 싸우지 않을 것인가를 결정한다. 이것을 정책(政策)이라 한다. 이것은 그 나라의 운명을 크게 좌우하는 중대사이다. ② 어느 지점을 어떻게 공격하면 아군이 승리할 수 있을까, 다시 말해서 이기는 방법을 말한다. 이것을 전략(戰略)이라 한다. ③ 그러나 아무리 전략(작전)이 좋아도 군인 한 사람, 한 사람이 훈련을 잘 받아서 적을 무찌를 수 있는 전투력을 갖추고 있어야 한다. 이것을 전술(戰術)이라 한다. 즉 한 사람 한 사람의 정예화가 필요하며 능력이 중요하다.

이상과 같이 정책, 전략, 전술이라는 세 가지 측면에서 외식기업이 해야 할 항목을 설명하기로 하겠다.

1) 외식기업의 정책이란

외식기업이 10년, 20년 번영을 이어가는 기본은 이 정책에 달려있다. 4~5년 번성하다가 거품처럼 사라지는 음식업 중 대부분이 이 정책이 없기 때문에 고객으로부터 또 일하는 종업원으로부터 외면당하게 되는 것이다.

정책이란 집이나 빌딩을 지을 때의 기초와 같아서 기초가 튼튼하지 않으면, 그 건물은 오래가지 않을 것이며, 회사가 건전하게 성장·확대되기 어려울 것이다.

외식기업의 정책이란 ① 경영자 자신의 인생관에 기초를 둔 회사경영의 신념, 이념을 먼저 명확히 할 것, 즉 어떤 회사여야 한다는 경영이념, 경영신조의 확립, ② 그 회사를 어떤 식으로 성장시키고 싶은가 하는 경영자의 꿈 비전을 명확히 한다. 즉, 10년 20년 후의 자사의 장기경영계획의 확립, 이 두 가지 항목이 정책의 기둥이 된다.

(1) 경영이념, 경영신조

음식점 경영자 중에는 "그저 먹고 살면 된다. 돈만 벌면 된다"고 생각하는 사람들이 무척 많은데 놀라움을 금치 못한다. 음식업의 역사를 봐도 생업점, 가업점으로부터 오늘에 이르렀기 때문에 의식정도가 낮은 것은 할 수 없는 일이지만, 적어도 자기 점포가 기업화·산업화되기를 원하는 경영자라면 먼저 회사를 무엇 때문에 누구 때문에 경영하는지를 명확하게 해야 한다.

옛날 같으면 사람들을 싸게 주인 마음대로 부렸지만, 요즘에는 근로자들의 생활관념이 확립되어 전 종업원의 이해와 협력 없이는 회사경영이 원만하게 되지 않는다. 이러한 경영이념을 확립하기 위해 회사경영의 일반적 목표를 여기서 정리 해보자.

일반적으로 "사람, 물건, 돈을 최대한 유효하게 활용하여 최대의 이윤을 내는 것이 회사경영의 최대 목적이다"라고 최근까지 말해 왔다. 이것은 자본주의 사회에서는 엄연한 사실이다. 그러나 자본주의 사회가 성숙해 가면서 대량생산에 기인한 일방적인 공해방출, 그리고 기업이 급성장함에 따라 독점화, 소비자 무시 등 여러가지 사회문제가 일어난 것도 얼마 전부터의 일이다.

따라서 기업의 목표는 이윤만을 추구할 것이 아니라 소비자에게 도움이 되고 지역사회에 도움이 되는 일이 요구되기 시작했다. 그리고 무엇보다도 비중이 큰 것은 기업 내에서 일하는 종업원을 만족시키고 행복하게 하는 일이다. 이같이 생각해 보면 30~40년 전의 회사경영자와 오늘날의 경영자와는 그 사회적 책임의 크기에서 큰 차이가 있음을 깨달을 수 있다. 기업, 회사란 결코 개인 사유물이 아닌 공적인 것임을 인식해야 한다. 그런데 영세기업이 많은 음식점에서는 이 점을 너무나 가볍게 다루면서 오늘에 이르렀다고 할 수 있다.

회사의 이윤추구는 소비자와 지역사회에 공헌하면서, 그리고 사원의 행복한 생활과 거래처의 이익확보에도 도움이 되고 그 위에서 이익을 확보할 수 있어야 함이 이제부터의 회사운영의 대원칙이라 할 수 있다.

이렇게 생각하면 앞으로의 회사경영의 이념은 이렇게 된다.

"회사란 자사가 가지고 있는 사람, 물건, 돈을 최대한으로 활용하여 소비자와 지역사회로부터 진정으로 신뢰받고, 또한 공헌하면서 함께 일하는 종업원을 즐겁게 하고 생활의 충실감과 행복을 달성하기 위하여 최대의 이윤을 추구하는 조직이다."

이러한 자사의 경영이념, 사명을 확립하고 전 종업원에게 이것을 철저히 주지시키는 것이 회사경영의 근본이며 정책의 기둥이어야 한다. 여기에 참고로 우리 OGM컨설팅의 경영이념과 회전초밥전문점인 아톰보이의 것을 게시해 보았다(표

2-2). 이렇게 경영이념이란 것은 사시, 사훈, 혹은 신조 등 여러 가지 형태로 표현된다. 그러나 그러한 내용이 과연 모든 종업원에게 알기 쉽게 전달되어 말 그대로 일치단결할 수 있느냐는 또다른 문제이다.

다른 회사의 경영이념, 신조를 그대로 복사하여 사장실에 게시하고 있는 회사도 있는데, 이것은 설득력이 없다. 회사의 경영이념이란 바로 경영자 자신의 인생관이며, 역사가 긴 회사라면 그것은 창업정신이다. 바로 회사의 토양이다. 항상 점포 내 탈의실 등에 게시하여 모든 종업원에게 철저히 주지시켜야 할 것이다.

표 2-2 경영이념

(OGM 컨설팅)

음식이란 인간이 살아가는데 있어 기본적임과 동시에 가장 중요한 행위이다. 우리들은 이 음식의 **훌륭함**을 한 사람이라도 **많은** 업계인에게 알려 지역 제일점 만들기에 도전합니다.

1. 우리들은 음식점 번성의 진수를 추구합니다.
1. 우리들은 회원점의 지역 제일점 만들기를 도와드립니다.
1. 우리들은 풍요로운 식생활 실현을 위해 공헌합니다.

사 시(社是) (아톰보이)

(우리들의 사명)
우리들은 국가를 대표하는 푸드서비스업을 목표로 하여, 고객의 식생활 향상에 공헌하고 지역사회에 없어서는 안 될 존재가 되도록 노력을 거듭합니다.

(우리들의 신조)
(1) 우리들은 사욕을 버리고 일을 통하여 사회에 공헌합니다.
(2) 우리들은 항상 솔직한 마음으로 일에 임하고 목표를 향하여 노력에 노력을 합니다.
(3) 우리들은 깊은 우정을 기반으로 하여 행복한 삶과 보람있는 인생을 추구합니다.

(2) 장기 경영계획

정책의 또 하나의 기둥은 장기경영계획이다. 음식점 경영자 중에는 자기 회사를 어떤 모습으로 만들 것인가 얼마만큼 성장시키고 싶은가에 관한 목표를 전혀 세우지 않는 사람이 있다. 이래서는 아무리 QSC를 공부하여 점포를 번성시키려 해도 무리이다. 그 중에는 "내일 일은 아무도 모른다"라며 딴청부리는 경영자도 있다. 이런 경영자 밑에서 과연 어떤 사람이 일할 수 있겠는가?

마라톤은 42.195km앞에 결승점이 있기에 주자가 안간힘을 다해 뛰는 것이며, 100미터 단거리 경주도 100미터 앞에 결승점이 있기에 전력을 다해 달리는 것이다.

음식점 경영도 이와 같아서 10년 앞, 20년 앞에 자기 회사를 어떻게 만들고 싶은가를 명확하게 정하고 그 목표 실현을 향해 모든 종업원과 함께 도전해야 한다. 그렇게 될 때 그 기업은 활성화되고, 경영자가 바라는 현재의 QSC레벨이 달성되는 것이다.

이러한 장기 10년, 20년의 목표설정을 비전(Vision)이라 한다. 지도자에게 이러한 비전이 없으면 부하들은 진심으로 따라주지 않는다. 전쟁을 할 때 무사들은 각각 명확한 비전이 있었기에 목숨을 걸고 싸웠다. 그렇기 때문에 자기 자신과 나라를 지켰고 리더로서 살아남을 수가 있었던 것이다. 오늘날의 음식업계도 이와 같아서 살아남기 전쟁에서 승리하려면 명확한 비전을 세우는 것이 중요하다.

이처럼 음식기업뿐 아니라 일반 기업에서도 정책은 경영이념과 장기비전이라는 두 가지 기둥에 의해 형성된다. 이 두 가지는 경영자 자신의 인생관, 인간성, 선견력 등과 깊은 관계가 있다. 최종적으로는 "그 회사의 수준은 경영자의 수준 이상으로는 올라가지 못한다"라는 결론이 된다. 따라서 항상 경영자는 인간성을 연마하고, 시대의 흐름을 읽고, 소비자의 욕구(needs)변화를 파악하여 자사의 실력함양을 위해 노력을 아끼지 말아야 한다.

경영자의 자만심, 태만으로 기업이 도산해 없어진 일이 수없이 많다. 정책이란 적어도 중소기업 수준에서는 경영자의 인물됨에 따라 좌우되며 결정된다는 것을 명심해야 한다.

2) 외식기업의 전략이란

정책 다음은 전략이다. 회사의 기본방침인 정책이 정해졌더라도 그것을 실현하기 위한 구체적 방법을 정하지 않고서는 회사의 경영은 성립되지 못한다.

이런 기본적인 구조를 생각하는 것을 전략이라 한다. 음식기업에서 전략은 크게 나누어 재무전략, 출점전략, 마케팅전략으로 나뉘어진다. 자사가 보유한 사람, 물건,

자금을 활용하여 점포를 번성시켜 이윤을 확보하는 방법을 생각하는 것이다.

먼저 자금에 관한 재무전략, 그리고 다음에 물건 부문인 출점전략, 그 다음에는 사람부문은 조직전략, 마지막에 구체적인 번성방법을 생각하는 마케팅 전략으로 되어 있으므로 이들 전략을 순서에 따라 설명하기로 하겠다.

(1) 재무전략

회사(기업)의 최종목표는 경영자(주주), 종업원의 행복달성이지만 그 과정에는 거래업자의 협력도 받으면서 고객에게 공헌하여 지지를 얻는다는 큰 과제가 있다. 그리고 그 위에서 이윤을 확보하지 못하면 결코 경영자나 종업원의 행복을 충족시킬 수 없다. 그 이유는 명백하다. 자본주의 사회인 우리나라에서는 일상생활에서 "돈"이 차지하는 부분이 매우 커서 돈 없이는 생활도 레저도 즐길 수가 없다. 따라서 회사는 종업원들에게 충분한 임금을, 그리고 주주에게는 높은 배당을 또 장차 사업확대에 대비하여 사내유보금(社內留保金)을 확보해 놓아야 한다. 즉, 회사의 안정성, 성장성, 수익성이 크게 요구되는 것이다.

그 근본이 재무전략이다. 회사의 재무현황은 어떤가? 자금회전 상황, 차입방법, 자금운용 등등. 또 총자본이익율, 자본회전율, 자본의 고정비율, 유동비율, 자기자본율 등 여러 가지 계수가 이상적인 상태인가를 경영자는 알고 있어야 하며, 만약 불합리한 항목이 있으면 시정하고자 노력해야 한다.

그러나 대부분의 음식점 경영자들은 대차대조표나 손익계산서 읽는 법을 모른다. 회계사 사무실에서 보내오는 손익계산서 정도는 이해하지만 대차대조표에 관한 것은 전혀 모르는 경영자가 매우 많다.

이 대차대조표 안에는 차입방법, 자금운용방법 등의 힌트가 숨어 있다. 그리고 이 대차대조표를 파악하여 정책란에서 결정한 장기경영계획 달성여부를 타진한다. 아무리 훌륭한 장기경영계획서를 작성했어도 대차대조표에 대비해서 정확히 자사의 재무내용을 알지 못하면 불과 2~3년 후에는 장기경영계획과 크게 차이가 생겨, 결국 계획서는 종이에 불과하게 된다. 따라서 정책면에서 생각한 장기경영계획을 전략단계에서 3~5년의 중기경영계획으로 낮춰서 세밀히 검토해야 한다. 이것도 재무전략의 중요한 항목이라 하겠다.

재무전략이란 ① 재무밸런스의 검토 ② 자금관리와 운용 ③ 중기 경영계획 레벨의 검토 등 세 가지 부문으로 성립된다.(대차대조표, 손익계산서에 관해서는 '음식점의 계수관리'를 참조 바람.)

표 2-3 음식점의 전략

I	재무전략	①	재무 밸런스	재무제표 읽는 법
		②	자금관리	자금 조달방법, 차입방법 자금운영 방법
		③	중기, 단기계획	각 기간의 검토와 대책
II	출점전략	①	정보 시스템	물건정보
		②	입지선정	출점형태의 의지결정 방법
		③	점포개발	점포컨셉 책정
		④	개점시스템	테스크포스와 프로그램
		⑤	규모 확대 방법	점포전개의 규모와 속도
III	조직전략	①	적정조직도	적정 조직과 직무분담
		②	요원계획	중기 경영계획과 타임스케줄
		③	리쿠르트 전략	구인방법과 면접채용시스템
		④	교육, 훈련계획 실행자의 선택과 교육	인재육성시스템과 커리큘럼
		⑤	시스템 디자인	취업규정, 직무규정, 인사관리 매뉴얼
IV	마케팅 전략	①	메뉴마케팅	고객의 욕구에 맞는 메뉴 만들기
		②	머천다이징과 상품개발	사입에서 상품화까지
		③	판매촉진계획	연간 판촉실행 프로그램
		④	코뮤니티릴레이션	지역밀착점 만들기
		⑤	CI 전략	기업이미지 확립

(2) 출점전략

점포가 번성하면 1개 점포만을 고집하는 괴짜 경영자 외에는 누구나 2호점, 3호점을 갖고 싶어한다. 이것이 기업으로 발전하고, 체인점을 목표하게 되면 더욱 그러하다. 그러나 이 출점방법이 조금이라도 어긋나면 큰 일이 벌어진다. 개중에는 2호점이 잘못되었기 때문에 그때까지 번성해오던 본점 쪽도 매출이 떨어진 사례가 많다. 따라서 새로 출점전략을 어떻게 세우느냐에 따라 회사의 명운을 크게 좌우하는 일이 생길 수 있는 것이다. 이 출점 전략에서는 먼저 좋은 물건이 회사수중에 들어올 수 있도록 정보망을 어떻게 잘 만들어 놓느냐가 문제이다. 음식점 경영, 특히 번성하려면 그 점포의 입지력이 제일 중요한 포인트가 된다. '첫째도 입지, 둘째도 입지, 세째 네째도 입지'라 할 정도로 음식점에 있어서 입지는 중요하다.

대형 체인점일수록 부동산업자나 건축회사는 물론이고, 거래은행, 식재납품업자까지도 정보망 속에 넣어 만전의 태세로 출점용지를 찾고 있다. 일반 음식업자는 이렇게 넓은 정보망을 구축할 수는 없겠지만 경영자가 직접 부동산, 건축업자들을 찾아다니거나 아는 사람들에게 의뢰하여 물건을 소개받는 정보망을 구축하는 것이 중요하다.

물건이 나면 다음에는 그 물건의 입지가부(可否)판단이 문제가 된다. 자사가 영업하고 있는 지금까지의 컨셉 그대로 출점할 것인가, 아니면 그 물건의 입지에 맞춘 컨셉으로 출점할 것인가 또는 자사의 장기 경영계획에 합치한 출점인가? 자금은? 인원은? 등등 자사의 주변환경을 파악하면서 출점가부를 결정한다. 무엇보다도 결정적인 것은 그 물건의 입지조건의 정확한 파악이며 여기서는 경영자의 판단력이 필요하다.(입지를 파악하는 방법은 '음식점의 출점전략' 참고 바람.)

이것으로 출점이 결정되면, 다음에는 점포설계가 문제이다. '진정한 점포력이란' 절에서도 주장한 바 있지만, 맛있고, 음식을 빨리 제공하고, 즐거운 분위기를 고객에게 제공한다는 번성의 대원칙을 실행하기 위해서는 뭐니뭐니해도 점포 설계가 완벽해야 한다. 그러나 대부분의 점포는 이 음식점 번성을 위한 필수조건을 충족하지 못하는 것이 현상이다. 자사가 도대체 어떤 수준으로 장사를 하고 있는지, 또한 입지분석에 의거하여 누구에게 무엇을 팔 것인가를 명백히 하여 영업컨셉을 확립하는, 점포컨셉을 명확히 해야 한다.(점포개발은 '음식점의 점포설계'를 참조 바람.)

점포설계가 결정되면, 다음에는 건축관계, 인사교육관계, 요리, 메뉴, 비품, 집기, 홍보, 여러 가지 수속과 각 항목의 타임스케줄과 필요물품 구입예정 일람표를 작성하는 일이며, 실행팀을 편성하여 지휘를 누구에게 맡기는가 등을 결정하여 개점에 대비한다.

이상이 출점전략의 개요인데, 이외에도 출점의 속도, 자사 땅에 출점할 것인가, 임대 출점인가, 또한 그 비율, 예컨대 자사 땅 출점에 1에 대하여 임대출점이 2이던가, 급속히 확대하려면 그 비율을 1대 3으로 하던가 하는 판단이 필요하게 된다. 점포 숫자가 많아지면 전략면에서는 더 복잡한 일이 많아진다.(이 항에 관해서는 '음식점의 장기계획'을 참조 바람.)

즉, 출점전략이란 ① 물건 정보망 구축(物件情報網 構築) ② 입지선정(立地選定) ③ 점포개발 ④ 개점시스템 그리고 ⑤ 다점화 전략 다섯 가지 사항으로 이루어진다.

(3) 조직전략

부부가 함께 일하는 점포나 3~4인이 붙어 일하는 영세점을 제외하고는 1개 점포라 해도 5~6명이나 또는 10명이 넘는 종업원이 일하는 점포에서는 '어떻게 하면 효율적으로 서로 협력하여 최대 전력을 발휘할 수 있을까'가 문제시된다. 더구나 점포가 5점, 6점 또 10점포가 넘어 체인점이 되면 이 조직을 구성하는 방법이 그 기업의 명운을 좌우하게 된다. '어떻게 사람을 조직화하여 잘 움직이게 하는가?'를 생각하는 것이 조직전략이다.

조직전략을 고려할 경우, 먼저 중요한 것은 어떤 조직이 가장 효율적으로 움직일 수 있을까 그 원리원칙을 잘 이해해 두는 일이다. 여기서 문제가 되는 것은 그 기업의 구성인원의 많고 적음과 점포수, 나가서는 본점, 체인점에 따라 조직을 움직이는 방법이 다르며, 당연히 그 구성방법도 달라진다는 것이다. 이 조직의 원리원칙을 충분히 이해한 후 자사의 중기경영계획의 의한 규모, 방침에 적합한 조직도를 작성한다. 이 조직도는 현재의 조직도를 작성함과 동시에 장기경영계획이 완료되는 해와 전(前)·중(中)·후(後)기의 중기경영계획 마지막 해의 조직도를 작성한다.(조직도에 대해서는 다음 절 '음식기업규모의 확대방법'을 참조 바람.)

조직도가 완성되면 다음은 요원계획을 검토한다. 중기계획(3~5년 단위)의 마지막 해에는 어떠한 조직을 이룰 것인가, 그를 위해 지금부터 어떠한 능력을 가진 간부가 필요한가, 그리고 일반사원은 몇 명 정도 채용·육성시켜야 하는가를 사전에 계획을 세우고 그 조직도에 합치한 인재확보 노력을 계속해야 한다.

이 인재확보의 타임스케줄, 다시 말해 요원계획이 완성되면 다음은 인재채용이다. 회사의 성장 속도에 맞춰 급속히 확대될 때는 중도채용, 스카웃도 필요할 것이다. 또 신입사원을 채용하여 인재로 육성하여 자사의 요원으로 할 수도 있을 것이다. 그러나 어떤 경우에도 스카웃하는 방법, 신입사원 모집방법, 또한 현장에서 직접 채용할 수 있는 권한이양의 범위나 그 면접시스템 등을 명확하게 확립해 두는 것이 중요하다. 이들을 종합하여 리쿠르트(Recruit) 전략이라 한다.

종업원을 새로 채용하거나 중도채용, 스카웃을 해서 보강이 끝나면 다음에는 자사가 바라는 수준으로 인재를 육성시키기 위한 계획을 세운다. 누가 인재육성을 담당할 것인가 등의 스케줄을 세우는 일이다. 이것을 교육훈련계획이라 한다. 이것이 조직전략의 네 번째 항목이다.

이상과 같은 조직전략은 ① 적정조직도 ② 요원계획 ③ 리쿠르트(인원채용) ④ 교육훈련계획 등 네 가지 항목으로 이루어진다. 또한 이것을 보완하기 위해서는 관리매뉴얼, 직무규정, 취업규칙 등 여러 가지 운용규정을 작성하는 것도 필요할 것이다. 이렇게 조직을 활성화하고 소기의 목표를 달성하기 쉽게 하기 위하여 여러 가지 방법을 제시하고 지원하는 조직을 ⑤ 시스템 디자인이라 한다. 이 항목까지 넣으면 조직전략은 다섯 가지 항목으로 이루어진다. 이 다섯 번째 시스템디자인은 장기경영계획이나 매뉴얼작성 등의 항목과 중복되는데, 더욱 상세한 것은 다음 절인 '음식기업규모의 확대방법'절에서 설명하기로 하겠다.

(4) 마케팅 전략

지금까지는 기업내부에서의 운영에 관한 구조를 생각해 왔는데, 이 항에서 기업이윤(利潤)의 원천이 되는 고객의 지지, 즉 매출을 어떻게 확보할 것인가라는 영업 그 자체에 대해 생각해 보자.

'어떻게 장사를 하면 많은 고객이 와서 매출을 신장시킬 수 있을까' 이것을 마케팅 전략이라 한다.

음식점에서 협의(狹義)의 마케팅 전략은 메뉴마케팅, 머천다이징과 상품개발 두 가지이며, 또 광의(廣義)로는 판매촉진계획, CI(Corporate Image 기업 이미지) 전략, 커뮤니티 릴레이션(Comunity Relation) 세 가지 항목(이것을 에리어 마케팅이라고도 부른다)을 합쳐서 광의의 마케팅 전략이라 한다.

메뉴마케팅은 음식점 경영자에게 있어서는 가장 흥미 있는 부분이다. 현재 어떤 메뉴가 고객으로부터 지지를 받고 있는가. 어느 정도 객단가의 메뉴가 이상적인가, 또 자기 점포의 입지, 대상 객층으로 봐서 어떤 메뉴가 좋은가 등등, 음식점 경영자가 가장 신경쓰는 항목이다. 이 메뉴마케팅, 메뉴컨셉이야말로 자점이 시대의 흐름에서 도태되느냐 마느냐, 시류(時流)를 타고 고객으로부터 항상 지지를 받아 번성을 유지하느냐의 갈림길이므로 이 점을 철저히 추구하는 것이 중요하다.(메뉴마케팅에 관하여는 '메뉴 기준표'항을 참조 바람.)

메뉴컨셉이 결정되면 다음에는 메뉴의 상품 하나하나를 어떻게 조립·조합해야 하는가, 레시피를 작성하고, 식자재의 납품부터 사전준비, 본조리(本調理), 그릇에 담기, 제공까지의 흐름 안에서 상품을 생각한다. 따라서 식자재의 생산지까지 가서 식자재 하나하나에 대한 성질을 충분히 공부하고 어떻게 하면 이들 식자재를 이용하여 고객이 맛있다고 칭찬하면서 지지해 주는 요리를 만들 것인가를 숙고해야 한다. 또 적어도 1년에 한두 가지 신상품을 개발하여 판매하여 고객의 반응을 냉정히 주시하며, 적어도 2년에 한가지 정도 히트상품을 내는 일이 시대의 흐름에 뒤지지 않는 자점(自店)의 컨셉을 유지하면서 번성을 계속하는 원동력이 되는 것이다.(이 머천다이징과 상품개발도 상세한 것은 '음식점의 판매촉진'을 참조 할 것.)

이상과 같이 판매할 태세가 갖춰지면, 바로 고객에게 자점이 좋은 점포임을 알리기 위해서 판매촉진 기획으로 들어간다. 판촉을 거듭하면서 적중하면 번성은 보다 확실해진다. 단, 하권의 제4장 '음식점의 판매촉진'에서도 설명해 놓았듯이 자점의 현장레벨, 즉 Q.S.C가 항상 높은 상태를 유지하여야 판촉이 활기를 띤다는 것은 두 말 할 나위 없다.

점포가 번성하여 점포수가 늘어가 기업규모가 커짐에 따라 자사의 이미지, 자사의 기업토양(企業土壤)을 명확히 하는 것이 중요해진다. 이것을 CI라 한다. 이 CI를 명확히 내세움으로써 자사의 이미지나 위신, 명성 등을 보다 높여, 고객의 신뢰는 말할 것도 없고 거래선이나, 또 자사의 종업원으로부터도 높은 신뢰와 긍지를 얻게 되는 것이다. 그리고 나아가서는 자사가 위치한 지역사회에서도 대단히 높은 신뢰와 칭찬(Community Relation이라함)을 받아 그 지역에서는 없어서는 안 될 존재가 되는 것이다. 이렇게 되면 기업 당초의 목표인 '지역사회에 공헌하고, 고객의 신뢰를 얻고, 함께 일하는 종업원을 기쁘게 하면서, 또한 충분한 이윤을 얻는다'가 가능해진다.

마케팅 전략이란 ① 메뉴 마케팅 ② 머천다이징과 상품개발 ③ 판매촉진계획 ④ CI전략 ⑤ 커뮤니티 릴레이션의 5가지 항목으로 성립된다.(이들 항목은 하권의 제4장 '음식점의 판매촉진'을 참조할 것.)

이상, 음식점 경영에 있어서의 전략에 관하여 기술하였다. 전략을 세우려면, 적어도 중소 음식기업에서는 경영자와 두세 명의 간부사원, 본부스탭진으로 구성되어 있어야 한다고 첫장에서 기술한 바 있는데, 이들 전략의 내용을 알면 알수록 경영자가 자사의 영업 측면(戰術)에만 집착을 보이고 너무 세상을 몰라서는 전략에 손도 대지 못하기 쉽다. 따라서 경영자나 간부 스텝의 폭 넓은 일상생활이 요구된다.

표 2-4 음식점의 전술

I	경리	① 경리시스템	장부와 점포에서의 정보의 흐름	○	×
		② 손익관리	월차 손익계산		
		③ 계수관리	각 비목의 관리		
		④ 원과관리	표준원가의 추구		
		⑤ 현금관리	각 점포 및 본부의 돈의 흐름		
II	인사·교육	① 채용 활동	구인과 신입사원 교육	○	×
		② 교육 시스템	커리큘럼에 의한 인재육성		
		③ 모티베이션	종업원의 이해와 동기부여		
		④ 급여시스템	공평하고 발전적인 급여시스템 확립		
		⑤ 복리후생	다양한 복리후생		
III	영 업	① QSC 매뉴얼	현장 매뉴얼 작성과 운용 흐름	○	×
		② 점포 오펄레이션	폐점에서 개점까지의 점포운영		
		③ 매니지먼트 싸이클	주·월간 운영 방법		
		④ SV 시스템	점포운영의 체크와 수정		
		⑤ 커뮤니케이션	카운셀링 및 미팅 방법		
IV	기획개발 그밖의 전술	① 고객관리	마케팅 등에 의한 고개명부 관리	○	×
		② 점외판촉	매스 미디어에 의한 판촉		
		③ 점내판촉	이벤트 등의 실시		
		④ 커뮤니티 릴레이션	지역사회와의 대화와 참가		

3) 음식기업의 전술이란

이제 여기서는 외식기업의 일상적인 업무를 다루게 된다. 기본적으로는 정책, 전략을 세분하여 각 전략을 구체화시키기 위해서 각 전략별로 현장의 전술이 결정된다. 즉, 경리, 인사·교육, 영업, 기획개발로 구성되는데, 매일 계산하고 장부에 기재하든지, 종업원을 교육하고 영업하면서 QSC레벨을 배려하거나 홍보에 전력하여 매출을 신장시킨다. 이것을 전술이라 한다.

전술도 점포가 하나뿐이고 규모가 작을 때는 대충해도 되지만 1점포당 매출 규모가 커진 경우나 2~3점으로 확대를 하다 보면 이들 경리, 인사, 영업, 기획개발 각각의 항목을 적당적당히 해서는 회사로서의 기능을 다하지 못하게 되어 결국 이익이 나지 않는다. 사원들도 기쁘게 일하지 않으며 고객으로부터 외면당하여 결국 문을 닫게 된다. 다시말해 자신의 감이나 생각만으로는 안 되며 이들 전술 레벨의 각 항목을 잘 정리하여 정한대로 실행해 나가는 것이 중요하다.

여기서 이들 네 가지 항목, 경리, 인사·교육, 영업, 기획개발에 관하여 순서대로 설명하겠다.

(1) 음식점의 경리

흔히 '주먹구구식'이라는 말이 기업경리에서 자주 쓰인다. 무책임하게 적당히 계산한다는데서 나온 말이다. 음식점 점주가 그날그날 매출내용을 자세히 기록도 하지 않고 되는 대로 자금을 운영해 나가는 경영자세를 말하는 것이다. 생업을 위한 점포나 가업으로 하는 점포라면 이런 '주먹구구식'으로도 그런대로 꾸려나가겠지만, 기업수준정도 되면 그리 간단치 못하다. 자사의 경리 시스템을 어떻게 구축할 것인가. 조직을 구축하여 그날그날 영업의 움직임을 수치(數値)로 정확히 파악해야 한다.

이 시스템에 대한 상세한 내용은 하권의 제1장 '음식점의 계수관리'에서 해설해 놓았으므로 여기서는 그 대요(大要)에 관하여만 기술하겠다.

현장레벨에서 최소한의 수치라 하면, 먼저 매출수치의 파악, 다음에는 원가율, 인건비, 그리고 각 영업비의 실태파악일 것이다. 이것을 '점포의 체질관리(體質管理)'라 한다. 그리고 또한 월간 손익계산을 확실히 알아두어야 한다. 그리고 경리면(經理面)에서 가장 엄하게 관리해야 할 것이 현금이라는 것은 두말할 것도 없다. 매일 레지스터의 현금, 은행예입, 본부 송금 등이 정확히 매뉴얼로 관리되어져야 한다.

이렇게 경리면은, ① 경리시스템 ② 매출계수관리 ③ 체질관리 ④ 손익계수관리 ⑤ 현금관리 다섯 가지 항목이 중요하다. 가업점이나 낡은 체질인 음식기업에서는 종업원들이 자점의 목표조차 설정하지 못하므로 하고자 하는 마음이 없어 열심히 일하지 않는다. 최소한 점포의 경영체질, 즉 매출, 원료비, 인건비, 제경비까지는 명확히 공개할 수 있는 경리시스템을 갖추어야 한다.(이 경리 항에 대해서는 하 권의 제1장 '음식점의 계수관리'를 참조 바람.)

(2) 음식점의 인사·교육

이것은 조직전략으로 ① 구인채용 ② 교육훈련 ③ 평가·모티베이션(Motivation) ④ 급여시스템 ⑤ 복리후생과 같이 사람에 관한 것 전부를 담당하게 된다. 사람을 어떻게 다루느냐에 따라 현장레벨이 좌우되기 때문에 음식점 경영에서는 매우 중요한 항목이라 하겠다.

우선 먼저 조직전략에서 결정된 요원을 어떻게 확보할 것인가, 또 현장에서의 결원을 어떻게 보충할 것인가 등 인원채용 활동이 인사·교육부문의 담당사항이 된다. 음식기업 중에는 결원만 생기지 않으면 족하다는 현상유지에 만족하는 경우가 많다. 이래서는 절대 현장레벨을 높게 유지할 수 없다. 항상 자사가 바라는 이상적 인재채용 정보망을 주위나 거래업자까지 이용하여 넓혀 놓고 인재확보에 신경을 써야 한다. 채용방법이나 채용후의 종업원 초기 교육시스템이 중요하다.

둘째로 정사원을 1~5년 동안에 어떠한 간부로 육성할 것인가, 그 커리큘럼(敎育課程)을 확립해서 유능한 인재를 하루 속히 키우는 시스템이 필요하다. 그러나 대부분의 기업에서는 계획적으로 인재를 육성하려고 하지 않는다. 닥치는대로 하는 경우가 너무나도 많다. 보물도 활용하지 않고 그대로 두면 아무 소용없게 된다. 옥도 연마시키지 않으면 빛을 발하지 않는다. 조직전략, 장기경영계획이 요구하는 인재를 얼마만큼 육성하는가에 따라 그 기업의 성장이 결정된다. 때문에 이 교육, 육성을 위한 방안작성이 중요한 것이다.

세 번째는 종업원의 평가·모티베이션이다. 아무리 본부와 점장이 열심히 하고, 열심히 하라고 현장에서 재촉하더라도 종업원의 근무성적을 정당, 공평하게 평가하지 않으면 맥빠지고 할 의욕이 없어지고 만다. 이런 것은 아이를 키우는 여성이라면 누구나 알고 있을 것이다. 얼마나 빨리 한 사람 한 사람을 제대로 평가하는가. 그리고 어떻게 하면 의욕을 일으킬 수 있을까, 그 동기부여 방법이 중요하다.

네 번째로는 급여시스템이다. 당연히, 전항의 평가가 피드백되어야 한다. 이렇게 되어야만 종업원들이 의욕을 가지게 되어 조직이 활성화한다. 종신고용제나 고참이 높은 급료를 받고, 나이로 급여폭을 정하는 급여시스템으로는 기업이 활성화되지 못한다. 음식기업에서는 특히 이 급여시스템이 종업원의 하고자 하는 마음을 측정하는 바로미터가 되는 것이다. 일한 보람을 느끼게 할 수 있는 급여시스템을 개발하고, 그 기준을 명시 하는 일이 중요하다.

이외에도 분점(分店)을 차려주는 제도, 사내주식의 지분(持分)제도 등의 복리후생 면도 인사, 교육부문에서는 중요하다고 할 수 있다.

이상과 같이 전술 레벨의 인사·교육부문은 ① 채용과 초기교육 ② 교육커리큘럼 ③ 평가와 동기부여 시스템 ④ 급여시스템 ⑤ 복리후생 다섯 가지 항목으로 성립된다고 할 것이다.(또한, 급여시스템, 기타 항목은 본권의 제4장 '음식점의 인사와 교육'을 참조할 것.)

(3) 음식점 영업

음식점에서 일하는 사람이라면 반드시 매일 실행해야 하는 일들이 있다. 그 점포가 크고 작건간에 또 1점포건 체인점이건 관계없이, 반드시 실행하므로써 고객이 만족하고 매출로 연결되는 일이다. 이것을 영업이라 한다.

음식점의 영업은 ① Q.S.C 매뉴얼 ② 점포 오퍼레이션 ③ 매니지먼트 싸이클 3항목이 기본이다. 그리고 회사가 커지면 ④ SV시스템 ⑤ 커뮤니케이션 시스템 두 가지 항목이 추가된다. 이들 다섯까지 항목이 완전히 실행되어야 충실한 영업이 가능해진다 할 수 있다.

첫째 Q.S.C매뉴얼이다. '음식점 번성 조건'항에서 번성을 위해서는 상품력, 서비스력, 점포력이라는 세 가지 힘의 균형이 불가결하다고 기술했다. 그리고 이 세 가지 힘의 기준을 명확히 설정해 놓았는데, 이 기준에 따라 자사 매뉴얼을 작성해야 한다. 즉 상품력(Q), 서비스력(S), 점포력(C)을 높이기 위한 매뉴얼이다. 자사가 바라는 Q.S.C레벨을 하나하나 정해 놓고 그 기준을 문장화한 것을 매뉴얼로 삼는다는 것이다. 그리고 전 종업원이 그 매뉴얼을 지키고 매뉴얼대로 일해야 한다.(Q.S.C매뉴얼 작성방법은 '음식점 영업의 실제'를 참조 바람.)

두 번째가 점포 오퍼레이션이다. Q.S.C기준이 매뉴얼로 확정되면 다음에는 이것을 점포 사이드에서 실제로 어떻게 실행할 것인가, 개점에서 폐점까지의 점포운영 방법, 즉 오퍼레이션을 정한다. 이것을 점포오퍼레이션 매뉴얼 또는 점장(店長)매뉴얼이라 한다. '참다운 상품력이란' 절에서 '기다리게 하지 않고 빨리 제공할 것'항에서도 기술한 바 있지만, 요리를 손님께 지체하지 않고, 빨리 또한 맛있게 제공하려면 피크 타임 전에 사전준비, 스텐바이가 중요하다고 하였다. 이런 일들을 잘 처리하려면 오퍼레이션 매뉴얼이 있어야 하며 매뉴얼대로 점포를 운영하는 것이 중요하다.(이 오퍼레이션 매뉴얼은 다음장 '운용 매뉴얼 작성법'절을 참조 바람.)

세 번째는 매니지먼트 싸이클(周期)이다. 점포 오퍼레이션은 하루의 흐름만으로는 충분치 않다. 점포청소나, 매입 등은 주 단위로 짜야 하며, 개중에는 월 단위로 하는 일도 있다. 따라서 오퍼레이션 싸이클을 주간·월간으로 시스템화하는 일도 중요하다. 주간·월간으로 파악이 안 되면 일요일 등의 피크시에 정화조가 막혔다든지 세제가 떨어졌다는 등 큰 소동이 일어나는 경우가 생긴다. 때문에 주간·월간 매니지먼트 싸이클을 확립하여 실시하는 일이 중요하다.

네 번째가 SV시스템이다. 회사규모가 커져 점포수가 늘어나면 늘어날수록 점장에게 모든 것을 맡길 수가 없게 된다. 무엇보다도 규모가 확대됨에 따라 경영자의 눈이 미치지 못하게 된다. 때문에 경영자를 대신하는 수퍼바이저(감독)가 필요하게 된다. 정확하게 정해 놓고, 정한 테두리 안에서 정확히 관리해 나가는 조직이 필요하다.(이 항은 제5장의 '음식점의 직무분담'절을 참조 바람.)

마지막이 커뮤니케이션 시스템이다. 한 사람 한 사람이 매뉴얼에서 정한 것을 정한대로 해내고 또 열심히 즐거운 마음으로 일을 계속한다는 것은 서비스업인 음식점에서는 매우 중요한 일이다. 종업원들이 일할 의욕을 계속 갖는다는 것은 대단히 어려운 일이다. 그들이 즐겁게 일할 수 있는 환경을 만들기 위해서는 점장과 종업원 한 사람 한 사람과의 커뮤니케이션, 모티베이션(동기부여)이 중요하며, 그 시스템화와 실시가 중요한 것이다.

이상, 영업면에서는 다섯 가지 항목의 조립이 중요하다.

(4) 음식점의 기획개발

마지막으로 점포사이드에서의 판매촉진이다. 손님에게 자점의 좋은 점을 조금이라도 알려 몇 번이라도 이용했으면 하는 것이 경영자나 종업원의 진심일 것이다. 손님에게 알리기 위한 방법에는 오신 손님의 명부관리, 점외판촉, 점내판촉 등 여러 가지 수단이 있다. 그러나 아무리 점 내외에서 애써 선전해도 자점의 Q.S.C레벨이 낮다면 홍보를 해서 한 번 오신 손님이 두 번 다시 오지 않을 것이다.

요는 자점의 Q.S.C레벨을 높은 상태에 올려놓고 판매촉진을 시작해야 한다는 것이다. 그 다음이 지역사회와의 친밀한 관계이다. 이런 관계에 너무나 무관심한 음식기업이 많다. 자사의 규모가 커지면 커질수록 지역사회 사람들과의 관계에 마음을 써야 한다.

　자점이 지역사회에 미치는 플러스와 마이너스 사항을 체크하며, 항상 지역사회에 고마움을 느끼는 또한 지역사회에 공헌하는 점포를 만드는 것이 바람직하다. 그러므로 점포에서 내보내는 배수, 쓰레기 등에도 세밀한 주의가 필요하며 동네모임에 참가하거나 봉사활동에 대한 원조 등등, 지역사회와의 관계 즉, 커뮤니티 릴레이션에는 세심한 배려를 점장을 위시해서 전 종업원에게 촉구해야 할 것이다.

　기획개발(企劃開發)의 항은 ① 고객관리 ② 점외 판매촉진 ③ 점내 판매촉진 ④ 커뮤니티 릴레이션 네 가지 항목으로 이루어진다.

　이상 음식점 경영의 정책, 전략, 전술 각 항목에 관하여 그 대요를 기술하였는데, 이것은 어디까지나 음식점을 하나의 기업으로서 운영하는데 필요한 이상상(理想象)을 부각시켜 전 항목을 제시한 것이다. 따라서 기업의 크기에 따라 노력해야 할 항목이 달라진다는 것을 충분히 이해하기 바란다. 그러면 기업을 어떻게 확대해 나갈 것인가, 또 그 규모에 따라 어떤 문제점이 있는가를 명확히 따지면서 '기업규모의 확대'에 관하여 기술하겠다.

5. 음식기업 규모의 확대방법

　음식점을 번성시키는 조건이나 경영의 개략적인 내용에 대하여 이해하였을 것이다. 그러나 주의해야할 것은 작은 기업임에도 불구하고 큰 기업 조직을 그대로 받아들여 영업방침을 복제(複製)하거나 조직도를 흉내내서 본부를 설치하여 머리만 큰 회사로 만들어서는 안 된다.

　기업규모에 따라 노력항목은 틀림없이 달라진다. 또 자사가 앞으로 다점화(多店化)를 어떤 스타일로 해나갈 것인가에 따라서도 노력방법이 크게 달라진다. 자사를 확대함에 있어 먼저 어떤 경영 스타일로 다점화를 꾀할 것인가를 결정하고, 장기경영계획을 명확히 하여 그 규모에 따른 노력항목을 장기경영계획 중 중기경영계획별로 목표를 설정하고 그 실현에 도전해 가는 것이 가장 이상적이다.

1) 飮食店의 경영 스타일

　여기서 먼저, 음식점을 확대하는 형태에는 어떤 것들이 있는가를 정리해 보자. 1980년대 초까지는 미국에서 직수입한 체인이론이란 전혀 없었고, 옛 경영 형태인

본·지점(本·支店)경영이 주류를 차지하였는데, 지금은 체인이론에 의한 다점화가 주류를 이루어 중소음식점업자라면 너나할 것없이 이 체인이론으로 확대를 꾀하고 있다. 그러나 체인만이 음식업은 아니다. 여기서 다시 한번 이 음식점의 경영스타일을 정리하여 자사에 가장 알맞는 경영 스타일로 확대를 모색하고 그 방향성을 명확히 하는 것이 중요하다.

(1) 체인 경영

10점포 이상을 같은 영업컨셉으로 전개(展開)하는 것을 옛부터 연쇄점(連鎖店)이라 불렀는데, 이 연쇄점을 미국에서는 체인스토아라 한다. 이 체인스토아 경영이론은 미국에서는 물판점(物販店)을 전개하면서 성숙해졌는데 이것을 음식업계에 받아들여 오늘에 이르렀다.

고객수요(顧客需要)의 최대공약수를 구하고, 그 고객수요에 보답하여 가장 효율적인 상품을 제공하는, 이 체인스토아이론은 1980년대 후반부터 파죽지세로 급속성장하여 오늘날과 같은 대규모 외식체인점으로 성장해 왔다. 따라서 사람, 물건, 돈이 충분히 있는 기업은 이 체인스토아 이론을 철저히 쫓아 확대를 꾀할 수 있게 되었다. 이 체인스토아 이론이야말로 오늘날 외식산업의 주류이며 앞으로도 주류(主流)의 자리를 계속 유지할 것은 틀림없는 사실일 것이다.

그러나 고도성장을 계속하고 있는 우리나라는 젊은이의 생활스타일 변화로 고객들의 욕구는 틀림없이 변화할 것이므로 지금까지의 체인스토아 이론만으로는 시대의 흐름에 대응할 수 없게 될 것임은 쉽게 예상할 수 있을 것이다. 그리하여 이 체인 운영수법의 방침을 바꾸지 않으면 안 되게 될 것이다.

그러나 체인스토아 자체는 계속해서 틀림없이 존속할 것이며, 따라서 확대를 바라는 음식기업은 이 체인스토아 운영방법 개발에 힘써야 할 것이다. 또한, 체인전개에 있어서 2개 이상의 시·지방에 전개하는 것을 리죠날 체인이라 하며, 전국반수 이상의 지구에서 전개하는 것을 내쇼널체인이라 한다. 10개 점포 이상의 점포를 확대한 후 체인점을 전개코자 할 경우에도 이와같이 여러 가지 스타일이 있는 것이다.

(2) 인디펜던트(Independent) 經營

10개 점포 이하로 지역 밀착형 음식점을 경영하는 기업을 미국에서는 인디펜던트라 한다. 체인스토아이론에 따라 똑같은 컨셉으로 확대해 나가면, 점포수가 늘면 늘수록 컨셉이 낡아서 고객은 자연히 떨어져 간다. 또 동일 컨셉으로 확대하다 보면 그 컨셉이 어느 특정지역에서는 그 지역에 사는 고객의 요구(Needs)와 차이가 생겨 지지를 받지 못하는 경우도 있다. 이와같이 대규모 체인점은 나름대로의 약점도 있다. 이 틈새를 공략하여 지방음식점들은 철저히 지역에 밀착하여 지역 제일점을 겨냥한다. 이것을 인디펜던트라 한다.

체인스토아가 우후죽순격으로 전국에서 전개되는 것을 감안하면 지방의 중견 음식기업은 이 인디펜던트 경영스타일을 취하는 것이 바람직하다고 생각된다. 오늘날 외식시장 사정으로 보면, 지금까지의 체인스토아 이론으로 전개하는 것은 신중을 기해야 할 것이다.

음식업계의 오버스토아나 소비자의 음식점 선택 안목이 높아진 것, 또 외식시장의 침체와 같은 음식기업을 둘러싼 여러 환경을 고려하여 앞으로의 중소음식기업의 확대는 먼저 인디펜던트로서 기반을 확고히 구축함이 급선무일 것이다.

(3) 커렉션(collection) 經營

체인 스토아 경영대신, 오늘날에는 커렉션 경영이 부각되고 있다. 커렉션이란, 보물을 많이 수집함을 뜻한다. 즉, 한가지 컨셉에 만족하지 않고 3~4가지 새로운 컨셉을 가진 기업체를 말한다.

일반적인 목걸이를 예로 들면 어느 한 고리가 끊어지면 목걸이로서의 역할을 다할 수 없다. 그러나 목걸이에 다이아몬드, 루비, 사파이어가 달려있다고 하면 만약 그 목걸이가 끊어졌더라도 다이아몬드나 루비, 사파이어의 가치는 떨어지지 않는다. 따라서 커렉션 경영 쪽이 안전하다. 체인스토아가 만일 어느 한 곳에서 잘못되면 전부가 잘못된다고 하는 체인스토아 이론의 앤티시어시스(antishesis, 反設)로서 이 커렉션 이론이 급부상되었다.

일본의 스카이락이 죠나산, 아이야, 예스터데이 등과 같이 서너 개 점포의 컨셉을 강화시켜 체인점커렉션화에 여념이 없는 것만 보더라도 이 커렉션이론의 주장을 쉽게 이해할 수 있을 것이다. 로컬(地方) 중소음식기업인 경우, 같은 패턴, 같은 컨셉을 급속확대 시키는 것은 반드시 피해야 한다. 이 커렉션 스타일을 잘 연구해 보면 **지역밀착형**(地域密着型) 확대가 가장 안전하다고 말할 수 있겠다.

이 강력한 커렉션을 구축하여 사람, 물건, 돈 세 가지 여력(余力)을 키우고 나서 본격적인 체인화를 진행시켜도 늦지 않다.

(4) 지점(支店)경영

이 스타일은 새로운 것이 아니라 옛날부터 행해지던 것이다. 점포수가 많아지면 많아질수록 관리하기 어려워진다. 이걸 극복하기 위하여 출점지역(出店地域)이 2개 이상의 지방에 나가게 되면 각 지방별로 독립된 회사를 설립하여, 간부사원을 사장으로 임명하고 본사에서 원격조작(遠隔操作)을 하는 방법이다. 이 스타일은 가전(家電)기업의 판매회사나 자동차기업의 지방판매점에서 자주 취하는 스타일이다.

총 본사에서 지사장을 파견하고, 그 지역에 정착시켜 지역사람이 되므로서 지역 밀착형 경영이나 영업이 가능해지고, 또 현지회사에 그 나름대로의 재량권이 주어져 사회적 지위도 확보할 수 있고 사기도 높아져 1석 2조의 효과가 있는 스타일이라 말할 수 있겠다.

2) 음식점의 경영시스템

점포 영업을 자사 직영 방식(레귤러체인 시스템)으로 하던가, 아니면 자사의 영업방식을 타기업에 상호를 빌려주고 타기업의 자본력, 인재력(人材力)을 이용하여 영업을 하는 프랜차이즈 시스템으로 하던가, 또는 타사의 상호를 빌려 영업을 하느냐에 따라 확대방법이 크게 달라진다.

(1) 레귤러 체인 시스템

모든 영업소를 자사의 자본력, 인재력으로 전개하는 직영방식을 레귤러체인시스템이라 한다. 일본에서는 스카이락이 이 방식을 채택하고 있다. 이 시스템은 전 종업원이 회사에 소속되어 있기 때문에 경영자의 지시가 재빨리 말단까지 전달되므로 관리도 하기 쉽고 효율도 높다. 그러나 모두 자사의 자본력과 인재력으로 충당해야 하기 때문에 급속확대를 할 경우, 가속도(加速度)가 낮고 시장의 과점화(寡占化)가 어렵다는 결점이 있다. 그러나 체인의 가장 이상적인 스타일은 이 레귤러체인시스템이라고 할 수 있다.

(2) 프랜차이즈 체인 시스템

프랜차이즈체인시스템이란 점포를 번성시킬 노하우를 가진 본부(프랜차이저)가 자금은 있지만 장사하는 법을 모르는 사람(프랜차이지)에게 상호를 빌려주어 영업을 시키는 구조를 말한다. 회사규모를 급속히 확대시키고 싶을 경우에 적합한 구조이지만, 자사의 상호를 타인에게 빌려주기 때문에 문제가 일어날 가능성이 높다. 따라서 상호를 빌려준 이상 상대방에게 즉 프랜차이지 쪽에 이익을 확보시켜 줄 실력이 있어야 한다.

때문에 ① 실력 있는 상품을 소유해야 하며 ② 식자재가 프랜차이지에게 정확히 배달되어야 하며 ③ 신입사원을 교육시킬 구조를 갖고 있어야 하며 ④ 본부의 지원 태세가 확고하며 ⑤ 또 예정대로 매출과 이익이 난다는 조건을 갖춘 본부기업이어야 한다.

이러한 조건이 모두 갖춰지면 프랜차이즈체인시스템의 급속확대는 매우 쉽다. 맥도날드, KFC 등 미국의 대규모 체인기업에서는 이 프랜차이즈체인시스템을 사용하는 기업이 상당히 많다.

매입만을 공동으로 하는 볼랜타리체인시스템(Voluntary Chain System)이라는 것이 있는데, 그 체인수가 그다지 많지 않으므로 여기서는 생략한다. 따라서 체인화나 기업확대를 시도함에 있어서는 레귤러나 프랜차이즈가 되지만, 급속확대를 원할 때는 레귤라 1에 대하여 프랜차이즈 3정도의 비율이 적당하며, 프랜차이즈 전개만을 착실히 시행코자할 때는 레귤러 1에 대하여 프랜차이즈 1 비율이 바람직하다.

자사의 규모를 확대함에 있어서 프랜차이즈를 도입할 것인지 아니면 본·지점형이나 분사(分社)형으로 할 것인지 그렇지 않으면 큰마음 먹고 체인스토아로 하던가 인디펜턴트로 당분간 착실하게 경영해나가던가, 혹은 코렉션 스타일을 겨냥할 것인가, 자사가 취해야 할 경영스타일을 미리 정확히 결정하여 시작해야 한다.

3) 기업규모에 따라 노력항목을 달리한다.

음식기업을 경영함에 있어서, 무엇부터 먼저 시작해야하는지 통 모르는 경영자도 곤란하지만 이것저것 다 알며, 자사의 규모가 적음에도 불구하고, 대규모 체인점이 하고 있는 것을 그대로 하려는 무모한 경영자도 곤란하다. 그래서 음식점의 매출규모에 따라 경영자가 노력해야 할 항목을 여기서 정리하여 제언한다.

(1) 연매출 2억 원인 음식기업의 노력항목

년 매출 2억 원은 경영자 부부가 건강하고, 인간성이 좋고 성실히 연구하고 노력하면 가능한 수치(數値)이다 연매출 2억 원을 올리지 못하는 경영자는 건강, 인간성, 성실성, 연구, 네 가지 항목 중 어느 한 가지에 흠이 있게 마련이다. 이 네 가지 항목이 갖춰지면 어떻게든 가능하다.

* 매일 정확히 정시에 출근해서 개점하고 있는가?
* 이웃과의 교제, 직원을 쓰는 방법이 누가 봐도 믿음직스럽고 고객으로부터도 신뢰를 받고 있는가? 부부사이는 좋은가?
* 항상 번성점에 대해 공부를 하고 향상의욕(向上意慾)을 가지고 있는가?
* 근무중에 꾀를 부려 오락이나 도박에 손을 대지나 않는가?

이러한 일들을 실행치 않았다거나, 노력부족, 힘이 미치지 못함을 탓하지 않고 '경기가 나쁘니, 세상이 어떻니'라고 남의 탓으로 돌리는 일은 없는지를 되돌아 보자. 자그마한 노력이 번성점을 낳는다.

소규모점에서 경영을 시작하여 연매출 2억 원을 올린 경영자는 앞에 열거한 네 가지 항목을 이룬 사람일 것이다. 개중에는 우연히 들어맞은 음식점도 없지는 않지만, 그와 같은 예는 극히 드물다. 따라서 2억 원을 목표로 하는 음식기업이 노력해야 할 일은 성실하고 진지하게 성의를 다해 고객이나 직원을 대하는데서부터 시작된다. 그리고 맛있는 요리와 진심어린 마음으로 손님을 맞이하면, 틀림없이 연매출 2억 원을 달성할 수 있을 것이다. 따라서 '이유를 달지말고 행동에 옮겨봐라'라고 권하고 싶다.

(2) 연매출 4억 원인 음식기업의 노력항목

음식점 하나로 연매출 4억 원, 혹은 2점포로 연매출 4억 원을 돌파하는 것이 제일 어렵다. 연매출 1억 원을 올리는 점포를 4~5점을 가지고 연매출 4억 원을 올린다고 자랑하는 경영자가 있지만, 오래가지 못한다. 이 같은 소규모 점포로 다점화(多店化)를 추진하면 틀림없이 장래가 순탄치 못하다. 그 이유는 1점포당 매출이 너무나 작기 때문에 관리를 담당하는 점장에게 높은 급료를 지불할 수 없어 결과적으로는 좋은 점장을 확보할 수 없어 관리에 실패하고 만다.

따라서 1점포나 2점포로 연매출 4억 원을 올려야 한다. 자금도 인재도 극히 빈약

한 기업이 4억 원을 달성하기 위해서는 연매출 2억 원을 올리기 위한 점포의 조건이었던 건강, 인간성, 연구, 성실함의 조건 위에서 Q.S.C레벨을 높여야 한다. 그리고 나서야 전술(戰術)레벨 항목이 나올 수 있다. 상품력, 서비스력, 점포력을 다른 점포와 어떻게 차별화 하느냐에 따라 4억원 벽을 돌파할 수 있는 것이다.

(3) 연매출 10억 원인 음식기업의 노력항목

연매출 4억 원까지는 경영자 부부가 노력하면 어떻게든 된다. 그러나 이 액수가 10억 정도 되면 부부만 가지고는 어떻게도 할 수 없는 규모가 된다. 이쯤되면 똑똑한 점장이나 간부가 최소 3명은 필요하게 된다. 그들을 리드하고 수많은 사원을 기쁘게 하고 협력을 얻으려면 회사의 비전, 즉 정책이 확립되어 있어야 한다. 그리고 현장의 전술면중 각 항목에 대한 정비가 필요하다. 즉 10억 원 돌파를 위해서는 현장 싸이드에서 간부의 확보, 그리고 회사의 정책면과 전술면의 확립이 필요하게 된다.

이 레벨에서의 전술항목, 즉 Q.S.C를 철저하게 추구하는 자세가 중요하다. 이무렵에는 가업 감각에서 벗어나야 한다. 만약 연매출 30억 원을 목표로 삼는 기업이라면 사장 부인이 전무직을 맡는 것은 가능한 삼가하고 다른 인재를 키울 결심을 해야 한다. 그것을 뛰어넘지 않으면 결코 좋은 인재를 키우지 못한다. 많은 음식기업들은 이 벽을 뛰어넘지 못하고 있다.

(4) 연매출 20억 원인 음식기업의 노력항목

이쯤되면 기업의 길목에 들어선다. 이 레벨에 와서도 아직도 가업감각이 없어지지 않는다면, 특별한 경우를 제외하고는 연매출 40억 원 길은 열리지 않는다고 판단해도 좋을 것이다. 이 레벨에 이르면, 전략면을 정비해야 한다. 회계사에게 의뢰하여 재무전략을 또는 출점전략, 조직전략, 마케팅 전략을 경영자 자신이 정확히 몸에 익힘과 동시에 본부 스탭을 2명 육성하여 확보해야 한다. 여기에 이르면 무엇이든지 사장이 혼자서 마음대로 처리해서는 안 된다.

사장은 간부에게 일임하고 그 간부가 얼마나 잘 임무를 수행하는가를 참을성 있게 지켜봐야 한다. 이 간부의 질(質)이 다음으로 비약할 수 있는 포인트가 되는 것이다. 즉 경영자가 권한이양을 본부 스탭이나 점장에게 할 수 있는가에 달려있다.

(5) 연매출 40억 원인 음식기업의 노력항목

이 레벨이 되면, 본장 '음식기업의 경영이란'절에서 기술한, 정책, 전략, 전술의 완벽한 확립과 실행이 요구된다. 또 사장 다음으로 넘버 투, 쓰리를 키우고 본부 스텝이나 SV(슈퍼바이저), 경리 등 유능한 인재를 배치하여 기업으로서 완전한 기능을 갖추는 것이 연매출 40억 원을 올리는 기업의 조건이라 하겠다.

평상시에 하던 대간부회의, 점장회의, 주방장 연락회의 등이 계획대로 개최되어야 일사불란한 조직으로서 활동하는 수준이 된다. 그리고 사장이 부재중이라도 사장을 대신하여 대내·외적으로도 모든 일을 꾸려나갈 대간부가 몇 사람 육성되었는가에 따라 다음 단계에서 얼마나 가속도가 붙느냐가 정해진다. 또 40억 원을 넘어 연매출 60억 원, 80억 원정도로 그 규모가 확대됨에 따라 사장의 경영수완, 전무, 상무의 리더쉽, 본부의 기능 등등 여러 가지 항목이 문제가 된다.

이상과 같이 음식기업은 그 기업이 규모에 따라 노력해야 할 항목이 달라진다. 이걸 충분히 이해하고 경영에 임해야 한다. 2억 원은 인간성, 4억 원은 현장 레벨업의 추구, 10억 원은 전술의 구조, 30억 원은 전략의 조직, 그리고 40억 원은 대간부와 스탭의 충실이라 하겠다.

지금까지 기술한 것은 어디까지나 일반론이고 경영을 맡은 최고 경영자의 인간성, 인생관에 따라 어느 정도 그 노력해야 할 항목에 차이가 있음을 이해하기 바란다. 요는 자사 규모에 알맞는 노력을 정확히 실행하므로써, 훌륭한 회사로 육성되어지는 것이다.

이 점에 유의해서 경영에 임해주기 바란다.

제3장

음식점영업의 실제

앞 장에서, 음식업에 관한 일반적인 사항에 관해서 파악을 했을 것이다. 그리고 점포를 번성시키기 위해서는 상품력과 서비스력과 점포력이 불가결하다라는 것도 알았을 것이고, 이러한 각 항목의 기준에 대해서도 충분히 이해하였을 것이다. 그러나 막상 점포를 열고 영업을 시작하게 되면, 이 3가지 사항(Q.S.C)을 어떻게 조합하여 운영해야 할지 막다른 골목에 다다르게 되어 앞길이 막막하게 된다.

도대체 어떻게 하면 현장(점포)의 QSC 레벨을 높게 유지하고, 고객에게 강한 지지를 받을 수 있는 점포를 만들 수 있을까? 그것은, 즉 QSC 각각의 항목에 대하여 더욱 자세하게 기준(스탠더드)을 명확하게 세워나가며, 그 기준사항을 한 항목씩, 어떻게 하면 회사가 요구하는 기준대로 작업할 수 있을까, 그 작업방법을 상세하고도 구체적으로 지시하는 것이다.

이러한 사항을 말로 일일이 지시하면 정해진 대로 정확하게 할 수 없기 때문에, 확실하게 문장과 그림으로 설명한다. 이것을 매뉴얼이라고 한다. 따라서 음식점의 Q.S.C를 위한 매뉴얼에는 조리매뉴얼, 접객매뉴얼(서비스매뉴얼), 그리고 청소매뉴얼(크렌리니스 매뉴얼)의 세 가지 종류가 있다. 또한 이 3가지 매뉴얼을 하루, 일주일, 1개월, 1년간 능숙하게 운용해 가기 위한 운용매뉴얼(오퍼레이션매뉴얼)이 필요하다. 또한 점장의 사람(人), 물건(物), 돈(金)의 관리에 관한 점장매뉴얼, 아르바이트·사원에 대한 교육매뉴얼도 필요하게 된다.

일반적으로 음식점에서는 QSC의 기준을 명확하게 하고, 그 작업방법을 지시하는 조리·접객·청소의 이 3가지 매뉴얼과 이것들을 잘 운용할 수 있게 하는 방법에 관한 오퍼레이션, 점장, 교육의 3가지 매뉴얼, 즉 여섯 종류의 매뉴얼이 필요하다.

전자의 세 가지 매뉴얼이 씨실이고, 후자의 세 가지 매뉴얼이 날실로 해서 점포라는 천이 짜지는 것이다. 따라서, 매뉴얼이란 다른 점포의 매뉴얼을 그대로 베껴와도 결코 자점에서 원활하게 운용할 수 없으며, 자사가 원하는 QSC 레벨에는 이르지 못한다.

경영자가 QSC에 대해 공부하고 이해함과 동시에, 간부와 함께 상품, 서비스, 점포에 대해 자신들이 원하는 레벨을 1 항목씩 명확히 정하고 이것을 어떤 작업방법으로, 누구에게, 언제 시킬 것인가를 정할 때 비로소 자신들이 원하는 조직이 만들어지는 것이다. 그러면 지금부터, 조리, 접객, 청소, 운용, 점장의 이 5종류 매뉴얼의 작성방법에 대해서 기술하겠다.

1. 조리매뉴얼 작성법

조리매뉴얼은 진정한 상품력의 조건이라 할 수 있는 맛있고, 빨리 제공할 수 있고 또한 항상 같은 맛, 이 3가지 항목을 완전하게 달성하기 위해 만든 매뉴얼이다. 조리매뉴얼은 크게 나누어 ① 메뉴기준표 ② 상품매뉴얼 ③ 현장(점포)의 준비작업 방법, 또는 회사가 성장하여 센트럴키친을 갖는 경우에는 조리전 준비매뉴얼, 이 3가지로 구성된다. 이 3가지 항목에 대해 순서대로 설명해 나가겠다.

1) 메뉴기준표

전장 '음식점 번성의 포인트'에서 진정한 상품력이란, 맛은 물론이고 언제나 같은 품질, 같은 맛이 아니면 좋은 상품이라 할 수 없다고 했는데, 대부분의 음식점들은 너무나도 감각에 의지한 요리를 만들고 있다. 아무리 경험이 많아 요리에 자신 있는 요리사라도 컨디션이 좋지 않으면 미각이 균형을 잃어, 맛이 일정치 않게 된다. 그 증거로 컨디션이 비교적 좋을 때의 맛은 달고, 몸이 피곤할 때는 생각외로 짜고 매운 맛이 나게 된다. 만일 감기에 들기라도 한다면 맛은 더욱 이상해져 고객의 불평을 듣게되기도 한다.

또한, 조리사가 바뀔 때마다 그 조리사의 경험을 바탕으로 자기나름대로 맛을 낸다면 어떻게 되겠는가? 지금까지 계속 찾아준 손님을 실망시켜 버릴 수도 있다. 맛이란, 아무리 조리사가 바뀌더라도 언제나 같은 맛을 유지해야 하고, 항상 고객의 신뢰를 배반하지 않는 것이 바로 상품력의 기본이다. 또한, 조리를 담당하는 사람에 따라서 상품의 장식법이 다르다거나, 상품가지수가 다르다든지, 햄버거 크기가 들쑥날쑥한다든지, 햄버거와 함께 나오는 야채가 다르다든지, 등의 변화가 있다면 고객은 좋아하지 않을 것이다.

이런 식으로 생각해 보면, 좋은 상품이란 항상 균질·균일하여, 고객이 '언제 와도 안심하고 먹을 수 있다'라는 신뢰를 줄 수 있어야함을 이해할 수 있을 것이다. 때문에 메뉴기준표가 필요한 것이다. 표 3-1은 어느 일식점의 메뉴기준표이다. 여기서는 '키리탄뽀 전골' 만드는 법을 적어놓았다. 우선 이 키리탄뽀 전골의 원료를 전부 하나하나 분해하는데서부터 시작된다. 그리고 키리탄뽀 5개, 미나리 또는 쑥갓 80g이라는 식으로, 모든 원료의 양을 명시해 간다.

제3장 음식점 영업의 실제 67

표 3-1 메뉴기준표

메 뉴 기 준 표

No. 메뉴명	키리단뽀 전골		년 월 일		점 명				
			판 매 가	12,000(2인분)					
No.	원료명	수량	제조법	단가	금액	단가	금액	단가	금액
1	키리단뽀	5개	옆으로 3등분해서 자른다.						
2	미나리 또는 쑥갓	80g							
3	파	100g							
4	우엉	60g	얇게 썬다.						
5	느타리버섯	40g							
6	곤약	100g	길이 7cm						
7	닭고기	100g	큼직하게 썬다.						
8	다시국물	4컵							
9									
10									
11									
12									
13									
14									
15									
16									
17									

		원료비	3930
제조법의 요점	① 다시안에 우엉, 곤약, 느타리버섯의 순으로 넣고 끓기 시작하면 닭고기를 넣는다. ② 닭고기가 대충 익은 시점에서 키리단뽀를 넣는다. ③ 다음에 파, 미나리나 쑥갓을 넣는다. ④ 키리단뽀는 너무 삶아지면 모양이 흐트러지므로 주의 한다.	순이익	67.25
		원료비율	32.75
		제 기 록	
		년월일	사 항	기입자
담기요점	다시국물은 닭뼈국물, 간장 맛이 이상적이다.		

그 작업이 다 끝나면 원료의 장식법(형상)에 대해서 상세하게 설명한다. 여기서는 키리탄뽀, 우엉, 곤약, 닭고기 자르는 법에 대해 상세하게 설명하고 있다. 또한 원료별 원가도 기입한다. 단가도 반드시 기입을 해서 원가계산까지 해 놓는다. 이것은

나중에 원가관리에 도움이 된다. 다음으로 이 키리탄뽀 전골 만드는 법을 '제조법의 요점'란에 제시한다. 처음부터 순서대로 정확하게 기입한다. 이것이 끝나면 담는 방법을 순서대로 기입한다. 이 키리탄뽀의 경우는 비교적 간단하지만, 요리에 따라서는 복잡한 것이 있기 때문에 정확하게 기입하는 것이 바람직하다. 또한 사용하는 식기의 종류와 단가도 조사해서, 조리작업중에 가능한 용기의 파손을 막도록 연구하는 것도 중요하다. 그리고 마지막이 도해(圖解 : 일러스트)이다. 이것은 '사진'을 붙이는 것이 편리하다.

이 메뉴기준표에서는 원가조사를 3번 하도록 하고 있다. 대부분의 음식점에서는 만일 이 기준표를 만들었더라도 원가계산은 처음 1회뿐이지, 나중에는 되는 대로 내버려두는 경우가 많다. 이렇게 되면 원가는 항상 변화하므로 올바른 원가관리를 할 수 없게 된다. 아무리 소규모 음식점일지라도 반드시 매년 1회는 원가를 조사하여 옆에 있는 란에 기입하고, 전년도와 비교해 보아야 한다. 또 연매출 수십 억 원이 넘는 음식기업의 경우에도 1년에 2회는 체크하여 기입하여야 할 것이다.

메뉴기준표는 요리 부문뿐만이 아니라 음료나 아이스크림 부문 등도 하나하나씩 작성하여, 요리와 음료의 메뉴기준서를 마무리해야 한다. 또한, 이 기준표를 그림이나 사진을 붙여 한눈에 쉽게 알 수 있도록 하여, 주방의 디쉬업(dishop) 위의 벽 안쪽에 조리사가 잘 볼 수 있도록 붙여 놓으면 유용하게, 비록 신입사원일지라도 실수 없이 조리나 담아 내기를 할 수 있게 된다.

표 3-2는 믹스피자의 사진을 붙인 메뉴기준표이다. 이런 식으로 벽면에 붙여 놓는다.

표 3-2 믹스피자 레시피

★ 피자크래프트에 피자소스 30g을 깐다.
★ 오니온슬라이스 20g, 피망 30g, 살라미 소세지 10g, 베이콘 15g, 새우 54g, 믹스치즈 100g을 올려 놓는다.
★ 오븐에 굽는다.
★ 8등분으로 자른다.
★ 파슬리를 1개 가운데 올려 놓는다.

믹스피자

2) 상품매뉴얼

상품매뉴얼은 ① 식재 하나하나의 특징과 성질, 그리고 그 취급법에 대해서 상세하게 설명을 한 식재매뉴얼과, ② 좋은 상품을 만들기 위한 자세와 기준작업에 대해서 상세하게 설명한 조리기준 작업매뉴얼이 있다. 이 두 가지 매뉴얼에 대해서는 회전 초밥 체점인 아톰보이의 매뉴얼을 참조하면서 설명하겠다.

(1) 식재매뉴얼

표 3-3은 초밥에 사용하는 참치에 관하여 그 종류와 사용법을 설명하고 있고, 표 3-4는 참치의 각 부위별 명칭과 그 성질에 대해서 설명하고 있다.

우선 표 3-3에서는 참치를 크게 나누어 참다랑어(혼마구로 : Bluefin tuna), 인도다랑어(인도마구로), 눈다랑어(메바치 : Bigeye tuna), 황다랑어(키와다 : Yellowfin tuna), 날개다랑어(빈나가 : Albacore)가 있고, 각각의 색상, 육질, 그리고 산지 분포 상태를 해설하고 있으며 또한 운송은 어떻게 해야 하는가 보관·해동방법에 대해서 설명하고 있다. 표 3-4에서는 도로(참치살 중에서 지방이 많은 부분), 즈께(지방이 없는 부분)란 무엇인가, 또한 상(카미), 중(나카), 하(시모) 등, 참치에 관한 여러 가지 부위별 명칭에 대해 그림과 함께 설명해 두었다. 초보자가 보더라도 한눈에 알 수 있도록, 하루라도 빨리 익힐 수 있도록 고안되어 있다.

초밥집 종업원은 이러한 항목에 관하여 전혀 지식이 없는 경우가 대부분이다. 아무런 정보나 지식 없이는 고객에게 신뢰와 지지를 얻을 수가 없다. 우선 식재에 관한 지식과 그 취급법을 정확하게 해설한 식재매뉴얼이 필요하다. 일식 초밥집의 경우에는 참치를 비롯해 오징어, 문어, 새우, 청새치, 전갱이, 가다랭이, 고등어, 연어, 방어, 붕장어(아나고), 게, 섬게, 전복, 새조개 정도의 해설이 필요할 것이다. 또한 김, 쌀 등도 빠뜨려서는 안 되는 항목이다.

양식당의 경우에는 고기에 대해서는 물론이고, 튀김용 생선, 스파게티를 비롯하여 음료용 재료에 이르기까지 폭넓은 식재매뉴얼이 필요하다. 중화요리점에서는 실로 다양한 진귀한 식재를 사용하기 때문에 이러한 매뉴얼의 완비가 더욱 필요하다.

표 3-3 마구로(다랑어)의 종류

목 적	어류의 특징·성질을 알아 본래의 맛을 창출하고 보존관리법을 익힌다.
종 류 산 란 기	참다랑어, 인도다랑어, 눈다랑어, 황다랑어, 날개다랑어 12월 - 3월경
참다랑어 (혼마구로 : Bluefin tuna)	참다랑어(Bluefin tuna) 일본의 혼슈 각지 연안과 필리핀에 걸쳐 분포되어 있다. 색 - 검은빛이 강함. 어린 것을 '매지'라고 부르며, 어미참치를 '시비'라고 한다. 육질 - 지방이 많다.
인도 다랑어 (인도 마구로)	참다랑어와 상당히 닮았다. 동인도양에서 오스트리아 근해에 걸쳐 다량 분포. 색 - 붉은빛을 띤다. 육질 - 참다랑어보다 지방분이 적다.
눈다랑어 (매바치 : Bigeye tuna)	눈다랑어(Bigeye tuna) 다랑어 중에서 가장 크다. 색 - 보통 다랑어보다 엷은 붉은빛을 띤다. 육질 - 늦은봄 이후에는 참다랑어보다 맛이 좋다.
황다랑어 (키와다 : Yellowfintura)	황다랑어(Yellowfintuna) 초여름에 해안으로 온다. 세계각지의 난류에 분포한다. · 색 - 벽돌색 · 육질 - 지방이 적다.

배	200톤~300톤 독항선식이 주력
기간	1년간 출어
어법	연승식(주낙법)
승무원수	20명
과	고등어과

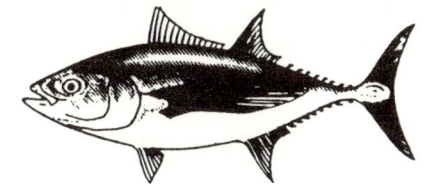

날개다랑어(Albacore tuna)

날개다랑어 (Albacore tuna)	일본 및 세계각지의 난류에 분포하며, 가슴지느러미가 가장 길다. 색 - 붉은색(통조림에 사용된다.) 육질 - 무르다. 생선회로서는 사용되지 않는다.
보존관리	선상에서 포획된 다랑어는 즉시 -55℃로 급속냉동. (배, 머리를 손질한다. 방혈을 완전히) 표면에 빙상에 의한 프리즈 처리
그레이즈 가공이란	냉각시킨 물에 넣었다가 꺼내면, 표면에 순간적으로 얇은 얼음층이 생긴다. 내장, 머리부분 절단, 물에 씻어 방혈을 완전하게 하여 -50℃로 냉동시키면 변색이 되지 않는다.
수송차	냉동 콘테이너에 냉동장치 -50℃. 대부분의 점포가 -20℃의 냉동고를 갖고 있으나 냉동고의 개폐도수(開閉度數)가 많아 온도가 떨어져, -50℃로 요구되는 냉동 다랑어를 이같은 냉동고에 장시간 보관하는 것은 피해야만 한다(냉동상태의 다랑어가 녹아버린다). 다랑어류의 붉은색은 공기중의 산소에 의한 화학반응으로 산화되는데 이때, 검게 변색된다.
냉동다랑어 해동방법	해동다랑어는 재동결시키지 않는다. 남은 분량은, 폴리에틸렌 필름으로 밀봉하고, 동결시키지 않는다. 0~5℃의 냉동고에 넣는다. 해동은, 5~10℃정도의 온도에서 한다. 해동다랑어의 표면을 물로 씻어 마른 행주로 싼다. 해동중 건조되거나 붉은색이 소실되는 것을 막는다.

표 3-4 다랑어의 부위 명칭

목 적	어류의 특징·성질을 알아 본래의 맛을 창출하는 보존관리법을 익힌다.
	해동다랑어의 표면을 손가락으로 눌러 표면이 부드럽고, 중심부가 아직 단단할 정도(약 1/3)의 반해동 상태에서 멈춘다.
	너무 녹아버리면 다랑어의 살에서 액체가 유실되어 품질이 떨어진다.
도로	다랑어의 지방분이 많은 부분
즈께	붉은 살부분 보존하기 위해, 간장에 담가 절이기도 했다.
	내장이 들어 있는 배 (大도로), 붉은살(즈께), 중도로 (피하의 뱃살) 등, 가미, 나까, 시모, 가미, 나까, 시모, 배, 1마리 (단면도) 등골, 혈합, 中도로, 大도로, 내장
나까오찌	뼈 사이의 살을 말한다.
가마	가슴부분, 도로부분이기는 하지만, 조금 질이 떨어진다.

(2) 조리기본 작업매뉴얼

조리기본작업 매뉴얼은 우선 첫 번째로 '우리 점포에서 말하는 좋은 상품이란 무엇인가'에 대해서 철저하게 해설을 한 것이다. 아톰보이의 매뉴얼에서는 ① 언제나 신선하고 눈으로 보아도 맛있어 보이는 네타(식재), ② 입에 넣는 순간 참맛을 느낄 수

표 3-5 초밥 만드는 법

1. 초밥 만들기

초밥 만들기는 처음에는 누구나 어렵다고 하나 만드는 법만 익히면 누구나 간단히 만들 수 있다. 그러나 당신이 만드는 초밥은 손님이 먹는 것이다. 따라서 보다 위생적이고 그럴듯한 초밥을 만들어야 한다.

아래 매뉴얼을 이해하고 충실히 시행하기 바란다.

1. 조리는 청결함이 중요하다.
   - 조리 전에 반드시 손을 씻는다.
   - 조리 장소는 청결하고 활동하기 좋게 할 것.
   - 조리의 기구, 비품은 청결한 것을 사용할 것.

조리시의 주의점
a. 준비한 물은 손을 씻기 위한 것이 아니라 손을 적시고, 밥알이 손에 붙지 않도록 하기 위해 사용하는 것이다. 따라서 가볍게 손끝에 물을 묻히는 정도로 사용하고 손바닥 전체를 적신다.
b. 조리할 때, 손이 더러우면 자주 손을 씻는다. 손은 수분을 머금을 정도로 가볍게 적시는 것이 가장 적당하다. 물로 번들거리는 것은 비위생적이다.
c. 조리할 때는 반드시 깨끗한 행주를 준비하고 손의 수분, 도마를 깨끗하게 한다.
   행주는 몇 번이나 빨아서 깨끗하게 사용한다.
d. 조리할 때, 밥알은 밥알용 행주를 사용하는데, 용기 바깥쪽에서 안쪽으로 밥알을 잘 풀어 준다. 그것은 용기 안쪽의 밥알을 말끔이 떼기 위해서이며, 밥을 부드럽게 해주기 위해서이다.
e. 와사비는 표면이 마르지 않도록 하고 변색한 부분은 떼어낸다. 또 용기를 바꾸는 것도 필요하다.

2. 조리 전의 오퍼레이션
   ① 준비물을 준비한다.
   ② 준비물을 작업하기 좋게 세트한다.

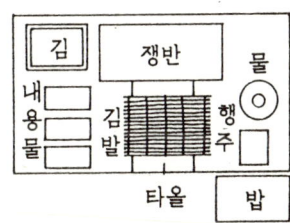

굵게 만드는 경우

표 3-6 상품만들기 해설(김밥)

두껍게 말기

준비물

재료	규정량	비고
생김	1장	김발
단무지	g	행주(3장)
오이	g	물그릇
밥	g	쟁반
기타 내용물	g	

만드는 법

(1) 준비물을 세트한다.

(2) 왼손으로 김을 펴서 김발의 중앙에 놓는다.
    김의 앞, 뒤를 혼동하지 않는다.

(3) 양손으로 밥   g을 가마니 형으로 만든다.

(4) 김의 위쪽 4cm 정도에 왼손으로 밥을 누르고
    오른손으로 옆으로 얇게 편다.

(5) 오른손으로 벽을 만들고 왼손으로 밥을 아래쪽으로 편다.

(6) 왼손으로 벽을 만들고 오른손으로 밥을 편다.

(7) 마지막으로 양손으로 중앙의 밥을 아래쪽으로 편다.

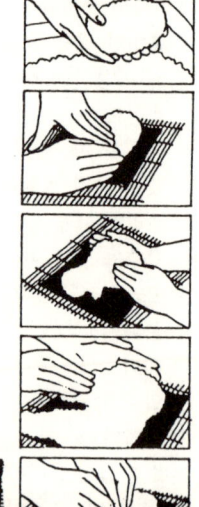

포인트

* 균일하게 펴고, 밥과 밥의 공간을 없앤다.
* 끝을 세심하게 정돈한다.
   끝부분에 약간 밥을 많이 놓는다.

(8) 단무지 g을 밥 한가운데 보다 약간 위쪽에 넓게 놓는다.

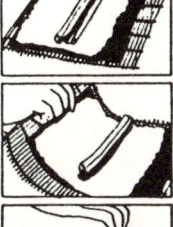

(9) 다음에 오이를 그 위에 놓는다.

(10) 오른손으로 김발의 아래중앙을, 두번째 손가락으로 김끝을 누르면서 들어 올린다.

(11) 밥 아래쪽을 위쪽에 맞추듯이 만다.

(12) 그대로 오른손으로 김발을 1-2cm정도 위쪽으로 당긴다.

(13) 왼손, 손가락 등으로 김발을 사각형으로 만들고 굵은 말이형으로 만든다.

(14) 김발을 원위치로 하고 다 만든 것을 앞쪽으로 반회전하고, 들어올려, 판에 놓는다.

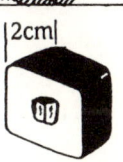

보관
(1) 김밥을 쟁반에 놓는다(8개).
(2) 물로 적시고 꽉 짠 행주로 덮어 보관한다.

완성기준
(1) 규정량
(2) 내용물이 중앙에 있다.
(3) 끝부분까지 밥이 균등하게 있고, 흘러나온 것이 없다.
(4) 부드럽게 말려있다.
(5) 김의 이음매가 아름답다.

자르는 법
9등분한다.
* 양쪽 끝을 약간 두껍게 한다.

김이 연결되지 않았다.

밥이 균일하지 않고 산뜻하게 잘리지 않았다.

너무 얇다.

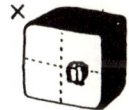
중심이 잡혀 있지 않다.

있는 초밥, ③ 생선의 두께, 쌀알의 크기가 적당하여 손님에게 설득력이 있는 초밥, ④ 언제나 맛과 크기가 변함없는 균일한 초밥. 이 4가지 항목이 아톰보이가 추구하는 상품력의 조건이고, 이러한 항목을 달성하기 위해서는 어떻게 해야하는가에 대해 상세하게 설명하고 있다. 또한, 아톰보이 체인은 회전초밥을 취급하기 때문에 '상품제공을 빨리 한다'라는 항목은, 당연한 것이므로 여기서는 제외한다.

어떠한 음식점에서도 ① 맛 ② 빠른 제공 ③ 언제나 균질이라는 3가지 조건이야말로, 진정한 상품력이라 할 수 있다. 이 3가지 조건을 달성하기 위한 작업에 대해서 우선 상세하게 설명을 하는 것이 중요하다.

이것이 끝나면 아톰보이 체인에서는 드디어 초밥 만드는 법에 대한 항목 즉, 작업방법에 대한 설명을 하고 있다.

표 3-5는 '초밥 만드는 법'에 대한 기본작업의 흐름에 대해 일부를 설명한 것이다. 여기서는 ① 조리하기전에 작업 중 청결의 중요성에 대해 설명하고, 그 대응방법에 대해 서술하고 있으며, 다음으로 ② 조리전의 오퍼레이션, 즉 조리방법을 해설하고 있다.

중요한 상품만들기의 해설은 표 3-6처럼 상품별 사진, 일러스트를 넣어 자세하게 설명하고 있다. 표 3-6은 '김초밥 만드는 법'으로, 준비해야 할 식재와 용구, 작업순서 그리고 보관, 자르는 법에 이르기까지 상세하게 해설되어 있다. 초밥점에는 이외에도 김밥, 바테라(배모양의 나무틀에 넣어 만든 고등어 초밥), 유부초밥, 주먹밥 등이 있고 각각의 만드는 법에 대한 매뉴얼이 필요하다.

양식, 중식의 경우도 마찬가지로, 이렇게 품목별 상품 만드는 법을 해설한 것을 조리기본 작업 매뉴얼이라고 한다. 이상과 같은 식재매뉴얼과 조리 기본 작업매뉴얼을 일반적으로 상품매뉴얼이라고 한다.

3) 준비작업 매뉴얼

지금까지 수차례에 걸쳐 진정한 상품력의 조건이란, ① 맛이 있고 ② 기다리게 하지 않고 ③ 언제나 같은 맛인 것이 중요하다라고 서술해 왔다. 이 항목을 목표에 맞게 달성하기 위해서는 손님이 내점하고 나서, 햄버거 패티를 만든다거나 된장국을 끓이기 시작하면 요리를 빨리 제공할 수 없다. 뿐만 아니라 '빨리 만들어 내야 하는데…'라는 쫓기는 기분으로 조리를 하게 되면 좋은 맛은 낼 수 없고, 또 균질의 요리를 만드는 것은 불가능하게 된다.

표 3-7 식재의 해설

식재(A)

1. 오이
* 오이는 신선함이 가장 중요하다.
  오이는 초록빛이 선명하고 곧고, 눈이 잘게 많이 나온 것이 신선하다.
  다음과 같은 오이는 처음부터 사용하지 않는다.
  a. 썩었거나 악취가 나는 것.
  b. 시든것, 꼬리부분이 누렇게 변했거나 볼록한 것.
  c. 꼭지부분을 잘라봐서 바람이 들었거나 주위에서 흰 반점이 나오는 것.

* 오이 크기
  초밥에 사용하는 최고 길이는 17cm이고 짧고 가늘거나, 두껍고 긴 것은 사용하지 않는다.
  또 너무 커도 낭비이므로 주의하여 아래와 같은 표준사이즈에 가까운 것을 사용한다.

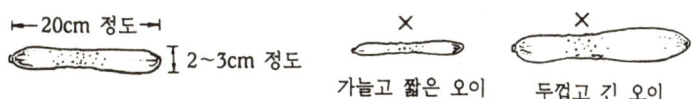

<1> 오이 자르는 법
  (1) 오이를 잘 씻는다. 하나하나 세심하게 씻는다.
      씻으면서 눈을 뗀다 눈은 쓴맛의 원인이다.
  (2) 오이 꼭지 쪽을 가지런히 정돈하여 17cm로 자른다.
  (3) 자른 오이를 3장으로 나눈다.
  (4) 그것을 다시 세로로 3등분하고, 한가운데 씨는 잘라낸다.
      그러면 함께 8개의 잘라진 오이가 된다.

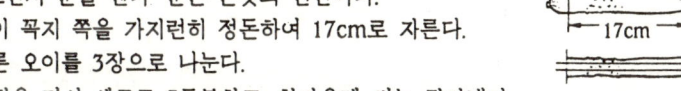

<2> 오이의 기준
  a. 곧게 잘랐는가.
  b. 두께가 고른가

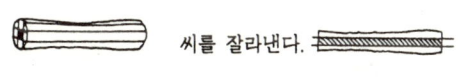

<3> 오이의 보관
  자른 오이를 바이렛슈에 넣고 깨끗한 물수건으로 위에서 덮어 보관한다.
* 먼저 잘라놓은 것을 먼저 사용한다. 따라서 잘라놓은 순서를 혼동하지 말것.

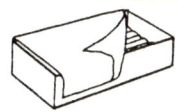

요리는 손님이 오시기 전에 정확하게 사전 준비작업을 마치고, '언제 손님이 오시더라도 곧 요리를 할 수 있습니다.'라는 완벽에 가까운 준비작업이 완료되어 있어야 한다.

음식점에서는 주도면밀한 준비작업이 중요하다. 이러한 의미에서 음식업은 스탠바이업(준비업)이라 할 수 있다. 그리고 완전한 스탠바이를 위해서는 사전준비 매뉴얼이 필요하다. 표 3-7은 아톰보이의 초밥에 사용되는 '오이의 사전작업 방법'을 설명하고 있는 사전작업매뉴얼의 일부이다. 좋은 오이의 조건, 자르는 법, 만들어진 상태, 보관방법에 이르기까지를 설명해 놓았다.

이외에 야채절임, 두껍게 만드는 재료, 붉은 색깔이 나는 재료, 와사비, 주먹초밥 등의 각종 밥에서부터 말이용 피, 유부초밥의 피에 이르기까지 비교적 단순하다고 하는 초밥점에서조차 실로 많은 사전작업이 있다. 더구나 양식점의 경우에는 각종 소스, 스프, 햄버거 패티부터 스테이크류의 사전준비, 또한 샐러드용 야채까지 실로 다양한 준비를 해두어야 하므로 이러한 사전준비용 매뉴얼이 반드시 필요하다.

이 사전준비용 매뉴얼은 앞의 메뉴기준표에 준해서 작업을 하면 비교적 간단하게 만들 수 있다. 이러한 메뉴기준표, 사전작업 기준표를 레시피라고 한다.

특히 센트럴키친(CK) 등을 갖고, 그 C/K에서 사전준비(사전조리)를 완료하여 각 점포로의 배송, 점포측의 접수 및 보관 등에 대해서도 정확하게 매뉴얼화해 두지 않으면 이 과정에서 변질해 버리는 경우가 생긴다.

또한 표 3-8은 식재를 발주하고 물건을 받고, 보관, 사전작업, 본조리, 담기까지의 흐름속에서 지켜야 할 사항을 체크하는 체크표이다. 참고로 게시해 두었다.

이상, 완전한 상품력을 갖추기 위해서는 ① 메뉴기준표 ② 상품매뉴얼(식재와 조리기본 작업매뉴얼) ③ 사전작업용 매뉴얼, 이 3가지 매뉴얼이 필요하다.

표 3-8 상품 체크리스트

경과	작 업 내 용
발주	① 사용 원재료의 기준을 미리 정해두고, 규정된 상품을 발주한다. ② 발주는 전화발주, 직접 방문하여 할 수도 있지만 반드시 전표나 메모에 의한다. ③ 발주전표에는 반드시 해당 물품의 지정 품질을 기입해 둔다. 그리고 단가를 확인해 둔다. ④ 발주는 전날 밤, 폐점시에 재고를 조사하여 그 시점에서의 발주량을 정해놓는다. 이것을 발주전표에 기입해 둔다. ⑤ 전날 밤의 발주전표를 기본으로 거래업자에게 전항의 ①-③순서로 빠짐없이 체크하면서 발주한다(아이들타임시에 다른 업자와 각각의 단가, 품질의 비교검토를 월 2-3회는 실시할 것. 또한 신문의 경제란에 자주 눈을 돌려 新鮮3품(고기, 생선, 야채)에 대한 단가를 알아둘 것.)
물품받기	① 발주한 원재료는 거래업자로부터 직접 납입담당자가 받는다. 업자가 직접 냉동, 냉장고에 반입하지 않도록 한다. ② 발주상품이 발주전표대로인가 하나씩 확인한다(거래업자가 가지고 있는 납품서만을 보고 확인을 하면 자신이 요구한 수량, 질과 다른 경우가 많다). 그리고 발주전표와 다르지 않음을 확인하고 나서 납품서를 확인한다. ③ 하나씩 수, 양, 질을 체크한다(입구에 계량기를 반드시 설치해 둔다). ④ 이 체크에 합격되면 냉동고, 냉장고, 보관고, 수납장으로 운반한다(발주, 물건받기의 단계에서 상기의 항목을 지키면 우선 안정된 원가율을 지킬 수 있다).
보관	① 납입된 상품을 각각 미리 정해진 보관장소로 가능한 한 빨리 옮긴다. ② 냉동품은 냉동고로, 냉장품은 냉장고로, 이때 선입선출을 철저히 한다. ③ 선입선출을 지키기 위해서 새로 납입된 상품을 반드시 안으로 놓고, 그 전의 상품은 앞으로 놓는다. ④ 신선3품(고기, 생선, 야채)은 물론이고 통조림, 쌀에 이르기까지 보관 온도가 있다. 이 온도를 조사하여 온도관리에 신경을 쓴다. 특히 냉동, 냉장고 안의 온도에 대해서는 매일 체크할 것. ⑤ 각각의 상품의 보관장소를 확실히 정하고, 그 장소로 가면 곧 희망하는 상품을 얻을 수 있도록 정리·정돈을 해둔다. 특히 수량은 보면 즉시 알 수 있도록 보관한다(손실이 원가율을 크게 좌우한다. 조금만 보관에 부주의해도 손실이 생긴다).

경과	작 업 내 용
사 전 작 업	① 사전작업에는 그날그날 하루 영업을 위해 필요한 작업과 3-4일이 걸리는 작업, 그리고 비교적 장기간이 필요한 작업이 있다. 이것을 잘 나누어서 작업을 하는 것이 중요하다. ② 하루의 영업을 위한 사전작업을 아침에 행한다. 1일 매상 예측을 세우고 그에 따라 작업. 피크타임의 상품상황을 확인한 후, 아이들 타임에 저녁 피크용 사전작업을 한다. 스프따위는 곧 보충할 수 있지만 냉동품 등은 해동에 시간이 걸리기 때문에 특히 주의를 하지 않으면 피크시에 품절되는 사태가 생긴다. ③ 수일이 걸리는 사전작업에는 스튜, 카레 등과 같은 많이 삶는 경우와 절임 등이 있는데 이것은 아이들 타임에 행한다. 코스트다운도 되고, 그 이상으로 점포의 손맛을 낼 수 있다. ④ 장기에 걸친 사전작업은 대량으로 인한 코스트다운이 목적인 경우가 많다. 이것도 아이들타임에 한다. 보관은 거의 냉동이기 때문에 제조년월일을 상품에 붙여 보관한다.
본 조 리	① 본조리에서는 미리 각각의 상품에 대한 기준을 정해 놓을 것. 상품의 판매가, 상품을 구성하는 원료의 종류, 수량, 품질, 형상을 정해 놓을 것. ② 그리고 그 상품을 만드는 순서도 정하고, 반드시 그 순서에 따라서 조리한다. ③ 본조리는 메뉴기준표에 따라서 한다. 직관에 의한 조리는 조리하는 사람의 기술, 그 사람의 건강상태에 따라서 맛과 질이 달라진다. 균질한 상품을 내는 것이 중요하다. 따라서 반드시 기준표에 준해서 조리를 할 것. ④ 조리는 날 것, 찐 것, 조린 것, 튀긴 것 등으로 크게 나뉜다. 각각의 조리는 점포에 따라서 독특한 방법이 있다. 이 방법을 문장으로 해서 메뉴기준표에 기입해 두자.
담 기	① 담기 전에 반드시 맛을 체크할 것. 시간의 경과에 따라서 맛이 조금씩 변하다. 특히, 스프, 국물의 경우처럼 가온하여 보존하는 상품에는 주의해야 한다. ② 담기의 기준을 정해둔다. 사진으로 찍어 메뉴기준표에 붙여 놓는다. 또한 접객 담당이 그것을 기억하기 쉽게 하기 위해서 사진일람표를 만들어, 배선대 가까이에 게시해 둔다. ③ 제공 전에 반드시 주방에서 담기를 체크한다. 그리고 제공시 접객 담당이 다시 한 번 체크한다. ④ 따뜻한 음식은 따뜻할 때, 차가운 음식은 차가울 때 손님에게 제공하는 것이 원칙이다. 담은 요리는 한시라도 빨리 손님의 테이블로 옮기는 것이 손님에 대한 최대의 접대이다. ⑤ 따뜻한 요리는 따뜻한 용기에, 차가운 요리는 차가운 용기에 제공한다. 깨진 용기나 더러워진 용기에 요리를 제공하는 것은 서비스 이전의 문제이다.

표 3-9 바른 복장(남성용)

1. 크린캡
   마크를 똑바로 앞으로 해서 깊게 쓴다.
   낙서는 하지 않는다.
2. 커터셔츠
   정해진 커터셔츠를 착용할 것.
3. 넥타이
   정해진 넥타이를 착용할 것.
4. 작업복
   정해진 소정의 옷을 착용할 것.
5. 바지
   정해진 소정의 바지를 착용할 것.
6. 양말
   흰색, 또는 검은색의 무늬가 없는 것.
7. 구두
   내수성이 있는 흰색 구두
8. 명찰
   반드시 달 것.

표 3-10 바른 복장(여성용)

1. 크린캡 또는 모자
   조금 옆으로 귀엽게 착용하고, 핀으로
   흘러내리지 않게 한다.
2. 작업복
   정해진 소정의 옷을 착용할 것.
3. 스커트 또는 바지
   정해진 소정의 스커트를 착용할 것.
4. 스타킹
   살색 이외의 것은 신지 말 것.
5. 구두
   슬리퍼, 샌들, 하이힐은 신지 말 것.
6. 명찰
   반드시 단다.

표 3-11 바른 몸가짐(남성용)

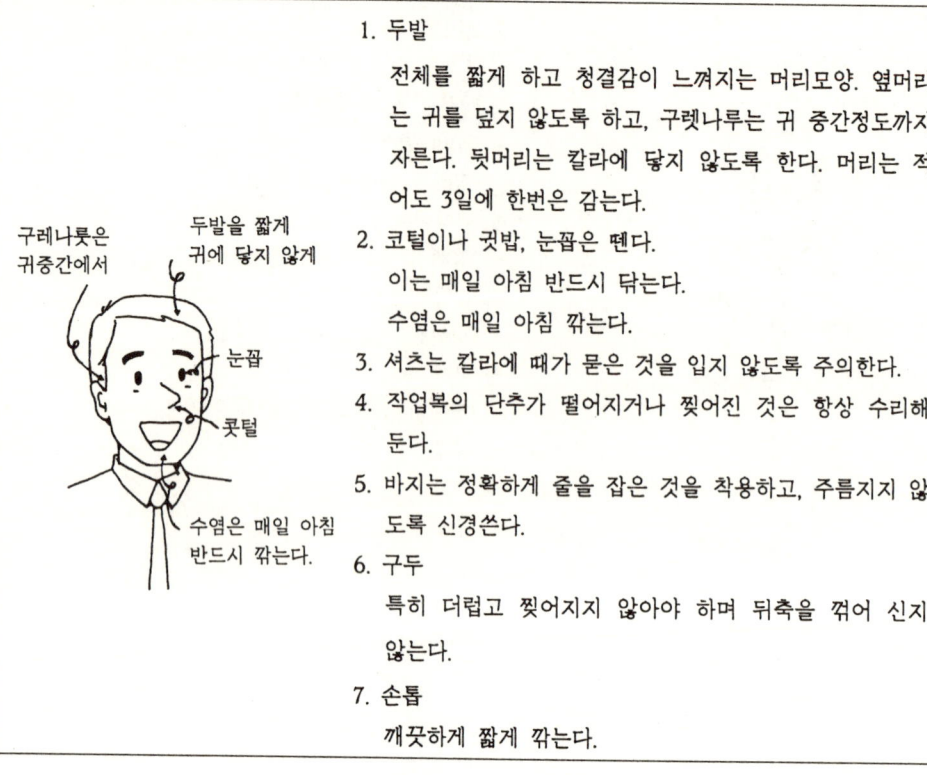

1. 두발
   전체를 짧게 하고 청결감이 느껴지는 머리모양. 옆머리는 귀를 덮지 않도록 하고, 구렛나루는 귀 중간정도까지 자른다. 뒷머리는 칼라에 닿지 않도록 한다. 머리는 적어도 3일에 한번은 감는다.
2. 코털이나 귓밥, 눈꼽은 뗀다.
   이는 매일 아침 반드시 닦는다.
   수염은 매일 아침 깎는다.
3. 셔츠는 칼라에 때가 묻은 것을 입지 않도록 주의한다.
4. 작업복의 단추가 떨어지거나 찢어진 것은 항상 수리해 둔다.
5. 바지는 정확하게 줄을 잡은 것을 착용하고, 주름지지 않도록 신경쓴다.
6. 구두
   특히 더럽고 찢어지지 않아야 하며 뒤축을 꺾어 신지 않는다.
7. 손톱
   깨끗하게 짧게 깎는다.

표 3-12 바른 몸가짐(여성용)

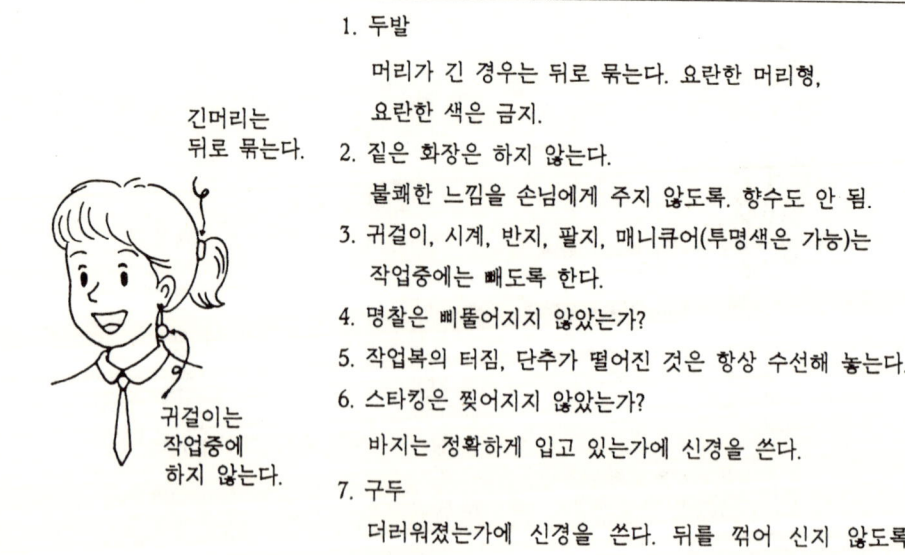

1. 두발
   머리가 긴 경우는 뒤로 묶는다. 요란한 머리형, 요란한 색은 금지.
2. 짙은 화장은 하지 않는다.
   불쾌한 느낌을 손님에게 주지 않도록. 향수도 안 됨.
3. 귀걸이, 시계, 반지, 팔지, 매니큐어(투명색은 가능)는 작업중에는 빼도록 한다.
4. 명찰은 삐뚤어지지 않았는가?
5. 작업복의 터짐, 단추가 떨어진 것은 항상 수선해 놓는다.
6. 스타킹은 찢어지지 않았는가?
   바지는 정확하게 입고 있는가에 신경을 쓴다.
7. 구두
   더러워졌는가에 신경을 쓴다. 뒤를 꺾어 신지 않도록 한다.

2. 접객매뉴얼 만드는 법

접객매뉴얼이란 진정한 서비스력의 조건이다. ① 복장·몸가짐 ② 태도의 정형 ③ 마음에서 우러나오는 미소 ④ 손님에 대한 배려라는 4가지 항목을 완전하게 달성함으로써 고객에게 '서비스가 정말 좋다'라는 좋은 평가를 받게 된다.

따라서 ① 복장·단정한 몸가짐에 관한 '복장·몸가짐 매뉴얼' ② 종업원의 태도, 언어에 대한 기준을 정한 '접객기초 매뉴얼' ③ 손님이 입점해서 퇴점까지의 일련의 행위에 관한 '접객스텝 매뉴얼' ④ 그리고 각각의 응용사항을 다룬 접객응용 매뉴얼 등 4종류의 매뉴얼이 필요하다. 여기서는 이러한 4가지 매뉴얼을 순서대로 기술하겠다.

1) 복장·몸가짐 매뉴얼

이 매뉴얼은 종업원이 어떠한 복장과 몸가짐을 하면 좋은가, 그 기준을 명확하게 한 것이다. 음식점 종업원은 남성과 여성, 홀과 조리장, 또한 아르바이트와 정사원과 같이 여러 가지 유형으로 구분할 수 있다. 따라서 그 구분 종류에 따라서 몸가짐도 달라진다. 그러나 여기서는 남성과 여성, 홀과 조리장이라는 구분법으로, 그 기준을 결정하는 것이 극히 일반적인 방법이므로 4 종류의 복장 몸가짐의 기준을 작성하기로 한다.

표 3-9는 홀에서 일하는 남성종업원용, 표 3-10은 여성용, 표 3-11은 조리장에서 일하는 남성종업원용, 그리고 표 3-12는 여성용이다. 이 표처럼 각각의 직종별 복장·몸가짐의 기준을 명확하게 그림으로 설명하여 지시하는 것이 가장 효과적일 뿐 아니라 실행에 옮기기도 쉽다. 여기서 이러한 기준항목을 정함과 더불어 항상 신경을 써서 정확하게 정해야 하는 사항을 열거하면 다음과 같다.

① 무엇보다도 '먹는 것'에 관계되는 일을 하기 때문에, '청결함'이 필수조건이므로 머리 꼭대기에서 발끝까지 청결을 염두에 둔 복장과 몸가짐을 생각한다.

② 접객을 담당하는 종업원이나 조리를 담당하는 사람이나 항상 고객들로부터 신뢰받고, 호감을 주는 것이 서비스의 전제이다. 이러한 의미에서 항상 밝고 경쾌한 인상을 주기 위해 힘써야 한다.

③ 음식점에서는 손님이 주역이고, 종업원은 '손님이 음식을 즐기도록' 도와주는

조역이자 연출자이다. 따라서 종업원이 고객보다 화려하고 너무 눈에 띄는 것은 금물이므로 항상 남에 눈에 띄지 않는 단정한 복장·몸가짐을 철저하게 하는 것을 원칙으로 한다.

④ 고객은 모든 접객담당, 조리담당 종업원 한 사람 한 사람이 '나에게 무엇을 해 줄 것인가'라고 기대한다. 이것에 대응하기 위해서 각자의 직종을 복장이나 명찰로 나타내서 알기 쉽고, 또한 그 책임 소재를 명확하게 해 둔다.

이 항목을 충분히 염두에 두고 표 3-9~3-12까지의 기준을 일러스트로 도해(圖解)를 한다. 이것을 '복장·몸가짐 매뉴얼'이라고 한다. 이러한 도해(圖解)는 핸드북으로 작성할 뿐만 아니라 반드시 탈의실 벽면에 붙여두고 매일 각 항목이 만족되도록 종업원 한 사람 한 사람에게 실행시키는 것이 가장 중요하다. 또한 가능하면 탈의실 안에 대형 거울을 설치하여 머리에서 발끝까지의 각 항목을 체크하게 하면 이 매뉴얼을 보다 효과적으로 활용할 수 있다.

2. 접객 기초매뉴얼

다음은 접객서비스를 위해 종업원이, 어떤 말과 동작으로 대응해야 하는가, 그 형(스타일)을 결정해 가는 것이다. 점장과 홀 종업원이 서로 '어서 오십시오'라고 말하는 방법이 다르다거나, 고개를 숙이는 방법이 각각이면, 손님들은 '분위기가 산만하네'라고 기분 좋게 여기지 않는다. 가능한 한 서비스를 위한 말과 동작은 정형을 갖추어 놓는 쪽이 내점하는 고객들도 안심할 수 있고, '어서 오십시오'라는 말도 고객에게 기분 좋게 들릴 수 있다.

'어서 오십시오!!', '어서 오세--요', '오셨습니까' 따위로 인사가 제각각이면 아무리 성의있게 진심으로 손님을 환영하더라도 그 진의는 손님에게 전달되지 않는다. 때문에 말과 동작의 통일이 중요하다. 이렇게 형태를 통일하는 것, 이것을 '정형'이라 한다. 정형을 지키는 것은 손님을 안심시켜 신뢰를 받을 수 있는 큰 요인이 된다. 더구나 신입사원 교육시에도 이 정형이 있으면 가르치기 쉽기 때문에 누구나 간단히 사원을 교육시킬 수 있고, 또 그것이 좋은지 나쁜지의 판단도 할 수 있다. 그러므로 이 정형을 정확하게 정하여 지켜나가기 위해서는 '접객기초매뉴얼'이 필요하다.

이 기초매뉴얼은 ① 서비스의 마음 ② 말씨 ③ 인사방법 ④ 기본 접객용어의 4

항목으로 이루어져 있고, 종업원들이 점포는 물론이고 특히 일상생활 속에서도 실행해 가야 할 사항부터 우선 통일(정형화)하는 것을 목적으로 하고 있다.

여기, 그 4항목을 제시해 둔다(표 3-13~3-16). 이러한 항목은 어떠한 업종업태에서도 서비스의 근본을 이루는 것으로, 반드시 자사가 요구하는 형태를 결정하여 매뉴얼화하는 것이 가장 중요하다. 이 4항목을 '접객 기초매뉴얼'이라 한다.

표 3-13 서비스의 마음

우리 회사는 사회의 모든 계층에 있는 사람들에게 보다 맛있는 것을, 보다 싸게, 보다 빨리, 보다 많이 제공하여 생활의 윤택함을 주는 푸드서비스업을 하고 있습니다.

그리고 우리 회사는 모든 지역으로 출점을 전개하고, 확대성장하여 국내 굴지의 외식산업으로서의 모범기업을 목표로 하고 있습니다.

한 사람 한 사람에게 기대하는 것은 단순한 손놀림이 아니라, 기업과 사회와의 마음이 통하게 하는 다리 역할을 하는 인간성 풍부한 종업원이 되어 주었으면 하는 것입니다.

인간성이 풍부한 사람에게는 '배려심'이 있습니다. '배려'에는 애정, 감사, 협력 등의 마음이 담겨 있습니다. 이러한 '마음'을 생기게 하고 인간성을 높일 수 있는 원동력이 바로 '서비스'입니다. 즉, 서비스란 배려심입니다.

아무리 깨끗한 점포라도 여기서 일하는 종업원들에게 배려심이 없으면 한번 온 고객은 두 번 다시 오지 않습니다.

바로 당신 자신이 외면당하는 것이 됩니다.

손님은 상품과 똑같이 서비스를 받으러 우리 점포에 오시는 것입니다.

서비스란 호스피탈리티입니다. 병원의 의사나 간호사가 환자의 빠른 쾌유를 바라는 마음을 호스피탈리티라 합니다. 이 마음이 바로 서비스의 마음입니다.

우리는 항상 손님의 입장에 서서 일해야 합니다. 손님에게 최대한 예의를 다하고 최대한의 배려를 한다면 반드시 만족하고 돌아가 주위 사람들에게 자신들의 받은 호의를 전해 줄 것입니다.

어떠한 선전보다도 이 소문에 의한 선전효과는 진실성이 있어 좋은 결과를 가져옵니다.

표 3-14 말씨

(1) 발음훈련

　말은 자신의 의지를 전달하는 수단으로 가장 간단하고 가장 편리한 수단입니다. 그러므로 목소리가 작다거나, 잘 들리지 않으면 의사를 충분히 전달할 수가 없습니다.
* 매일매일 일하기 전에 3-5분 발음훈련을 한다. 약 1개월 동안 계속한다.

<발음의 포인트>
1. 가능한 한 입을 크게 벌린다.
2. 천천히 정확하게 발음한다.
3. 말꼬리를 길게 끌지 않는다.
4. 익숙해지면 스피드를 내서 연습한다.

(2) 말씨

　손님에게는 물론이지만 종업원끼리 이야기할 때도 예의가 필요하다.
　상사에 대해 동료·부하에 대해 상대를 존경하는 마음이 있거나 또한 상대의 기분을 생각하는 배려가 있으면 이것은 간단하다.
　만일 상대의 기분을 생각지 않고 난폭한 언어를 사용한다면 어떻게 될까요. 상대는 상처입고, 고민하고, 팀웍은 무너지고 일에 집중해야만 하는 신경이 분산되어 일이 늦어지게 된다.
　일상 생활 속에서 말씨에 신경을 쓰고, 항상 바른 언어사용에 노력해야 점포에서도 느낌이 좋은 아름다운 언어가 나온다.
　이러한 것을 하찮게 생각하면 회사는 점점 고객의 지지를 잃게 되어, 우리 모두에게 돌아가는 이익도 없어지게 된다.
　또한 손님에게는 바른 언어를 사용하면서 동료끼리는 난폭한 언어를 쓰는 것을 손님이 듣는다면 어떤 느낌을 받을까? 서로 정중한 언어로 이야기하는 것과 그렇지 않은 것, 어느 것이 좋은 느낌을 주는지는 누구나 알 것이다.

(3) 동료에 대해서

① 타인의 차림이나 행동을 경시하는 듯한 행동을 피한다.
② 누군가와 소리를 내며 이야기한다거나, 큰소리로 웃지 않는다.
③ 동료에게 도움을 청하거나 도움을 받았을 때는 반드시 '부탁합니다', '고맙습니다'라고 인사한다.
④ 쾌활하게 - 쾌활하고 기분이 좋은 사람은 사람들에게 호감을 주어 흔쾌히 도움을 받을 수 있다.
⑤ 관용있게 - 관용이란 사람들과 원만하게 지내고자 하는 사람에게는 없어서는 안 될 부분이다.
⑥ 품성 ---- 말씨는 당신의 인격이다. 바른 언어를 사용하므로써 당신의 품성이 높아진다.

표 3-15 인사법

직종·직위를 구별하지 않고 직장 파트너끼리 팀웍 만들기가 중요하다.
전원이 이러한 마음가짐으로 밝은 직장 만들기에 노력하자.

① 입점시   웃는 얼굴로 '안녕하세요' 애정을 담아서
② 언제나 감사한 마음으로   진심으로 '고맙습니다'
③ 넓은 마음으로   '미안합니다' 솔직히 반성하고
④ 상대방의 입장에서   '부탁합니다' '잘 알겠습니다'
⑤ 먼저 퇴근하는 사람은   '먼저 실례하겠습니다'
⑥ 먼저 퇴근하는 사람에게는 '수고하셨습니다'

표 3-16 기본 접객용어

손님에게 매력적인 종업원이 되기 위한 포인트의 하나입니다.

★ 작업·동작

1. 어서오십시오	말꼬리를 올려 발음한다. (아무렇게나 내뱉지 않도록)
2. 예	큰소리로 웃는 얼굴로
3. 예 갑니다	움직이면서 건성으로 대답하지 않는다. 반드시 동작을 멈추고
4. 잠깐만 기다려 주시겠습니다?	반드시 동작을 멈추고 말한다.
5. 실례하겠습니다	상반신을 15° 구부린다.
6. 주문하시겠습니까?	
7. 주문이 모두 끝나셨습니까	
8. 오래 기다리셨습니다	
9. 정말 죄송합니다	상반신을 90°로 구부린다.
10. 예, 잘 알겠습니다	크고 밝게 웃는 얼굴로
11. 부르셨습니까?	

12. 고맙습니다
    또 부탁드립니다
    또 오십시오
	다시 올 것을 권유한다.

13. 천천히 많이 드십시오	상냥하고 정중하게
14. 음료는 무엇으로 하시겠습니까	

3) 접객 스텝 매뉴얼

기본적인 형태가 결정되면, 다음은 손님이 입점해서 퇴점까지의 하나의 흐름(스텝) 중에서 어떻게 손님에게 말을 걸고, 어떠한 동작으로 접객을 하는가?하는 자점에서 요구되는 정해진 형태를 명시한 '접객 스텝 매뉴얼' 작성에 들어간다.

표 3-17 '접객 스텝 매뉴얼'이다. 우선 ① 웨이팅에서 시작하여 ② 새로운 손님의 접객서비스 ③ 주문받기 ④ 주문전하기 ⑤ 세팅 ⑥ 식사와 중간 치우기 ⑦ 배웅 ⑧ 치우기와 리세트라는 8단계로 하나의 접객의 흐름을 생각할 수 있다.

표 3-17 접객스텝매뉴얼

작업명	언어	동작	포인트
① 웨이팅	(소정의 장소에서 대기한다. 동료와 잡담을 해서는 안 된다.)	현관 쪽을 보면서 가벼운 자세로, 의자에 앉거나 카운터, 기둥에 기대서는 안 된다.	① 언제 손님이 오시더라도 곧 마음으로부터의 환영의 뜻을 나타낼 수 있는 자세를 갖고 있을 것. ② 몇 번 테이블의 좌석이 비어 있는가 기억해 둔다.
② 접객 서비스	① '어서오십시오' 밝고 힘차게. ② '몇 분이십니까?' 인원수를 확인한다. ③ '이쪽으로 오십시오' 진심어린 환영의 뜻을 담아서	① 가볍게 머리를 수그리며(15°) 인사한다. 손에 몸에 밀착한 상태로 아래를 향하게 하며 손가락은 가지런히 한다. ② 손님 앞에 서서 천천히 좌석까지 안내한다. ③ 의자를 가볍게 당겨 손으로 가리킨다.	① 바른 자세로 진심어린 환영의 인사를. ② 손님에게 배당된 좌석으로 안내를. 아이와 함께일 때는 작은 의자를 드리고, 연인은 눈에 잘 안 띄는 좌석으로, 상담객은 조용한 좌석, 혼자 오신 손님에게는 2인용테이블 좌석으로.
③ 주문받기	① 다시한번 반드시 '어서오십시오' ② '주문을 하시겠습니까?'라고 정중히 ③ '주문은 ○를 ○개 와 △가 △개입니다'라고 확실히 복창한다. ④ '잘 알겠습니다' 감사의 마음을 담아서 '잠시 기다려주십시오'	① 가볍게 고개를 숙임. ② 물수건, 물 또는 차를 낸다 (손님이 메뉴를 보고 주문품을 정할 때까지 대기한다). ③ 전표에 주문을 기입한다. ④ 손님의 눈을 보면서 대답을 기다린다. ⑤ 가볍게 고개를 끄덕이고 물러간다. ⑥ 주문을 주방으로 전달.	① 테이블에 메뉴는 반드시 세트해 둔다. ② 손님 중에 누가 메뉴결정권이 있는지를 재빨리 알아챈다. ③ 주문한 품목과 수를 반드시 확인한다. ④ 음료, 특히 커피, 쥬스 등은 식사 전 중, 후 언제 낼지 반드시 물어본다. ⑤ 비프스테이크는 굽는 정도를 묻는다. ⑥ 물, 차 등의 컵은 반드시 아래쪽을 잡는다. ⑦ 서둘러라! 기다리게 하는 것은 최대의 적!!
④ 주문 전하기	'주문 부탁합니다' 밝고 힘차게. '○가 ○개 △를 △개 부탁합니다'라고 정확하게	① 주문을 주방으로 전달한다. ② 정식류는 쟁반, 젓가락 등을 서비스카운터에서 챙긴다.	① 서둘러라! 기다리게 하는 것은 최대의 적!! ② 스프·샐러드·국물 등은 이 단계에서는 아직 쟁반 위에 내지는 않는다.

작업명	언 어	동 작	포 인 트
⑤ 세팅	양식의 경우 등 '세팅하겠습니다' '많이 기다리셨습니다'	① 손님에게 세팅할 것을 가지고 간다. ② 가볍게 인사를 하고 ③ 세트한다. ④ 소정의 장소로 돌아와 디쉬업위의 요리에 주의한다.	① 포크, 나이프의 청결을 체크. ② 요리가 다 될 때까지 스프, 샐러드를 운반한다.
⑥ 식사와 중간 치우기	① '죄송합니다' ② '오래 기다리셨습니다. ○○입니다' ③ '죄송합니다' ④ 힘차게 '예!!', '잠시 기다려주십시오'라고 웃는 얼굴로 ⑤ '치워도 될까요?'	① 각각의 요리에 맞는 세팅을 한다. ② 치운다. ③ 요리를 손님에게 낸다. 바른자세로 몸을 비트는 듯한 무리한 자세를 취하지 않는다. ④ 음료를 손님의 컵 등에 따라준다(도중에 손님이 부른 경우) ⑤ 빈 식기를 주방으로 치운다.	① 주문을 잘못 내지 않도록 반드시 잘 기억해 둔다. ② 따뜻한 요리는 따뜻할 때, 차가운 요리는 차가울 때 신속하게 제공한다. ③ 요리를 내기 전에 반드시 담기 상태를 체크하여 만족스러울 때 낸다. ④ 물이나 차 등은 가능하면 손님이 주문 전에 다시 따라준다. ⑤ 재떨이도 바꾸어 줄 것. ⑥ 다 마셨거나 다 먹었더라도 반드시 손님에게 허락받고 치운다. ⑦ 요리는 원칙적으로 손님의 왼쪽 어깨 방향으로 낸다.
⑦ 배웅	① '고맙습니다' 감사를 담아서 ② '또 오십시오' 이렇게 말하면 당신은 프로!!	① 현관 가까이까지 가서 ② 감사를 담아 인사를 한다(손님이 완전히 나갈 때까지는 배웅하는 자세로).	① 잊은 물건이 없는지 반드시 자리를 체크한다. ② "또 와야지"라고 생각할 수 있도록 감사를 담아서 배웅한다. 하트와 스마일이 중요!!
⑧ 치우기·리세트	(상기의 형을 그대로 반복하는 것을 정형서비스라 한다. 이 정형과 더불어 '좋은 날씨군요', '비가 시원하게 내리지요?'라고 말하면 손님들에게 더많은 칭찬을 들을 것이다.)	① 식기 치우기, 남은 찌꺼기가 없는가, 왜 남았는지 충분히 체크한다. ② 식기를 조리장으로 운반, 무리하게 운반하지 말자. ③ 리세트를 한다.	① 능숙하고 스피드한 행동이야말로 점포의 분위기를 좋게 한다. ② 청결이 제일, 철저한 청결체크를 행한다.

다음으로는 각 접객 흐름별 말과 동작을 정한다. 또한 각 스텝별 주의사항을 기입하는 포인트란을 설정하였다. 즉 세로란에 8가지 스텝, 가로란의 말, 동작, 포인트를 기입하고, 그것을 흐름에 따라서 화살표로 접객의 진행상태를 지시하는 일람표로 되어 있는 것이 이 스텝표이다. 이 서비스는 한·중·일식, 또한 커피점, 주점처럼 업종이 다르면 그 형태도 변하고, 패스트 푸드, 패밀리레스토랑, 패밀리다이닝, 디너하우스의 업태의 차이에 따라서, 스타일이 변하는 것은 당연하므로 자사의 업종업태에 맞는 형태를 결정해야 한다. 이것을 '접객 스텝 매뉴얼'이라 한다.

4) 접객 응용 매뉴얼

　음식점의 접객은 전항의 '접객스텝매뉴얼' 항목 이외에도 여러 가지 항목이 있고, 또한 어떤 때는 우발적인 것도 있다. 그래서 이러한 사항 중에서 아주 빈도가 높은 것을 가능하면 매뉴얼화해야 한다. 매뉴얼이 없어 돌발사고(예를 들면 손님의 불만 등)에 충분히 대응하지 못하여 손님의 감정을 상하게 만들어 그 손님을 잃는다거나, 전화 받는 법, 대응이 서툴러서 손님이 점포에 실망을 하게 되는 경우가 실로 많다. 때문에 응용매뉴얼에서 반드시 정해 놓아야 할 사항은, ① 전표 기입방법 ② 레지스터(금전등록기) 취급법 ③ 전화받는 법 ④ 불만처리 방법 ⑤ 웨이팅 대응방법 ⑥ 점내방송 등으로, 이들이 비교적 빈도가 높다고 할 수 있다.

　표 3-18은 '회계전표 작성법'에 대한 매뉴얼이다. 전표는 홀과 조리장을 연결하는 유일한 전달수단이므로 기입을 잘못하면 혼란이 일어난다. 회계전표는 당연 점포 계수관리의 기본이기 때문에 정확하게 기입하지 않으면 안 된다. 그 만큼 철저하게 홀을 담당하는 종업원들에게 가르쳐야 하므로, 당연히 정확한 매뉴얼이 필요하다.

표 3-18　회계전표 적는 법

테이블 번호			여성	남성	아이	월	일	일자를 기입
테이블	5	객수	W 1	M 2	C 1	시간	18:20	주문받은 시간
						係		주문을 받는 사람의 이름
V	추가	품명	수	추가		확인	단가	
			正			○		복창할 때에 ○표를 하면서 확인한다.
						○		
		出						
		出						요리는 위에서부터 기입한다.
								안주, 스프, 샐러드, 라이스는 가운데 굵은 선부터 기입한다.
		제공확인						
			합　계　₩					

상품의 수량은 正자로 쓴다(5개=正)

제공이 끝났을 때는 出의 도장을 찍는다.

드링크, 알코올, 디저트류는 밑에서부터 기입한다.

표 3-19는 레지스터의 취급법에 관한 매뉴얼로, 작업의 흐름을 상세하게 설명하고 있다. 또한 잔돈에 대한 항목까지 지시하고 있다.

표 3-20은 전화의 대응방법에 대한 매뉴얼이다. 전화를 받는 쪽은 물론, 연결방법, 연회예약의 접수까지, 구체적으로 지시되어 있다.

표 3-21은 손님의 불만처리에 관한 대응방법을 정해 놓고 있고, 대응의 기본적인 자세에서 발생하기 쉬운 사례, 사과하는 법에 이르기까지 실제로 상세하게 정해 놓았다.

표 3-22는 기다리는 손님에게 대응하기 위한 웨이팅시트의 기입방법에 대해 정해 놓은 것이다.

그밖에 접객스텝 매뉴얼에 대한 사항 이외에도 화장실, 전화 장소 안내, 담배주문, 시간, 도로 문의, 택시, 대리운전 의뢰 등, 실로 많은 손님에 대한 접객서비스가 있고, 이러한 사항을 상정해서 먼저 정해 놓는 것이 수준 높은 접객서비스를 실현하는 것이라 할 수 있다.

표 3-19 레지스터의 일

신뢰를 연결하는 마음으로부터의 서비스
우선 레지스터담당은 점포의 인상을 좌우하는 대단히 중요한 섹션을 맡고 있는 것을 인식해 주십시오.
특히, 손님이 오셔서 계산을 할 때, 잔돈을 돌려줄 때의 인상이 손님에게 남기 때문입니다. 항상 손님에게 '와 주셔서 감사합니다.'라는 마음을 담아서 일해 주십시오.

레지스터 담당의 업무
① 계산을 틀림없이 주고 받을 것.
② 또한 다시 오실 수 있도록 성의 있는 마음을 담아 인사합니다.
③ 정겨운 만남의 장소 만들기.
④ 다만 돈을 주고받을 뿐만이 아닙니다. 마지막으로 끝을 맺어주는 장소입니다. 중요한 역할을 귀하가 담당하고 있습니다.

손님에게 진심으로 감사한 마음을 담아서
식당에는 개성이 다양한 손님이 많이 오십니다. 그러나 걱정하지 않으셔도 됩니다.
다음의 사항을 잘 지켜나가면 안심하실 수 있습니다.
① '고맙습니다'를 우선 말하고, 웃는 얼굴로 가볍게 인사한다.
② 레지스터 앞에서 기다리신 손님에게는 '기다리게 해서 죄송합니다'라고 인사한 후 레지스트를 조작한다.
③ '고맙습니다. 또 오십시오'라고 하고 손님이 레지스터를 떠날 때까지 배웅할 것.

* 늘 손님에게 한마디의 말이라도 건넨다(절도있게).
* 어린이에게는 '○○○ 또 와요!'라고 인사를 한다.
* 불만이 있었던 손님에게는 다시 한번 사과를 한다.

표 3-20 전화 대응

얼굴은 보이지 않지만, 말 한마디가 인상을 좋게도 나쁘게도 합니다.
○ 밝고 확실한 목소리로,
○ 보통 회화보다도 조금 높게,
○ 윗사람에게 이야기하듯이,

오전중
'안녕하십니까? ○○○점 ○○○입니다.'
오후
'고맙습니다 ○○○점 ○○○입니다.'
벨이 4번 이상 울렸을 때
'오래 기다리셨습니다. ○○○점 ○○○입니다.'
전화주문
'담당자를 바꾸어 드릴테니 잠시 기다려주십시오.'
점장, 홀주임, 조리장을 바꾼다.
전화로 자리 또는 파티예약
'담당자를 바꾸어 드릴테니 잠시 기다려주십시오.'
손님을 부르는 경우
'○○○씨 입니까? 잠시 기다려 주십시오 곧 불러드리겠습니다.'
손님으로부터 질문이나 불만을 받았을 경우
'곧 책임자를 바꾸어 드릴테니 잠시 기다려주십시오.'
점장을 바꾸어 준다. 점장이 없을 때는 홀주임을 바꾼다.
거래업자의 경우
'늘 도와주셔서 감사합니다. 담당자를 바꾸어 드릴테니 잠시 기다려주십시오.'

표 3-21 불만처리

순간적인 부주의, 방심으로 여러 가지 사고가 일어납니다.
매뉴얼에서 벗어난 품질이 떨어진 상품을 손님에게 낼 때, 또한 결여된 서비스를 손님에게 제공할 때 불만이 생기게 됩니다.
또한, 손님이 점포의 시스템을 이해하지 못할 때에도 불만이 생기게 됩니다.
이렇게 주의해야 하는 것은 당연하지만 만일 이런 사태가 발생한다면, 곧 점장 또는 그를 대신하는 책임자에게 연락하여 그 사람이 처리하도록 합니다. 책임자는 손님의 기분이 나쁘지 않도록 오히려 이 기회를 이용하여 좋은 인상을 주는 찬스가 되도록 처리해 주십시오

불만을 극복하는 10가지 주의사항
① 우선 사과할 것. 손님에게 불쾌감을 준 것에 대하여 무조건 겸손하게 사과한다.
② 침착하게 마지막까지 손님의 이야기를 듣는다.
③ 사정을 듣고 다시 사과할 것.
④ 신속, 정확하게 제안을 한다.
⑤ 점포의 책임체제를 명확하게 한다.
⑥ 다른 손님의 존재를 잊지 말 것.
⑦ 불만을 회피하지 말고 적극적으로 해결하도록 할 것.
⑧ 개선을 위해 기록, 보고를 확실하게 할 것.
⑨ 항상 회사의 입장에서 판단할 것(개인적, 감정적으로 하지 말 것).
⑩ 불만처리는 손님과 신뢰관계를 부활시켜 고정객을 만들 수 있는 중요한 기회로 활용한다는 생각을 항상 지니고 있을 것.

표 3-22 웨이팅 시트

손님이 편안하게 기다리실 수 있도록 하기 위한 중요한 표이다.
기입하는 방법
① 기입은 모두 점포측에서 한다.
② 검은 볼펜을 사용한다.
③ 입점시간과 체크시의 차를 확인하고 20분 이상 기다린 손님에게는 돌아갈 때, 반드시 한 사람에게 커피권을 2장 드린다.
<이름적기> 지금은 만석이므로 잠시 기다려 주십시오. 자리가 비면 곧 안내하겠습니다.

입점시간	체크시간	이 름	사 람 수
時 . 分	時 . 分		명　대인　소인
.	.		명　대인　소인
.	.		명　대인　소인
.	.		명　대인　소인
.	.		명　대인　소인
.	.		명　대인　소인
.	.		명　대인　소인
.	.		명　대인　소인
.	.		명　대인　소인
.	.		명　대인　소인
.	.		명　대인　소인
.	.		명　대인　소인
.	.		명　대인　소인

이상과 같이, 서비스매뉴얼은, ① 복장·몸가짐 매뉴얼 ② 접객기초매뉴얼 ③ 접객스텝매뉴얼 ④ 접객응용 매뉴얼의 4종류로 이루어져 있다.

(3) 청소매뉴얼 작성법

음식점의 번성의 3가지 조건인 상품력, 서비스력, 점포력 중 지금까지 상품력과 서비스력을 높이기 위한 매뉴얼 만들기에 대해서 설명을 해 왔다. 마지막으로 점포력 중에서 가장 중요한 크렌리니스, 즉, 청소에 관한 매뉴얼에 대해 설명을 하기로 하겠다.

제2장 '음식점 번성의 포인트'에서도 서술하였지만, 점포가 청결하다는 것은 손님들이 안심하고 편안하고 기분 좋게 식사를 할 수 있는 것으로, 청결도 상품의 하나이다.

이 청결 = 크렌리니스를 유지하기 위해서는 ① 드라이(항상 건조한 상태) ② 샤이니(반짝반짝 빛나는 상태) ③ 오더리(잘 정리정돈된 상태), 이 세 가지 항목을 완전히 실행해야 한다. 따라서 크렌리니스의 필요성과 크렌리니스 기준을 명확하게 하는 것이 중요하며 이것을 서술한 것을 ① 크렌리니스 기본매뉴얼이라고 한다. 점포전체의 각 항목 각 부분에 대하여 어떻게 해야하는지를 명시한 것이 ② 점포청소 체크시트이다. 또한 크렌리니스를 실제로 유지하기 위한 작업방법 즉 ㉠ 씻고 ㉡ 털고 ㉢ 쓸고 ㉣ 닦고 이 4가지 작업을 실행하기 위해 실제로 어느 기구를 사용해 작업을 해야 하는가를 지시하는 ③ 청소작업 매뉴얼이라는 3종류의 매뉴얼이 필요하게 된다.

표 3-23은 청소는 왜 필요한가? 크렌리니스의 3원칙이란 무엇인가에 대해 해설한 것으로, 이것을 크렌리니스의 기본매뉴얼이라 한다. 게다가 청소용구 일람표 표 3-24나, 사용세제 일람 표 3-25를 첨부해 두면 이상적이다. 표 3-26은 점포 전체의 체크시트로, 점포 바깥주변, 점내객석, 주방, 후방설비의 4개 지역으로 구분해서 청소시 주의해야 할 곳을 구체적으로 나타내고 있다.

표 3-27은 테이블 닦는 법에 대해서 구체적으로 지시를 한 것으로 이것은 그밖의 창과 마루, 기타 체크시트의 각 부분의 청소방법을 해설한 청소 작업매뉴얼이다.

표 3-28은 화장실 청소매뉴얼이다. 이처럼 일러스트를 넣어서 테이블, 카운터, 의자, 바닥, 유리창, 현관주변, 샘플케이스, 간판은 물론이고, 표 3-29는 칼 손질을 비롯하여, 도마, 타올, 행주, 컵, 철판, 접시 등의 조리용 집기비품에 이르기까지 하나하나 어떤 세제를 사용하여 어떤 작업을 하는가를 지시해두면 누구나 쉽게 청소작업을 할 수 있게 된다.

표 3-23 성의있는 청소

성의 있는 청소란 어떻게 하는 것인가.

가치있는 맛있는 상품, 따뜻한 정성이 깃든 서비스는 음식업에서 불가결한 것이다. 그러나 아무리 이 두 가지를 갖추었어도 점포가 지저분해서 손님이 불결하다고 느낀다면 맛도 서비스도 완벽하다고 할 수 없을 것이다. 구석구석까지 당신의 시선이 닿는 어느 곳이나 반짝반짝 닦여 있지 않으면 음식점은 손님에게 합격점을 받을 수 없다.

그럼 어떻게 하면 구석구석까지 당신의 시선이 미칠수 있겠는가. 그리고 반짝반짝 닦을 수 있겠는가. 그것은 아무리 형식을 정해 매뉴얼에 써 놓아도 아무런 쓸모가 없다. 매일 움직이고 있는 당신이 정성껏 아름답게 청결히 하는 것과 계속해서 신경을 쓰는 것에서 모든 것은 시작되는 것이다.

그리고 반드시 다음 항목을 이해해 실행하기 바란다.
① 더러움이 눈에 띄면 반드시 즉시 정돈한다.
② 자기 집, 자기 방으로 생각하고 정돈하다.
③ 정해진 방법으로 정돈한다.
④ 체크는 정해진대로 틀림없이 한다.

이 점을 지키면 당신의 ○○는 반드시 먼지하나 없이 잘 닦여진 아름다운 점포가 될 것이다. 여기서 당신이 매일 주의할 포인트와 체크 장소, 청소방법을 생각해 보자.

크렌리니스의 3원칙

크렌리니스를 보다 완벽하게 하기 위해서 아톰보이에서는 다음의 3원칙을 슬로건으로 내걸고 있다. 그것은 크렌리니스의 상태를 나타내는 것으로 ○○의 크렌리니스의 목표로 절대적인 조건이다.

```
         ○○의 3원칙

   Keep Orderly     항상 정돈된 상태
   Keep Dry         항상 물기가 없는 상태
   Keep Shiny       항상 반짝반짝 닦여 있는 상태
```

Keep Orderly(항상 정돈된 상태)
이 조건은 점포의 크렌리니스의 기본적인 조건이며 ○○의 산뜻한 크렌리니스의 실행과 보다 능률적인 활동을 하기 위해 또 재료의 로스관리를 철저히 하기 위해 대단히 중요하다. 기본동작은
① 사용하는 것, 하지 않는 것의 구별, 필요하지 않는 것은 버린다.
② 설치장소를 설정, 필요한 수량을 파악.
③ 사용이 끝났으면 원래 자리로 갖다놓는 습관들이기.
④ 월 2회의 정리정돈하는 날을 정해 실행, 유지한다.

Keep Dry(항상 물기가 없는 상태의 유지)

우리들이 생활하며 일하는 장소인 점포를 물기 없는 상태로 만들어 일하기 쉽고, 밝은 환경을 만듦과 함께 청결함, 위생면에서의 향상을 꾀하고 있다. 특히 음식점에서는 위생관리가 최대의 과제이나 잡균, 곰팡이 등이 물 있는 곳에 많이 번식하는 것을 생각하면 Keep Dty는 위생관리상 불가결한 조건이다.

기본동작은 ① 크렌리니스에 대한 기본적인 사고를 개선한다. ② 물을 필요 이상 뿌리지 말 것, 즉 물을 뿌리는 크렌리니스 방법에서 물을 뿌리지 않는 크렌리니스방법으로 전환할 것 ③ 물기를 곧 닦는 습관을 들일 것.

크렌리니스의 방법

개개의 더러움을 세제를 묻힌 스폰지(duster mop)로 문질러 씻은 후 걸레로 훔쳐낸다. 그리고 매일 크렌리니스의 프로그램 속에 포함시킨다.

- a. 항상 물을 닦는 작업을 철저히 할 것. 그것은 또 더럽히지 않는 것에 해당한다.
- b. 씽크대를 물로 씻을 때는 마른 걸레를 마련하여 사용후에는 반드시 물을 없애는 동작을 실행한다.
- c. 바닥은 영업 전에 쓰레기를 줍는다. 또 마포로 젖은 곳을 훔치고 크렌리니스를 유지한다.
- d. 일별, 주별로 크렌리니스 방법을 구별하여 효율적으로 실행할 것.

Keep Shiny(항상 빛나며 반짝반짝 닦여 있는 상태)

광택 소재를 세심히 닦아 빛내는 것으로 청결감을 높여주고 보다 ○○의 가치를 높인다.

광택 소재(크렌리니스의 포인트)

- 스텐레스 - 테이블, 아이스 디스펜서, 크림후리져, 씽크, 벨트 등
- 유리류 - 유리창, 문유리, 샘플케이스의 유리, 컵, 거울 등
- 타일류 - 바닥, 창문 등의 아래부분 타일, 화장실타일 등
- 도기류 - 세면대, 변기, 쟁반, 접시, 찻잔, 작은 접시 등

스텐레스
1. 더러움을 제거한다(세제).
2. 수분을 제거한다.
3. SSP로 광택을 내고, 빛을 낸다(주 단위로 실행)
   ◎ 습관적이고 정기적으로 걸레로 닦아내는 작업.
   ◎ 마른 상태의 유지

유리류
1. 유리세정제를 뿌려 걸레로 더러운 것을 없애고 걸레로 닦아 광택을 낸다.
2. 물 또는 폴라임을 넣은 수용액을 유리에 뿌리고 스퀴지로 더러운 것을 제거하고 광택을 낸다. 스퀴지는 걸레로 닦아낸다.

타일
홀바닥 타일
1. 세제를 묻힌 마포 또는 물걸레로 문질러 닦은 후 물기를 제거하고 리스킨의 화학마포로 문지른다.
2. 물걸레로 물을 닦은 후, 마포로 닦아낸다(매일).
3. 마포를 말린다(매일).

창문 등의 아래부분 타일
1. 세제를 묻힌 스폰지 수세미나 걸레로 문질러 닦은 후, 마른 걸레로 닦아낸다.
2. 물기를 가볍게 짠 걸레로 닦는다.

주방타일
1. 세제를 푼 물과 걸레로 문질러 닦은 후 마른 걸레로 닦아낸다.
2. 물걸레로 문질러 닦은 후 닦아낸다.
3. 빗자루, 청소기를 사용하여 쓰레기 먼지를 치운다.

도기
1. 표백용 세제로 문질러 닦은 후 물로 씻어내고 나서 마른 타올로 닦아낸다.
2. 세제를 묻힌 스폰지 수세미나 걸레로 문질러 닦고, 헹군 후 마른 타올로 닦아낸다.
3. 물걸레로 닦아낸다.

표 3-24 청소용구 일람

제3장 음식업 영업의 실제 99

표 3-25 사용세제 일람

뉴티폴  사용량은 종래 세제의 1/3이하, 고급알콜 등 소프트타입의 원료만을 사용하므로 박테리아에 의한 분해성이 우수하다.	반노크리너  합성레자에서 유리창까지 폭넓게 사용할 수 있어 편리한 만능 세정제이다. 5kg짜리도 있다.	글래스크리너  지문과 담배진, 기름막의 더러움을 간단히 제거하고, 잘 닦여져 산뜻한 마무리를 할 수 있다.
디펙스 A  손의 살균과 소독이 동시에 가능한 세제로 일간산의 배합으로 뛰어난 살균소독효과를 발휘. 손을 보호하는 천연지방산소세제이므로 안심.	화장실 크리너  화장식 바닥이 누래지거나 틈새가 검어지는 것을 간단히 제거. 물건이 상하지 않는 배합이므로 안심하고 사용.	알콜 스프레이  알콜을 에어졸로 한 것으로 사용이 간단하고 낭비없이 사용할 수 있다. 알콜의 세균을 없애는 실험을 한 결과 극히 단시간에 실행 가능.
렌지크리너  렌지, 오븐 등 열조리기기나, 그리스필터 등 배기장치에 달라붙은 그으름 등의 기름때를 간단히 제거하는 강력한 세제이다. 물 또는 끓는 물로 약하게 할 수 있고 한번 사용한 것을 다시 사용할 수 있어 경제적이다. 5kg짜리도 있다.	파이프크리너  배수파이프의 막힘, 악취, 더러움에 강력한 효과를 발휘하는 크리너이다. 물로 간단히 배합할 수 있으므로 파이프가 상할 염려가 없다.	데타 프라이드 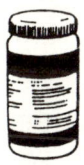 산소에 의한 강력한 표백력과 세제성분에 의한 세정력을 함께 갖고 있으므로 플라스틱 식기의 표백에, 유제품의 단백질 때의 세정에 멋진 효과를 발휘, 더구나 염소계표백제와는 달리 무취, 무자극성이므로 쾌적하고 담기기만 해도 간단히 해결된다.

표 3-26 점포 청소 체크시트

장소		작 업 내 용
점포주변	주차장·도로	① 도로는 깨끗하게 청소되어 있는가? 쓰레기 등은 떨어져 있지 않은가? ② 주차장은 깨끗이 청소되어 있는가? 쓰레기, 먼지 등은 떨어져 있지 않은가? ③ 쓰레기, 음식 찌꺼기를 놓은 장소는 깨끗한가? 악취가 나지는 않는가? ④ 도로의 가로수는 청결한가? 그 주위에 쓰레기 등이 방치되어 있지 않은가? ⑤ 점포 주위의 수목은 깨끗한가? 낙엽이 떨어져 있거나 거미줄이 걸려 있지는 않는가? ⑥ 사원용 주차장의 정돈은 어떤가? 불필요한 타이어나 빈깡통 등이 방치되어 있지 않은가? ⑦ 후방설비(점포 뒤쪽)에 불필요한 것, 혹은 큰 쓰레기가 방치되어 있지 않은가? ⑧ 배수구는 잘 흘러나가는가? 고여서 악취가 나지는 않는가?
	외장·간판	① 간판에 먼지 등이 쌓여 더럽지는 않은가? ② 간판의 페인트가 벗겨져 있지는 않은가? 선명한 색채를 유지하고 있는가? ③ 간판의 전구나 네온관이 끊어져 있지 않는가? ④ 지붕 위에 불필요한 것이 있거나 먼지가 쌓여 있지 않은가? 특히 홈통에 유의할 것. ⑤ 벽면에서 차양에 걸친 거미집은 없는가? 먼지가 붙어 있지는 않은가? ⑥ 벽면에 붙은 포스터가 찢어지거나 색이 바라지 않았는가? ⑦ 창문틀에 먼지나 쓰레기가 쌓여 있지 않은가? ⑧ 유리창은 뿌옇지 않은가? 깨끗이 닦여 있는가?
	현관·샘플	① 현관문은 깨끗하게 닦여져 있는가? ② '발'은 청결한가? 바르게 걸려 있는가? ③ 현관매트는 깨끗한가? ④ 현관 바닥에 흙이나 쓰레기는 없는가? ⑤ 우산꽂이는 깨끗한가? 안에 불필요한 것은 없는가? ⑥ 현관 천정은 깨끗한가? 거미줄은 없는가? ⑦ 현관 천정 전등과 문의 전등의 전구가 나가지 않았는가? ⑧ 현관의 기둥, 문창살에 먼지가 쌓여 있지 않은가? ⑨ 샘플케이스 내 샘플에 먼지가 쌓여 있지는 않은가? ⑩ 샘플케이스의 상품은 바르게 진열되어 있는가? ⑪ 샘플케이스 유리는 깨끗이 닦여 있는가? ⑫ 샘플케이스 안에 거미줄은 없는가? ⑬ 샘플케이스 아래에 흙이 있지는 않은가? ⑭ 샘플케이스는 잘 배열되어 있는가?

장소		작 업 내 용
점 내	프 론 트 · 홀	① 프론트 바닥은 더럽지 않고 깨끗하게 닦여 있는가? ② 프론트 위쪽은 정리정돈 되어 있는가? ③ 레지스터 키 사이에 먼지가 끼어 있지 않은가? ④ 프론트 안쪽의 선반은 정돈되어 있는가? ⑤ 판매대의 상품은 깨끗한가? 먼지로 덮여 있지 않은가? ⑥ 전화기는 깨끗이 닦여 있는가? ⑦ 홀 천정에 거미줄은 없는가? ⑧ 벽면은 깨끗한가? POP는 정연히 붙어 있는가? ⑨ 창살에 먼지가 쌓여 있지는 않은가? ⑩ 홀 바닥은 깨끗이 닦여 있는가? ⑪ 홀의 전구가 끊어지지 않았는가? ⑫ 테이블은 청결한가? 예쁘게 정돈되어 있는가? ⑬ 의자는 깨끗한가? 특히 의자다리, 걸림살에 먼지가 붙어 있지 않은가? ⑭ 홀에 있는 화분의 식물은 생기가 있는가? 화분받침은 정돈되어 있는가? ⑮ 홀 서비스카운터는 정리정돈되어 있는가? ⑯ 잡지, 신문은 정돈되어 있는가?
객 석	객 실	① 객실 천정에 거미집은 없는가? ② 난간, 가리개에 먼지가 쌓여 있지 않은가? ③ 벽면은 깨끗한가? 먼지가 묻어 있지 않은가? ④ POP 광고 가지런히 붙어 있는가? ⑤ 방문 틈에 먼지가 쌓여 있지 않은가? ⑥ 액자나 사물함은 제대로 놓여 있는가? ⑦ 방바닥은 깨끗이 청소되어 있는가? ⑧ 테이블은 깨끗한가? ⑨ 방석, 커버는 깨끗한가? ⑩ 전등갓에 먼지가 쌓여 있지는 않은가? ⑪ 객실문이나 미닫이 살에 먼지가 끼여 있지는 않은가? ⑫ 객실입구의 문지방은 깨끗한가? ⑬ 신발장은 깨끗한가? ⑭ 구두주걱은 제 위치에 있는가? ⑮ 에어콘과 에어콘 입구는 깨끗한가?

장소		작 업 내 용
점내객실	화장실 등	① 변기는 깨끗하게 닦여 있는가? ② 바닥은 청결한가? ③ 벽은 청결한가? ④ 창살에 먼지가 쌓여 있지 않은가? ⑤ 방취제, 향수는 정해진 장소에 있는가? ⑥ 천장은 깨끗한가? 거미줄은 없는가? ⑦ 환기는 정상인가? 환기창은 깨끗한가? ⑧ 전등상태는 좋은가? 먼지가 쌓여 있지 않은가? ⑨ 세면대는 깨끗한가? 더럽지 않은가? ⑩ 세면대 주변에 더러운 물이 튀어 있지 않은가? ⑪ 타올은 청결한가? 예비품은 준비되어 있는가? ⑫ 화장지는 충분한가? ⑬ 문은 깨끗한가? 열쇠는 정상적으로 작동하는가? ⑭ 휴지통은 깨끗한가? ⑮ 화장실의 청소용구는 잘 정리되어 있는가? ⑯ 세면장에 비누는 준비되어 있는가?
주방	주방내홀	① 천정은 깨끗한가? 그을음이나 거미줄은 없는가? ② 전등은 어떤가? 조명도는 좋은가? ③ 벽면은 청결한가? 지저분하지 않은가? ④ 창틀에 먼지가 쌓여 있지 않은가? ⑤ 창의 쇠망은 파손되지 않았는가? 먼지 등으로 망이 막히지 않았는가? ⑥ 배기후드는 정돈되었는가? 기름때, 먼지 등이 붙어 있지 않은가? 환기팬은 깨끗한가? ⑦ 바닥은 깨끗한가? ⑧ 바닥 타일은 견고한가? 물이 괴여 있는 곳은 없는가? ⑨ 배수구는 잘 흐르고 있는가? 먼지, 음식물 찌꺼기로 막히지 않았는가? 점액이 묻어 있지 않은가? ⑩ 바퀴벌레, 쥐가 번식하고 있지 않은가? 혹은 그들의 집과 통로가 만들어 있지 않은가? ⑪ 사원용 세면장은 청결한가? 비누, 타올 등이 준비되어 있는가? ⑫ 소화기는 소정의 장소에 놓여 있는가?

장소		작 업 내 용
조리장	선반 및 집기	① 식기선반은 정리정돈 되어 있는가? ② 식기선반의 상부에 불필요한 것이 놓여 있지는 않은가? 먼지가 쌓여 있지 않은가? ③ 식기선반의 내부 선반에 먼지나 쓰레기는 없는가? 잘 닦여져 있는가? ④ 식기선반 유리문의 걸림살에 먼지가 쌓여 있지 않은가? 유리는 깨끗이 닦여 있는가? ⑤ 식기는 청결히 보관되어 있는가? 내부에 때가 묻어 있지는 않은가? ⑥ 식기에 이가 빠졌거나 깨진 곳은 없는가? 있으면 버린다. ⑦ 칠기류에 색이 바래지는 않았는가? ⑧ 유리잔이 완전히 구비되어 있는가? ⑨ 쟁반은 깨끗한가? 쟁반 구석 또는 뒷면이 더럽지 않은가? ⑩ 각종 식기는 정해진 수량이 확보되어 있는가? 부족하면 충분히 보충한다.
	기기	① 가스렌지, 오븐은 잘 닦여져 있는가? ② 가스버너의 화구는 깨끗한가? ③ 냉동고는 깨끗한가? 불필요한 것이 방치되어 있지 않은가? ④ 냉동고에 성예가 끼어 있지 않은가? ⑤ 냉장고 안은 깨끗한가? 부패한 것을 방치하지 않았는가? ⑥ 냉장고 선반이나 구석에 끈적이는 것은 없는가? ⑦ 개수대는 물론 측면도 깨끗한가? ⑧ 개수대 아래, 뒤쪽에 불필요한 것을 방치하지 않았는가? ⑨ 제빙기는 깨끗이 닦여 있는가? 측면, 뒤쪽에 이물질을 방치하지 않았는가? ⑩ 후라이어, 튀김냄비 등 튀김용기 기기는 항상 잘 닦여 있는가? ⑪ 냄비, 솥은 깨끗한가? ⑫ 조리용 비품에 기름이나 때가 끼어있지 않은가? ⑬ 식칼은 정성껏 갈아 놓았는가? ⑭ 도마는 청결하게 닦아 놓았는가?
후방설비	창고	① 창고 문은 원활하게 개폐되는가? 열쇠는 잘 작동되는가? ② 내부에 거미줄은 없는가? ③ 바퀴벌레나 쥐구멍은 없는가? ④ 내부선반에는 식재가 바르게 놓여 있는가? ⑤ 영업에 필요한 비품이 미리 정해진 장소에 놓여 있는가? ⑥ 환기는 충분히 했는가? ⑦ 계절적인 필요품(스토브, 파라솔 등)은 정비하여, 보관되어 있는가? ⑧ 선반 위에 물품은 합리적인 배치로 되어 있는가?(이용빈도가 높은 것을 앞쪽에) ⑨ 불필요한 용품 또는 쓰레기 등을 이것저것 놓지는 않았는가?

장소		작 업 내 용
후방설비	휴게실	① 실내는 쾌적한가? 항상 청결을 유지하고 정리정돈 되어 있는가? ② 각 사원의 락커는 정리정돈 되어 있는가? ③ 각 사원의 신발은 정연하게 소정의 장소에 놓여 있는가? ④ 식사용 테이블은 예쁘게 꾸며져 있는가? ⑤ 휴식용 의자는 청결하고 튼튼한가? ⑥ 급식용 식기, 수저 등은 소정의 장소에 청결히 보관되어 있는가? ⑦ 게시판은 항상 적절하게 운영하고 있는가? 게시판 포스터 복사용지가 접혀 있지 않은가? ⑧ 타임 레코더는 소정의 장소에 있고, 항상 바르게 작동하고 있는가?
	사무실	① 사무실 내부는 항상 청결하고 정리정돈이 잘 되어 있는가? ② 책상 및 의자는 깨끗하고 튼튼한가? ③ 책장은 항상 정돈되어 있는가? ④ 필요한 점포용 사무용품은 곧 꺼낼 수 있는가? 그 준비는 완벽한가? ⑤ 외상 등의 조회에 곧 응할 수 있도록 장부는 쉽게 보이는 장소에 놓았는가? ⑥ 현금 보관은 안전한가? ⑦ 방과 창문의 열쇠는 안전한가?

표 3-27 테이블 닦는 법

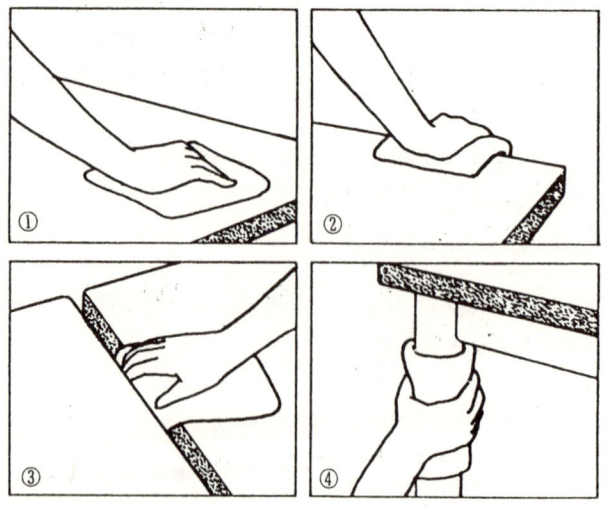

테이블은 걸레를 사용하여, ①에서 ③의 순서로 닦는다. 아이들타임 등에는 크린크로스로 테이블 다리를 닦는다④.

더러움이 심할 때에는, 걸레를 세제를 묻혀 닦는데 테이블 위 등은 꼬마들이 입을 댈 수도 있기 때문에 반드시 두 번 닦아낸다.

표 3-28 화장실 청소

변기의 가장자리를 따라 화장실 크리너를 흘린다.

용구

스프레이건 양동이 타올 변기용브러쉬

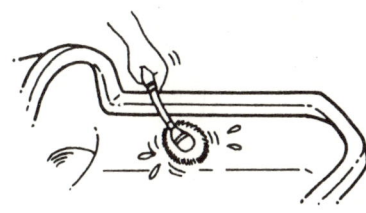
변기용 솔로 더러움을 없애고 물을 뿌린다.

세정제

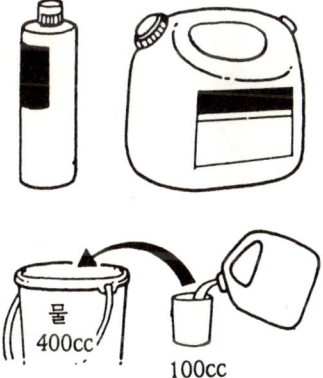
물 400cc 100cc

바닥, 벽, 문은 반노크리너를 뿌려서 깨끗한 타올로 닦아낸다.

표 3-29 칼 손질법

용구

스폰지수세미
냅킨 양동이

세정제

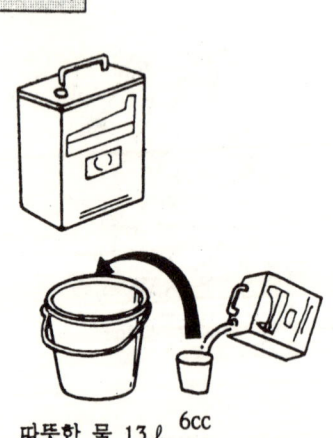
따뜻한 물 13ℓ 6cc

스폰지 수세미에 용액을 묻혀 문질러 닦는다.

목제 손잡이는 부식하기 쉬우니 주의!

용액이 남지 않도록 흐르는 물에 씻는다.

마른 행주로 물기를 없애고 소정의 위치에 수납한다.

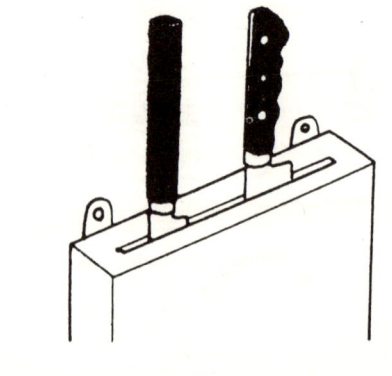

제3장 음식업 영업의 실제 107

표 3-30 냉동고·냉장고 청소

(1) 내용물을 다른 냉동고, 냉장고에 옮기고 전원을 끊는다.

용구

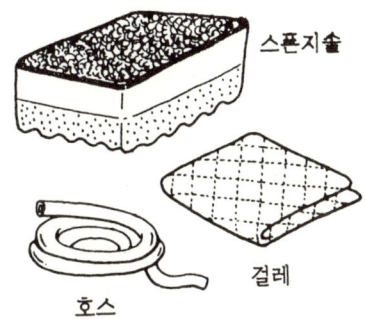

스폰지솔

호스

걸레

냉동고는 더운 물을 끼얹는다.

더운 물 30~40°

(2) 물기를 꼭 짠 걸레로 전면을 닦아낸다. 선반은 세정기로 씻어낸다.

세정제

알코올 스프레이

(3) 전원을 넣고 적당한 온도가 되었을 때 식재를 정리하고 수납하는데 끝 마무리로 알콜 스프레이를 뿌려둔다.

표 3-31 후라이어 청소

(1) 가스의 밸브를 잠근다.
(2) 기름받이를 배유구에서 세트하고 그 위에 종이타올을 넣은 기름여과기를 세트한다.
(3) 배유 마개를 열고 기름을 기름 받이에 받는다. 특히 화상에 주의한다.
(4) 배유 마개를 막고 속의 철망을 꺼내 씻는다.
(5) 그릇에 50도 정도의 더운 물을 담아 프라이어 속에 넣는다.
(6) 뉴티플을 10cc 넣는다.
(7) 스폰치솔로 더러움을 씻어내고 주방 그릇을 배출구에 배치한 다음 배유마개를 열어 더러운 물을 버린다.
(8) 물기를 꼭 짠 걸레로 후라이어 내부를 닦아낸다.

마지막으로 표 3-30은 냉동고·냉장고 손질법, 표 3-31은 후라이어의 손질법에 대해 설명한 것이다. 이 외에 가스렌지, 후드, 그리고 쿨러 등의 정비에 대한 작업

지시를 하는 설비·정비 매뉴얼이 필요하다. 이 매뉴얼에 따라서 정기적으로 손질을 해두면 갑자기 기구의 상태가 나빠지거나, 기기가 고장나거나 성능이 떨어지는 소동은 막을 수 있을 것이다.

 이상과 같이 청소매뉴얼은 ① 크렌리니스 기본매뉴얼 ② 청소체크시트 ③ 청소작업 매뉴얼, 그리고 ④ 설비·정비 매뉴얼 이 4종류로 이루어져 있다.

 점포의 청결은 경영자, 점장을 비롯하여 전종업원의 일할 의욕을 보여주는 척도로, 가장 쉽고 빠르게 고객에게 자점의 의욕을 보일 수 있는 가장 좋은 수단이기도 하다. 아무리 맛있는 요리를 제공하고 성의있는 서비스를 하고자 노력하더라도, 더러운 테이블이나 의자, 기름때로 얼룩진 융단이 깔려 있는 점포에는 틀림없이 고객은 다시 오지 않는다고 해도 과언이 아니다. 크렌리니스야말로, 자점의 의욕의 표현이며 상품의 하나이다. 그만큼 철저한 청소, 높은 크렌리니스 수준이 요구된다.

(4) 운용 매뉴얼 작성법

 지금까지 상품, 접객, 청소라는 현장의 기준과 그 실시 방법에 매뉴얼에 대해 기술했다. 지금부터는 매뉴얼을 현장의 흐름 속에서 어떻게 실시해 가는가가 문제가 된다. 때문에 점포단계에서 ① 운용(오퍼레이션) 매뉴얼, 점장의 관리방법을 지시하는 ② 점장 매뉴얼, 그리고 종업원을 교육·훈련시켜 이러한 매뉴얼을 완전하게 실시할 수 있도록 하는 ③ 교육·훈련매뉴얼이 필요하다. ③의 교육·훈련매뉴얼에 대해서는 '음식점의 인사와 교육'에서 상세하게 서술했으므로, 여기서는 운용매뉴얼, 다음 절에서 '점장매뉴얼 작성법'에 대해 서술하기로 하겠다. 우선 운용매뉴얼은 현장단계 점포에서의 1일, 1주간, 1개월, 1년이라는 시간의 흐름에 따라서 어떻게 점포의 QSC를 이루어갈 것인가를 명확히 할 필요가 있다.

 표 3-32는 점포영업의 흐름을 아침 9시부터 퇴점인 오후 9시 45분까지의 흐름 속에서 종합, 조리, 서비스, 점포청소 등에 대해서 시간대별로, 실행해야 할 항목을 지시하고 있는 것이다. 이 일일(一日)흐름은 일반 대중 레벨의 음식점을 상정하여 작성한 것이므로, 당연히 업종업태에 따라 다르다.

 '조리매뉴얼 작성법'중 '사전작업 매뉴얼'에서 설명해 두었지만, 음식점은 사전작업의 명확화, 카스터세트나 나이프, 포크, 젓가락 등의 준비작업으로, 피크시에도 원활하게 점포가 돌아갈 수 있는지 아닌지가 결정된다. 소위 준비업, 스탠바이업인 것이다. 따라서, 개점방법(오프닝)부터 점심 피크 전 점검, 점심 피크, 아이들타임의 대응, 저녁 피크 전 점검, 그리고 저녁 피크를 거쳐서 폐점(크로징)으로 하루의 영업흐름이 끝난다. 따라서 시간대별 완벽한 작업, 체크가 필요하고, 그것에 대응하는 것이 이 하루 운용매뉴얼이다. 이 운용매뉴얼을 수첩정도의 크기로 정리해서, 매 시간마다 체크해 간다.

다음으로 1주간의 운용매뉴얼이다. 표 3-33은 홀, 키친 그리고 그밖의 면으로 구분해서 요일별로 실시해야 할 항목을 명시해 두고, 이 지시대로 작업을 하면 점포의 청결을 유지할 수 있도록 한다. 또한 종업원이 언제 비디오를 보고 교육을 받고, 워크스케줄을 제출하는가까지도 정해 놓는다. 이렇게 사전에 정확하게 결정해 놓고, 그대로 움직이는 것이 중요하다.

표 3-34는 1개월의 운용스케줄(매뉴얼)이다. 이 표에 의하면 제 1주에서 4주까지 기간이 나뉘어져 있고, 각각의 주간 목표설정에 의해 움직이게 되어 있다. 세로에 날짜와 요일, 그리고 가로에 행사, 관리일반, 사원, 판매촉진의 4항목으로 나뉘어져 있고 휴일 예정자도 기입할 수 있게 되어 있다. 여기서 주의해야 할 것은, 이 1개월의 스케줄은 어디까지나 주간스케줄이 기본이 되므로 어디까지나 점포의 운용은 요일 즉, 1주간이 기본이 된다.

또한, 그 위에 1년간 스케줄이 있다. 이것은 결산일, 사내운동회, 입사식 등의 행사를 비롯하여, 냉난방 기기의 수리, 나무나 화분에 비료주기, 지붕수리 등의 설비·정비 항목도 계절단위로 실시해야 한다. 계절 메뉴판매, 이벤트, 메뉴 변경도 년간 계획 속에서 정확하게 예정되어 스케줄로써 결정하여, 그대로 실시해 가야 한다. 이러한 항목이 사전에 정해져 있지 않으면 갑자기 기기가 고장 난다거나 모처럼 판촉을 할 좋은 기회를 잊고 있다가 부랴부랴 당황하여 판촉기획을 하더라도 제시간에 처리 못하게 되어버린다. 이러한 운용매뉴얼은 1일, 1주일, 2개월, 1년이라는 시간의 흐름으로 이루어진다. 또한 상품, 접객, 청소 매뉴얼에 의거하여 영업을 진행시키는 경우는, 이러한 운용방법의 체크를 확실하게 해야 한다. 이 체크를 위해서 상품체크리스트 표 3-35, 서비스 체크리스트 표 3-36, 그리고 크렌리니스 체크리스트 표 3-37을 작성해서 운용하면 돌발되는 문제를 막을 수 있으므로 현장 QSC 레벨을 높일 수 있다.

표 3-32 1일 운용 매뉴얼

AM 9:00 입점 영업시작 전 점검 ↓ 개점 AM 10:00	종합	(입점 전) ① 오늘 신문을 대강 본다(신문지식이 고객, 부하와의 인간관계에 도움을 준다) ② 오늘 날씨는 어떤가? 점포 근방의 행사 따위가 있는지를 조사한다(매상 예측을 할 수 있다). ③ 어제 현금과 오늘 저축예금을 확인한다. 잔액은 레지스터에 넣는다.
	사원 (서비스)	① 사원들의 출근상태와 건강상태 확인(결근자나 아픈 사람은 없는가). ② 사원들의 복장 점검(규정대로인가). ③ 사원들의 몸가짐 점검 ④ 개점 전의 작업분담을 지시한다. ⑤ 조례(예약, 권장요리 등의 주시)
	조리	① 냉동·냉장고, 가스렌지 등의 기기류 작동개시 ② 냉동·냉장고 내의 보관상태 점검 ③ 원재료 보충상황 확인(특히 납입된 것은 주문한 대로의 질과 양인가를 점검) ④ 금일의 대량주문 및 예약확인 ⑤ 금일의 권장요리 결정 ⑥ 매입작업의 분담 지시 ⑦ 작업 개시 전 반드시 위생체크(특히, 도마, 칼, 행주, 조리대 등의 체크)
	점포 (청소)	① 청소작업(외관, 점포내 객석, 주방, 후방설비 등을 분담하여 청소) ② 간판 등을 소정의 위치에 놓는다. ③ 테이블 위의 카스터 점검 ④ 물, 물수건, 네프킨 등의 보충점검
낮 피크 전 점검 ↓ AM 10:30	사원	① 작업할당을 완전하게 소화했는가? ② 메뉴는 준비되어 있는가? ③ 차, 냉수 등의 서비스는 스탠바이 상태인가? ④ 수저, 네프킨, 포크, 나이프 등은 준비되었는가? ⑤ 기타 서비스카운터 안의 비품 등은 완전한가? ⑥ 사원들의 몸가짐, 복장을 다시 한 번 점검한다. ⑦ 금일의 권장요리를 다시 한 번 확인한다. ⑧ 소정의 위치에 대기시킨다.
	조리	① 예정대로 매입작업은 되었는가? ② 원재료의 보충을 완전히 해 놓았는가? ③ 조리를 위해 사전 준비된 재료들은 소정의 장소에 준비되어 있는가? ④ 기기는 알맞은 장소에 놓여 있고 청소도 잘 되어 있는가? ⑤ 가스렌지, 조리기기는 잘 작동하고 있는가? ⑥ 남은 음식물이나 매입시 생기는 쓰레기를 모두 처리한 청결한 상태인가?

낮 피크 전 점검	점포	① 외부, 점포객석의 청소는 완전한가? ② 현관, 홀의 물 뿌리기는 되었는가? ③ 샘플케이스는 깨끗하게 정돈되어 있는가? ④ 냉난방은 적절한가? ⑤ BGM은 적당한 음량으로 흐르고 있는가? ⑥ 화장실 청소는 완전한가?(종이, 타올) ⑦ 점포 내 조명은 적절한가?
낮 피크 점검 ↓ PM 1:30	사원	① 접객계의 배치는 적당한가? ② 고객안내, 착석은 어떻게 진행되는가? ③ 요리가 늦게 나오지 않는가? ④ 접객태도는 만족스러운가? ⑤ 고객들이 만족스럽게 식사하는가? ⑥ 서비스는 공평하게 이루어지고 있는가? ⑦ 크레임은 없는가? ⑧ 손님들이 돌아가신 후의 재배치는 완전한가, 재떨이는 교환하였는가, 카스터는 채워져 있는가, 의자는 깨끗한가?
	조리	① 조리작업은 잘 진행되고 있는가? ② 기준대로 담았는가? ③ 사전 준비된 재료는 충분한가? ④ 기기의 보충은 원만한가? ⑤ 조리장과 접객계와의 팀웍은 좋은가? ⑥ 무엇이 잘 나가는가?
	점포	① 홀에 먼지나 휴지가 떨어져 있지는 않은가? ② 의자는 잘 정돈되어 있는가? ③ 방일 경우 벗어 놓은 구두는 정돈되어 있는가? ④ 방석은 깨끗한가? ⑤ 점포 내 실온은 쾌적한가? ⑥ 객석 내 환기는 잘 되어 가는가?
PM 1:30 아 이 들 타 임	사원	① 피크타임을 반성한다(무엇을 했고, 무엇을 못 했는지)? ② 금일의 권장요리는 물론이고 제공요리에 관한 고객의 반응을 주방에게 전한다. ③ 나이프, 포크, 네프킨 등 서비스카운터 안의 비품을 보충한다. ④ 오늘의 사원 트레이닝, 연수, 토론회 등의 실시 ⑤ 내일의 공휴 예정자 확인
	조리	① 손님들이 먹다 남긴 음식은 없는가(만일 있다면 그 원인을 조사할 것) ② 무엇이 많이 나갔는가? 권장요리는 목표한 대로 많이 나갔는가? ③ 사전준비를 해놓고, 원료 재고 체크(만일 부족한 경우는 보충한다). ④ 조미료, 기타 일반 원재료를 보충한다. ⑤ 주방에 있는 기기를 손질한다. ⑥ 남은 음식물의 반출과 조리장 내 위생 체크 ⑦ 점심식사 준비
PM 4:30	점포	① 외부, 객석 홀, 주방, 후방설비의 청소를 점검한다(특히 화장실). ② 중점 청소구역의 청소 실시(사전에 요일별 중점 청소구역을 정해둔다.) ③ 남은 음식물, 쓰레기 등을 빈통에 처분하여 정리정돈을 한다. ④ 차량 점검과 손질을 실시.
PM 5:30		(저녁 피크전 점검) 점심 피크 전 점검과 동일 ① 저녁 연회, 디너확인과 그 준비 ② 네온, 간판의 조명 점등, 기타
PM 8:00		(저녁피크 점검) 점심 피크시 점검과 동일

종업(終業)점검	서비스	① 피크타임을 반성한다.(무엇을 했고, 무엇을 못 했는지 체크한다.) ② 금일의 권장요리는 물론이고 손님들의 요리에 대한 반응은 어떠했는지 검토한다. ③ 오늘 하루 서비스는 생각대로 되었는가? ④ 오늘 손님들의 경향은 어떠했는가? ⑤ 홀은 물론, 주방이 팀웍을 잘 발휘했는가?
	조리	① 남은 음식은 없는가?(그 원인 점검) ② 무엇이 많이 나갔는가? 권장요리는 어떠했는가? ③ 쓰다 남은 원재료를 냉동·냉장고로 옮긴다(내일은 이것을 먼저 사용). ④ 조리장에 있는 기기를 청소, 손질하고 소정의 장소에 정리한다. ⑤ 행주, 카스터 세정 ⑥ 남은 음식, 쓰레기 등을 소정의 장소로 반출한다. ⑦ 내일의 원재료 매입 예정의 점검 및 발주 ⑧ 가스, 수도꼭지를 잠근다.
	점포	① 외부(쓰레기, 남은 음식물 정돈), 객석홀, 주방, 후방설비를 분담하여 청소 ② 검토, 확인(특히 화장실, 쓰레기, 빈병 등) ③ 객석의 재떨이 및 방석 등을 체크하고 화기류가 없는지 잘 점검한다. ④ 간판 외등의 스위치를 끈다. ⑤ 냉난방기의 스위치를 끈다.
폐점 PM 9:30	종합	① 레지스터에서 현금을 꺼내 계산한다. ② 오늘 매상을 집계한다(매상고, 객수). ③ 오늘의 영업내용을 일보에 기록한다. ④ 내일 예금액 결정 ⑤ 오늘의 영업내용 검토(매상은, 조리는, 서비스는, 사원들의 사기는)
최종점검	화재 원인	① 주방의 점검(조리기기, 특히 레인지 주변, 쓰레기통 등 화재의 원인이 될 만한 것은 없는지) ② 객석 점검(쓰레기통, 재떨이, 각 좌석의 테이블보, 시트 등에 화재의 원인이 될 만한 것은 없는지) ③ 점포주변 점검(쓰레기통, 장식장 등) ④ 후방설비 점검(쓰레기통, 탈의실, 사무실) ⑤ 가스밸브를 잠근다.
퇴점 PM 9:45	문 잠그기	① 객석홀의 창문, 문을 점검하고 잠근다. ② 화장실 창문을 잠근다. ③ 주방의 자물쇠 점검. ④ 금고, 책상서랍 등을 점검하고 잠근다. 사무실 창을 잠근다. ⑤ 탈의실, 휴게실 창문을 잠근다. ⑥ 셔터를 잠그고 퇴점한다.

표 3-33 주간관리 스케줄

	홀	주방	종합	비고
월	-QSC에 대한 지난 주 반성과 이번 주 목표 설정 -식기 재고조사 보충이 필요할 때는 토요일까지 납품해 받는다. -메뉴의 부수 확인 -점포 내의 조명 청소	-QSC에 대한 지난 주 반성과 이번 주 목표 설정 -식기 재고조사 보충이 필요할 때는 토요일까지 납품해 받는다. -그리스트랩 청소 -식기선반 청소, 정돈	-비디오 교육(제2주 16:00~17:30) -데일리 체크표를 기초로 하여 수치반성과 대책	-바닥은 항상 닦는 습관을 기른다. -드라이 키친을 유지한다. -스테인레스, 로렌지 등은 매일 청소 -오물은 달라붙기 전에 청소
화	-2주 후의 작업스케줄을 점장에게 제출 -기기 점검, 매인테넌스 -제빙기의 필터 -환기팬 청소	-2주 후의 작업스케줄을 점장에게 제출 -기기 점검, 매인터넌스 -필터의 청소 -바닥청소	-작업스케줄 작성	-청결감 있는 드라이키친을 목표로 -바닥은 언제나 마포질하는 습관을 갖는다. -휴지가 하나라도 떨어지지 않았나 신경쓴다. -의자, 테이블, 창문유리, 기둥은 매일 청소 -비온 다음날은 특히 창문 등을 청소 -휴지 하나 떨어져 있지 않은 점포 외부, 깨끗한 유리는 아름다운 점포를 만든다.
수	-주간회의(점장, 플로어 책임자) -음료 카운터 선반의 청소, 정리정돈 -스토커 청소	-주간회의(요리장) -세정실 청소 -환기팬 청소	-다음 주 작업 스케줄을 제출한다.	
목	-공중전화요금 회수 -천정 필터의 청소 -의자 청소	-콜드테이블(냉장, 냉장고)의 청소 -냄비, 후라이팬 닦기	-탈의실의 정리정돈과 청소	
금	-창문유리 청소 손이 닿지 않는 곳을 철처히 청소한다.	-토, 일, 월(런치까지) 매입을 개시 -창고 정리정돈 -냉장, 냉동고 청소 -유리컵 세정	-개별면담 (제3주 16:00~17:30)	
토	-바닥 청소	-토, 일, 월(런치까지) 매입을 디너타임까지 끝냄(야채관계는 별도)	-일요일의 인원확인	
일	-판매를 철처히 -웨이팅룸 정리정돈(의자, 전단 등)	-판매를 철처히	-판매를 철처히	

표 3-34 1개월 관리매뉴얼

일	요일	행 사	관 리 일 반
1	일	(영업 제1주 시작일)	
2	월		전월분 외상일람표 및 외상손님에게 청구서 발송
3	화		음료세 징수표 정리
4	수		
5	목	칠월칠석	매입, 제경비 지불 일람표 작성
6	금	칠월칠석축제	음료세 납부
7	토	(제1주 최종일)	청소 점검일
8	일	(영업 제2주 시작일)	
9	월		
10	화	지불일	매입, 제경비 지불일
11	수		
12	목		전월 손익계산일(전원 영업실적 검토일)
13	금		청소 점검일
14	토	(제2주 최종일)	
15	일	(영업 제3주 시작일)	
16	월		
17	화		
18	수		
19	목		
20	금		사원 타임코드 마감일
21	토	(제3주 최종일)	
22	일	(영업 제4주 시작일)	
23	월		사원급여 지불 명세서 작성
24	화	여름휴가 시작	
25	수	급여일	사원 급여 지불일
26	목		
27	금		
28	토	(제4주 최종일)	청소 점검일
29	일	(당월 마지막주 시작일)	
30	월		
31	화	(당월 최종일)	매입, 제경비 거래처 청구서 제출일, 재고 조사일

이번 달의 목표 (1) 서비스
           (2) 조 리
           (3) 점 포

사 원	판 매 촉 진	공휴 예정자
조례(제1주 목표확인, 월간목표 발표 확인)	칠월칠석축제 데코레이션(1주일)	
외부 청소 중점 작업일	POP광고를 건다(8월 10일까지)	
객석, 홀 청소 중점 작업일		
주방 청소 중점 작업일	안부DM 초안작성(19일까지 완료)	
후방설비 청소 중점 작업일	칠월칠석 축제 세일	
집기·기기 정비일	토요 야시장 협찬세일	
	칠월칠석 축제 장식물 철거	
조례(제1주 반성과 제2주의 목표 확인)		
바깥주변 청소 중점 작업일		
객석, 홀 청소 중점 작업일		
주방청소 중점 작업일		
후방설비 청수 중점 작업일	다음 축제개최 예고 POP를 점내에 건다.	
연수회(전월의 실적 발표와 반성)기기, 집기 정비일		
	토요 야시장 협찬 세일	
조례(제2주 반성과 제3주 목표 확인)		
바깥주변 청소 중점 작업일		
객석, 홀 청소 중점 작업일		
조리장 청소 중점 작업일		
후방설비 청소 중점 작업일	○전단지 신문판매점에 반입	
집기, 기기 정비일		
	○맞이 "뱀장어" 세일 전단지 배포	
조례(제3주 반성과 제4주 목표 확인)	○날 "뱀장어" 세일	
바깥주변 청소 중점 작업일	감사 DM발송 개시	
객석, 홀 청소 중점 작업일		
후방설비 청소 중점 작업일		
연수회(당월 반성과 다음 달 목표설정(집기, 기기 정비일)		
	토요 야시장 협찬 세일	
조례(제4주 반성과 월말까지의 목표확인)		
바깥주변 청소 중점 작업일		
객석, 홀 청소 중점 작업일		

이번달 매상고 목표   원 (작년도 실적   원)

표 3-35 상품 체크리스트

월·일		점명		담당자	
상 품 명	(1)		(2)		(3)
담 기 (예쁜가)					
양 (표준대로인가)					
시즐·온도 (냉·온)					
맛 (맛있는가)					
조리법 (적절한가)					
기 타 (집 기)					
조리장의 지도성 (지 시)					
비고 SV 담당 인					

표 3-36 서비스 체크리스트

월·일		점명		담당자	
상 품 명		지 도 사 항		수 상 사 항	
복장·몸가짐					
정 형 (목소리·동작)					
호스피탈리티 (미 소) (배 려)					
지도성 (지 시)					
비 고　　　　　　　　　　　　　　　　　　　　　SV 담당　　　인					

표 3-37 크렌리니스·체크리스트

월·일		점 명		담당자				
구 역	중점항목	지 적 사 항				D	S	O
현관 바깥주변	판촉게시물 주차장·화단 샘플케이스 현관어프로치							
카운터 레지주변	판촉물 쿠션플로아·구석 디쉬업 주변 서비스 스테이션							
객석	바닥·카페트 천정·벽·전등 창·테이블 의자·카운터·화장실							
주방	바닥·벽·스텐레스 주방기기 정리·정돈 후드·선반·식재							
후방설비	탈의실·점장실 자재창고 청소용구							
(비 고)								

SV 담당   인

5. 점장매뉴얼 작성법

음식점의 점장 사명은 회사에서 사람(부하), 물건(상품, 점포), 돈(매상)을 맡아, 이들을 최대한 구사하여, 최대 효과의 이윤을 추구해야 한다. 이 과정에서 종업원들의 협력을 받지 못하거나, 동시에 손님들에게 충분한 만족을 주지 못하면, 당연히 그 점포의 번성은 오랫동안 지속되지 않는다. 그러므로, 점장의 직무는 어려운 것이다. 점장직의 사명을 다하기 위해서는 점장 매뉴얼이 필요하다.

점장매뉴얼은 ① 회사의 기본방침 ② 관리의 기본과 점포조직 ③ 점장의 매일의 영업흐름 ④ 부하관리 ⑤ 상품 원가관리 ⑥ 점포관리 ⑦ 금전계수관리 ⑧ 고객관리의 8가지 항목으로 이루어져 있다.

(1) 회사의 기본방침

이것은 회사의 경영이념이나 신조를 명기하여, 앞으로 회사가 어떠한 성장을 목표로 하고 있는가, 소위 회사의 정책부분을 점장이 정확하게 부하들에게 쉽게 설명할 수 있도록 해설한 항목이다.

(2) 관리의 기본과 점포조직

이것은 우선 점장직이란 무엇인가. 그 내용을 명확하게 하고, 계획, 실행, 체크의 매니지먼트 사이클을 해설함과 동시에 회사, 점포의 조직을 도해하여 책임과 의무의 소재에 대한 설명을 하는 항목이다.

(3) 점장의 매일의 영업 흐름

이것은 '운용매뉴얼 작성법'의 1일의 영업·운용매뉴얼, 1주간, 1개월, 1년의 매뉴얼을 자세하게 점장 자신이 실행해야 할 항목을 1년, 1개월, 1주간으로 나누어 기입하고, 점장이 실행해야 할 항목과 홀 매니저나 조리장에게 맡겨야 할 항목을 정리하고, 작업을 할당시켜 점장의 1일관리의 흐름을 만들어 가는 것이다.

(4) 부하의 관리

점포에 따라서는 아르바이트의 채용을 점장이 맡고 있는 경우가 있다. 또한 당연히 교육·훈련도 담당하게 된다. 이러한 항목을 우선 매뉴얼화하여 명확하게 해 둔다. 또한 1주간의 종업원의 워크스케줄 작성방법 등에 대해서 상세하게 정해 가는 것이다. 또한 서비스의 체크 방법도 명시해 둔다.

(5) 상품, 원가관리

점장이 언제 어떠한 형태로 상품을 체크하고, 어느 시점에서 원가를 체크하는가를 명시한다. 또한 조리장에게 어떤 책임과 역할을 분담시키는가도 상세하게 정해 놓는 것도 중요하다.

(6) 점포 관리

'청소매뉴얼 작성법'에서도 서술했듯이, 표 3-37에 기준하여 체크를 실시하고, 홀장, 조리장에게 역할을 분담시켜, 매뉴얼대로 크렌리니스 작업을 추구해 가도록 명시한 것이다. 또한 수도광열비 등의 점포 런닝코스트 관리도 이 항목에 넣는다

(7) 금전계수 관리

현금관리에 대한 기준을 정한다. 금전등록기의 잔돈, 그날의 매상금 보관, 저금방법, 지불 한도액, 그 방법, 현금 과부족에 대한 대응, 또한 기장방법, 통계업무, 점장 사이드에서의 손익계산서 만드는 법까지 명확하게 한다.

(8) 고객관리

앙케이트 받는 법, 고객의 고정객화 방법, 지역사회와의 교제방법 등에 대해 명시한다. 또한 긴급사태의 대응(화재, 식중독, 점내 폭력, 취객 대응, 교통사고, 화상 등) 방법에 대해서도 정확하게 명시해 두는 것이 중요하다고 할 수 있다.

이상과 같이 '점장으로서의 직무를 다하기' 위해서는 실로 많은 사항을 정해 놓고, 점장 자신이 판단하기 쉽고 동시에 곧 행동에 옮길 수 있도록 배려한 매뉴얼이 필요하다.

6. 음식점에서 필요한 매뉴얼 일람

여기서 다시 한번 매뉴얼을 정리해 보자.

(1) 상품매뉴얼
① 식재매뉴얼
② 조리기본작업매뉴얼
③ 준비작업매뉴얼

(2) 접객매뉴얼
   ① 복장·몸가짐 매뉴얼
   ② 접객 기초매뉴얼
   ③ 접객 스텝매뉴얼
   ④ 접객 응용매뉴얼

(3) 청소매뉴얼
   ① 크렌리니스 기본매뉴얼
   ② 점포청소 체크시트
   ③ 청소작업매뉴얼
   ④ 설비·정비(유지보수)매뉴얼

(4) 운용매뉴얼
   ① 데일리 오퍼레이션(daily operation) 매뉴얼
   ② 위클리 오퍼레이션(weekly operation) 매뉴얼
   ③ 먼스리 오퍼레이션(monthly operation) 매뉴얼
   ④ 애뉴얼 오퍼레이션(annual operation) 매뉴얼

(5) 점장매뉴얼
   ① 회사기본방침 매뉴얼
   ② 관리의 기본과 점포의 조직매뉴얼
   ③ 점장의 데일리매뉴얼
   ④ 부하 관리매뉴얼
   ⑤ 상품·원가관리 매뉴얼
   ⑥ 점포관리 매뉴얼
   ⑦ 금전계수 관리매뉴얼
   ⑧ 고객관리 매뉴얼

(6) 교육·훈련매뉴얼
   ① 채용매뉴얼

② 초기교육용매뉴얼
③ 교육커리큘럼
④ 평가시스템
⑤ 카운셀링과 모티베이션 시스템

음식점의 매뉴얼을 계통을 세워 정리해 보면 위와 같이 되지만, 이 외에 급여시스템과 취업규칙 등등 실로 많은 매뉴얼 시스템이 존재한다.

매뉴얼 작성법의 마지막으로 작성 요령으로서 ① 단순명료하여 누구나 읽고 쉽고 알 수 있을 것 ② 같은 서식, 스타일로 일관할 것 ③ 가능한 한 가지고 다니기 쉽게 할 것 ④ TPO에 맞춰 곧 도움이 되도록 고안을 할 것 ⑤ 가능한 한 사진, 일러스트를 많이 이용하여 쉽게 친숙해지도록 할 것을 들 수 있다.

이 다섯 가지 항목에 늘 신경을 쓰면서 작성하는 것이 바람직하다.

제4장

음식점의 인사와 교육

외식산업을 흔히 피플비지니스라고 한다. 아무리 음식점의 입지가 좋더라도, 거기서 일하는 종업원의 수준이 낮으면 아무것도 되지 않는다. 앞 장의 '개론 - 음식점 번성의 포인트'에서 서술한 대로 음식점을 번성시키기 위해서는 상품력, 서비스력, 그리고 점포력, 이 3가지 조건을 충족시켜야 한다. 이 3가지 조건, 맛있는 요리를 만들어, 밝은 미소로 서비스를 하고, 점포를 항상 청결하게 유지할 때 비로소 고객에게 '이 점포는 좋은 곳이다'라고 지지받게 된다. 이 조리, 접객, 메인터넌스 3가지 행위는 그 점포에서 일하는 종업원이 담당해서 해주지 않으면 안 되는 것임을 곧 알 수 있을 것이다.

즉, 공장에서는 물건을 제조하는 행위가 대부분이고, 판매업에서는 물건을 파는 행위가 일의 대부분을 차지하고 있다. 그러나 음식업은 원료를 매입 가공(조리)하고, 거기다 서비스를 곁들여야 겨우 영업적인 행위가 성립된다. 또한 손님에게 기분 좋은 식사를 제공하기 위해 점 내를 청결하게 유지하고, 느낌이 좋게 장식해야 하는 등, 실로 여러 과정에 걸쳐 사람의 손이 필요하다.

근대적인 공장은 자동으로 로봇이 물건을 제조해 주지만, 음식업은 점내에서 일하는 종업원의 손으로 모든 것이 이루어진다. 따라서 점포에서 일하는 종업원들이 일할 의욕이 없다거나 기술이 뒤떨어지면, 곧 점포의 레벨이 큰 폭으로 떨어지게 된다. 이런 의미에서 음식업을 피플비지니스라고 하며 점 내에서 일하는 한 사람 한 사람의 질이 문제가 되는 것이다. 때문에 음식업에서는 좋은 인재를 확보하기 위해 동분서주하는 것이다. 어떻게 하면 좋은 인재를 확보해서 자점에 어울리는 종업원으로 육성해가는가가 번성점 만들기의 큰 포인트가 되기 때문이다. 따라서 본 장에서는 음식점의 인사와 교육은 어떻게 하는가를 상세하게 서술하기로 하겠다.

1. 종업원 채용 방법

일반적으로 음식업계에서는 종업원을 채용함에 있어 너무나도 타협적인 방법을 취하고 있다. 경기가 좋아지면 음식업계에 취직하려고 하는 노동자가 적기 때문에 항상 일손이 부족하기 마련이다. '조금은 마음에 안 들지만, 일단 채용해 보자'라는 식으로 채용하는 경영자도 있기는 하지만, 이러한 타협이 점포의 영업레벨을 크게 떨어뜨리는 요인이라는 것을 일찍이 경영자들은 깨닫지 못했다. 특히 간단한 면접만 보고 나서 '언제부터 일해 주시겠습니까'라는 식의 채용으로는 절대로 좋은 인재를 모을 수 없다.

우선 정확한 채용방법, 정해진 인사고용 방법이 있어야 한다. 그러므로 이상적인 ① 정사원 ② 아르바이트 채용방법을 여기서 소개하기로 하겠다.

1) 정사원 채용방법

졸업자 채용이나 중도에 채용하는 사람을 막론하고 최소 세 번의 면접기회를 가져야 한다. 첫번째는 자사의 고용조건을 명시하고, 응모자의 질문에 명확하게 답할 수 있음과 동시에 중소기업이라면 사장이나, 그 다음 순위의 임원이 자사의 장래 꿈과 외식산업의 전망을 이야기하고 또한 응모자가 어떠한 희망을 가지고 응모했는가를 묻는다.

이와같은 면접에는 1~2시간 정도의 시간을 할애해야 하며, 이 시간 내에 응모자의 대응자세를 빠짐없이 관찰한다. 대체로, 첫번째에서 반 정도는 낙오된다.

두번째는 자사가 경영하는 점포를 함께 둘러보며 식사를 하면서 회사의 경영이념과 영업방침에 대해 이야기하고, 응모자의 장래희망이나 인생관을 듣는다. 여기에 약 2시간 정도 걸린다. 여기서 또한 반 정도는 탈락된다. 그리고 세번째에 기꺼이 면접에 응해 온 응모자는 자신을 갖고 채용해도 된다. 그는 틀림없이 눈빛이 빛날 것이며 자신의 인생을 회사에 걸겠다는 결의가 있음이 틀림없다.

따라서 실제 채용자는 응모자의 20~30%정도의 비율이 되게 된다. 면접에 많은 수고를 아끼지 않는 것과 그리고 경영자 스스로가 면접에 임할 때 비로소 자사가 요구하는 좋은 인재를 확보할 수 있다. 식재를 매입하거나 점포를 건축할 때, 가격에 관계된 코스트다운에는 많은 신경을 쓰는 경영자가 사람을 고용할 때는 그 사람의 질에 그다지 신경쓰지 않고 채용하는 일이 많다.

'사람'이야말로 음식점에서 가장 많은 돈을 들여야 하는 대상이다. 그 증거로 한 사람의 정사원을 10년간 고용해서 지급하는 급여, 보너스, 복리후생비를 계산해 보면, 곧 그 의미를 이해할 수 있을 것이다.

대기업이 아닌 한, 결코 부하에게 면접을 맡겨서는 안 된다. 몇 번이나 말했지만 회사의 경영자나 그에 버금가는 임원이 면접을 해야 한다.

이렇게 신중하게 채용에 임하지 않았기 때문에 음식업계에서는 이직율이 높으며, 또한 그 보충에 상당한 고충을 겪었기 때문에 결국 타협을 하게 되어 그렇고 그런 사람들밖에 채용할 수 없는 악순환을 반복하게 되는 것이다. 그러므로 정착율이 나쁜 것에 대해서 말하자면 이직하는 사람만의 문제가 아니라, 이직하게 하는 기업에게도 큰 원인이 있다고 할 수 있다.

채용에 대한 명확한 기준도 없을 뿐 아니라 취업규칙조차 없는 기업도 많다. 게다가 사회보험, 퇴직금도 없으므로 채용된 종업원들이 서둘러 가망없다고 판단하고 가버리는 것이 당연할지도 모른다. 특히 정사원 채용에 있어서는 몇 년정도 일하면 어느 정도의 기술을 습득할 수 있고, 어느 정도의 수입을 가질 수 있는가를 명확하게 해두지 않으면 안 된다. 때문에 교육커리큘럼의 확립과 급여시스템이 규정화되어 있고 또한 평가시스템을 갖추어 일할 의욕을 가지고 안심하고 일할수 있는 자세를 갖게 해주는 것이 중요하다.(이러한 항목을 순서대로 서술하기로 하겠다.)

(2) 아르바이트의 채용방법

오늘날 외식업 경영을 정사원만으로 해내는 기업은 극히 드물며, 아르바이트의 힘에 의존하는 경우가 일반적이라 할 수 있다. 패밀리레스토랑 레벨의 음식점에서는 정사원이 1할, 아르바이트가 9할을 점하는 예가 대부분이다. 따라서 음식점의 현장레벨은 이 아르바이트의 질에 의해 크게 좌우된다고 해도 과언이 아니다. 그렇다면 양질의 아르바이트 사원은 어떻게 면접하고 채용하는가를 서술해 보겠다.

여기서도 정사원과 마찬가지로 면접방법이 중요한 포인트가 된다. 우선 응모자가 어떤 마음으로 응모했는지 급여는 어떤 곳에 사용하는지를 명확하게 파악한다. 주부 아르바이트의 경우에는 '가사에 도움이 되기 위해서' '아이들의 교육비를 벌기 위해서'와 같은 진지한 목표가 있으면 좋겠지만, '시간이 나니까 시간을 때우기 위해서' 점포에 취직한다고 한다면 이것은 좀 곤란하다. 이런 경우에는 함께 일하는 동료와 원만하게 협조되지 않기 때문이다.

아르바이트도 마찬가지로 '여행갈 여비를 벌기 위해서'라든지 '오토바이를 사기 위해서' '학비를 벌고 싶어서'라는 정확한 목표가 있는지 없는지를 정확하게 알아두는 것이 중요하다.

다음으로 자사에서 쓰는 아르바이트 응모면접표를 준비해 두고, 질문사항과 확인 사항을 명시해 둔다. 질문사항에 대해서는,
　① 통근시에 무엇을 이용하는가?(버스, 지하철, 오토바이, 자전거, 도보, 승용차) 통근 소요시간은?
　② 일하는데 가족의 동의는 받았는가?
　③ 아이가 있는 경우, 유치원, 학교의 행사 등은 미리 알고 있는가?
　④ 어떤 경우에 회사에 나오지 못할 수 있는가?
　⑤ 회사 사정으로 부득이한 경우에는 사전에 알려주면 출근이 가능한가?
고등학생, 대학생인 경우에는 또한,
　⑥ 학교에서 허가를 받았는가?
　⑦ 부모님에게 허락을 받았는가?
　⑧ 시험은 몇 일부터 몇 일까지인가?
이러한 항목을 기재한 면접표를 미리 준비해 두고 언제 어떠한 경우라도 같은 질문을 하는 것이 중요하며, 시간이 없든가 바쁘다는 이유로 생략하면 안 된다. 여기서 아르바이트의 면접표와 아르바이트 데이타표(채용시)를 참고로 제시해 둔다. 이것을 참고로 자사용 면접표를 작성하기 바란다.

이것을 충분히 파악했으면, 다음으로 응모자에게 당사의 조건을 제시해야 한다. 모처럼 채용했는데 곧 그만두어 버리는 것은 채용 전에 그 회사의 제반 조건을 충분히 설명하지 않아 상대측이 제대로 이해하지 못했기 때문에 '이런 것이 아니었는데…'라고 그만두어버리는 경우가 대부분이다. 그러므로 최소한 명시해 두어야 할 사항은,
　① 시간급에 대한 지급방법
　② 직종(일의 내용)에 대해서
　③ 노동시간에 대해서
　④ 휴식시간에 대해서
　⑤ 식사시간과 식대부담에 대해서
　⑥ 교통비 지급에 관해서
　⑦ 휴일에 대해서
　⑧ 세탁물 규정에 대해서이다.

제4장 음식점의 인사와 교육 131

표 4-1 면접표

면 접 표

점포명 :				면접자 :			
일반	주부·기타	학생		대학·전문대·고교　　年			
이름		성별	남·여	생년월일	年　月　日生　　歳		
희망직종	①	②		통근시간	분·왕복교통비　　원		
기간		년　월　일　~　년　월　일 (약 개월간)					
근무가능	일	월　화　수　목　금　토　일　축제일					
	시간	AM (희망)	~ AM	AM (가능시간)	~ AM		
		PM	~ PM	PM	~ PM		

질 문 사 항	답 변
경험은 있는가?	무·유 (내용　　　　)
응모경로	아르바이트뉴스　신문　기타
가족의 동의는?	
아이는 몇 인가, 그 때문에 제약받는 것은?	
현재의 건강상태는?	

면 접 평 가 (良, 否 한쪽에 ○해 주십시오)					
1	자세·복장·태도·화장	良 否	5	인간관계를 잘 이루고 있는가	良 否
2	느낌·앉은 자세·말하는 법	良 否	6	밝은 표정을 짓고 있는가	良 否
3	미소(움직임은 빠른가)	良 否	7	건강상태	良 否
4	이해력(질문에 곧 대답 가능한가	良 否	8	통근은 편리한가	良 否

(2개 이상 否가 있는 경우에는 불합격으로 하기 바란다.)

사장	점장

표 4-2 아르바이트 데이타표

성명		생년월일	년 월 일

주소	

전화	

학생(학교명　　　　) 주부・기타 (　　　　)

사　진

시간당 금액

등 급	A	B	C	D	E	F
금 액	2,000	1,800	1,500	1,300	1,000	800

근무가능시간

	7	8	9	10	11	12	13	14	15	16	17	18	19	20	21	22	23	24	1	2
日																				
月																				
火																				
水																				
木																				
金																				
土																				

(비 고)

표 4-3 고용계약서

성 명		생년월일	년 월 일
현주소			TEL.
다음과 같은 조건으로 계약합니다.			
취업장소	점		
일의 내용	係		
취업시간	교대제근무 ① 오 ② 오	전 시 분부터 오 시 분까지 (휴식 분) 후 후 (휴식 분) 전 전 (휴식 분) 시 분부터 오 시 분까지 후 후 (휴식 분)		
휴 일	週休교대제도		
임 금	기본임금 시간급 일급 월급 제수당 　　　　(수당 원) (수당 원) 　　　　(수당 월) 임금체결일(매월 일)　　　임금지불일(매월 일)		
승 급	년 1회 정기승급 제도 　　　(정사원)	파트·아르바이트에 대해서는 고과승급제도로 한다.	
그외 제도	·교통비 지급　　　　　　　　　　원까지 ·유니폼　　　　　　　　　　　　벌 지급 ·크리닝 회수　　　　　　　　　월　회 ·식사보조(1食堂) ·세미나 참가(1년 이상 근무)　　원 지급 ·社內 여행　　　　　　　　　　　회		
기 타			

　　　　　　　　년   월   일
　　　　　　　　　　피고용자　　　　　　　　　　인
　　　　　　　　　　주식회사　　　　　　　　　　인

이러한 것이 명확히 확정되어 있을 때 비로소 응모자는 안심하고 일할 수 있다. 양자가 이러한 사항을 확인하고 채용하게 되면 계약서를 만들고 서로 보관을 하므로써 나중에 발생될 수 있는 문제를 예방하고, 양호한 고용관계를 유지할 수 있다.

정사원, 아르바이트를 비롯하여 어떠한 직종이든지 항상 주위의 잘 아는 사람, 거래처, 친척, 또한 종업원들을 통해서 일할 의욕이 있는 좋은 인재를 항상 구하려 하지 않으면 좋은 인재를 확보할 수 없다. 사람이 그만두고 나서 당황하여 서둘러 보충해서는 좋은 인재를 채용할 수 없다. 항상 자사가 원하는 인재를 명시해 두고 채용조건을 기입한 전단지 등을 만들어 많은 관련된 곳에 나눠주고 지속적으로 스카웃을 제안할 때 비로소 자사가 원하는 양질의 인재를 구할 수가 있다.

2. 음식점의 초기교육

모처럼 고심해서 '이 사람은 정말 좋은 인재다!'라고 생각하여 채용하더라도 아무 것도 가르쳐주지 않고 현장에 나가게 한다면 자사가 요구하는 수준의 인재로는 결코 자랄 수 없다. 그러나 대부분의 음식점에서는 아무런 교육도 시키지 않고 채용과 동시에 현장에 투입하는 경우가 참으로 많다.

이래서는 경쟁에서 이길 수 없을 뿐 아니라 지역 제일의 번성점은 결코 바랄 수도 없다.

"철은 뜨거울 때 두드려라"라는 말이 있듯이 초기교육이 바로 이 말에 딱 알맞는 것으로, 적어도 일하려는 의지를 가지고 취직을 한 사람은 누구나 의욕에 가득차 첫 출근을 할 것이다. 이때가 바로 기회이다. 곧바로 현장에 투입하지 말고, 정확하게 경영자가 초기교육을 시켜야 한다.

초기교육에 필요한 항목으로는,
① 업계 상황의 이해
② 외식산업인이란?
③ 우리회사의 경영이념과 경영방침
④ 우리회사의 조직
⑤ 하우스룰
⑥ QSC란 무엇인가?

이 모든 것을 제한된 시간 내에 가르친다는 것은 정말 어려운 일이다. 처음에는 3시간 정도 들여 모든 것을 설명한다. 그리고 다음 1주일간에 걸쳐 1항목씩을 매일 아이들타임에 교육담당자(경영자 SV 또는 점장)가 2시간에 걸쳐 자세하게 가르쳐간다. 왜냐하면 3번 정도에 걸쳐서 외식산업은 피플비지니스, 그래서 일하는 사람의 의식, 일하고자 하는 의욕이 중요하다고 서술해 왔던 것처럼 외식산업인으로써의 기본자세를 갖추는 것이 대전제가 되어야 하므로 이 초기교육이 중요한 것이다. 그 각 항목의 내용을 순서대로 설명하겠다.

1) 業界 현상의 이해

우선 자신들이 일할 업계가 현재 어떠한 상태에 놓여 있으며 어느 방향으로 움직이고 있는가를 알기 쉽게 설명한다. 이러한 내용은 이 책의 앞 장 '오늘날의 외식산업을 어떻게 이해할 것인가?'에서 상세하게 서술해 놓았으므로, 이것을 이해하고 나서 외식산업의 훌륭함을 정열을 가지고 이야기 해 준다.

2) 외식산업인이란

지금까지 물장사라 일컬어져 온 음식업과 자사가 목표로 하는 외식산업이 어떻게 다른가를 명확하게 알려준다. 그때문에 설명을 하는 당사자가 그 차이를 충분히 이해하고 있어야 하며 자사의 경영자와 사원이 의식을 개혁하지 않으면 이 항목은 유명무실해진다.

3) 우리 회사의 경영이념과 영업방침

제2장의 '외식업의 정책이란'의 항에서 자세하게 서술해 놓았지만 경영자의 인생관을 바탕으로 한 회사 경영신념·이념을 명확하게 하여 자사를 어떤 회사로 할 것인가라는 회사의 경영이념·경영신조를 만드는 것이 중요하다. 또한, 자사의 장기비전과 장기 경영계획을 확실하게 세워 처음부터 일할 의욕을 갖고 있는 사원에게 사장이 계속해서 격려와 더불어 이러한 경영이념과 장기 경영계획, 방침을 알기 쉽게 설명한다(아르바이트에게는 회사의 경영이념만을 설명해도 충분할 것이다).

4) 우리 회사의 조직도

점포가 하나뿐인 경우에도 반드시 사장, 점장, 조리장이라는 조직이 있어야 하듯, 3사람 이상이 일하는 장소에는 반드시 조직이 존재하게 된다. 점포는 4~5개로 점점 더 늘어가는데 명확한 조직도가 없다면 그 회사는 활발하게 활동할 수 없게 된다.

따라서 누가 최고 책임자이고, 누가 자신의 직속상관인가를 조직도에서 명시하는 것이 중요하다. 그러나 자신이 일하고 있는 회사 사장의 성함을 전혀 모른다든가, 심한 경우에는 점장의 이름도 모르는 경우가 많다. 적어도 10점포 이상까지는 점포의 소재, 사장, 수퍼바이저, 점장의 이름 정도는 말할 수 있도록 해야 한다.

5) 하우스룰

조직에는 꼭 해야 할 일, 즉 동료들과 일을 원만히 하기 위한 규정이라는 것이 있다. 이 규정을 명문화한 것이 하우스룰이다. 여기에는 ① 직장의 팀웍(동료와 함께 일한다는 의미) ② 반드시 지켜야 되는 룰(복장, 몸가짐, 출퇴근, 근무시의 룰) ③ 전화대응과 개인전화 ④ 회사물건과 개인물건 ⑤ 하지 말아야 할 것(직장, 사생활 매너) ⑥ 안전위생(일상적인 마음가짐과 긴급시의 대응) 등이 있으며 이러한 항목 앞에 경영이념, 외식산업에 대한 개괄적인 항목을 첨가하면 완전한 하우스룰이 된다.

6) QSC란 무엇인가?

이 항목은 제2장 '음식점 번성의 포인트'에서 상품력(Q), 서비스력(S), 점포력(C)에 대해서 알기 쉽게 해설해 놓았고, 또한 제3장 '음식점 영업의 실제'에서 QSC의 각 매뉴얼, 그리고 이것을 실현하기 위한 '통용 매뉴얼 작성법'에 자세하게 나와 있으므로 초기교육에 대한 제2장 수준의 QSC설명으로 충분할 것이다. 이렇게 초기교육을 계획적으로 논리적으로 철저하게 함으로써 이상적인 인재를 키울 수가 있다.

3. 트레이닝의 실제

앞 절에서 채용시의 기초교육이 얼마나 중요한가를 충분히 이해할 수 있었을 것이다. 지금부터는 실제로 어떻게 기초교육(트레이닝)을 진행시키는가를 서술하겠다.

우선 이야기에 들어가기 전에 여기서 교육과 훈련의 기본적 견해를 설명하겠다. 일반 음식점에서는 신규채용시에 단정한 복장과 바른 몸가짐, 서비스의 정형(어서 오십시오, 감사합니다 등의 동작과 말)을 가르치고는 이것으로 모든 교육을 끝냈다고 안심해 버린다. 그러나 이것은 훈련을 한 것이지 교육을 한 것은 아니다.

다시말해 교육이란, 채용된 본인이 '무엇 때문에 이 회사에서 일하는가' 더 큰 의미로는 '무엇을 위해 생활하며 매일 매일을 보내는가'라는 커다란 의미에서 자사의 존재, 지역사회와의 관계, 또한 좁은 의미에서는 직장에서의 역할, 또한 동료들과의 관계 등등, 여기서 일하는 것이 가장 자연스럽게 받아들여져 본인도 기쁘게 일할 수 있는 상황을 만들어내기 위하여 인성적인 사항에서부터 개개인의 직장에서의 능력, 기술에 관한 사항까지를 가르치는 것이 음식기업에 있어서의 '교육'이라 한다.

따라서 교육의 일부분인 개개인의 직장에서의 능력, 기술연수(홀의 접객술이나 주방의 조리기술연수를 여기서는 '훈련'이라 칭한다.)를 교육(에듀케이션)과 훈련(트레이닝)을 혼동해서는 안 된다. 이러한 개념을 충분히 이해했으면 훈련에 대한 이야기를 진행시키고자 한다.

'종업원 채용법'절에서 세 번에 걸쳐서 음식기업은 너무나도 기초교육, 트레이닝을 소홀히 하고 있다고 했다. 하지만, 일반적인 제조업 혹은 판매기업에서 사원을 채용하여 현장으로 내보낼 때까지의 교육시간에 비하면 음식기업이 훈련에 들이는 시간이 너무 짧다는데 더욱 놀라게 된다.

가르칠 사람이 없다든가, 교육할 장소가 없다, 게다가 시간도 없다라는 등과 같은 마이너스 지향이 음식기업에서는 상당히 강하다. 그렇지만 몇 번이나 말했듯이 음식업에서는 사람의 질이 번성요소의 핵심이기 때문에 착실히 가르치는 것이 중요하다. 요는 기업측의 하고자 하는 마음이 문제이다. 그러나 하고자 하는 마음이 있어도 무엇을 어떻게 가르쳐야 하는지를 모르겠다는 이야기를 자주 듣는다. 그래서 트레이닝 포인트를 정리해 놓기로 하겠다.

1) 트레이닝 포인트

미리 회사측에서 정해 놓아야 할 항목은 다음의 6가지다. 이것이 명확하게 해 놓지 않으면 초기교육(훈련)은 처음부터 혼란에 빠지게 된다.

① 가르칠 내용을 정확하게 정해 놓는다.
② 가르칠 것을 단계마다 명확하게 해 놓는다.
③ 습득시간을 미리 설정해 놓는다.
④ 누가 지도하는가? 담당자를 정해 놓는다.
⑤ 누가 각 단계를 확인하고 체크하는지 그 담당자를 정해 놓는다.
⑥ 만일 완료되지 않은 경우 그 뒤에 어떻게 대처할 것인가?

최소한 이러한 항목은 정해 놓아야 한다. 지금까지 많은 초기교육의 실패 예를 보면, 이러한 항목을 확실하게 해놓지 않아서 혼란이 일어났고, 그 실패의 원인을 추정해 보면 다음과 같은 사항 때문임을 알 수 있다.

① 한번에 너무 많은 것을 가르쳤다.
② 가르치는 방법이 서툴렀다.
③ 가르치는 내용이 불명확하고 폭이 너무 넓다.
④ 체크나 재교육을 게을리했다.
⑤ 습득기간이 확실하지 않고 지루했다.

등등으로 모처럼의 시간이 헛되게 되며 연수에 참가한 신입사원들도 일하고자 하는 마음이 없어져 버리는, 고생하고도 손해를 보는 꼴이 되어버린다. 그러므로 사전에 정확한 초기교육 계획을 세우고 그에 따라 실행해 가는 것이 중요하다.

이 계획의 포인트는 5W 1H를 응용한 것이 이상적이라 할 수 있다.

언제	입사시에
어디서	점포, 사무실에서
무엇을	교육단계표에 따라서
누구를	신입사원을, 또는 아르바이트를
왜	일하고자 하는 의욕을 지닌 종업원을 만들기 위해
어느 정도	1일, 2시간씩 10일 동안

표 4-4의 신입사원 교육용 커리큘럼은 OGM 회원사인 '토마토&오니온社'의 트레이닝 체크시트이다. 이것은 대단히 합리적으로 지금까지의 신입사원 교육방법을 시스템화한 것이므로, 이것을 교재로 이야기를 진행시켜가기로 하겠다.

이 시트는 아르바이트를 채용했을 때 한 사람 한 사람에게 나누어주고, 각 스텝에 따라서 당사자가 체크해 가는 시스템으로 되어 있다. 자신이 습득해야 할 항목이 정확하게 나타나 있으므로 이것을 매일 소화해 간다.

첫째날에는 off·JT 다시말해, 현장(점포)에서 나와 사무실에서 공부한다. 채용시에 반드시 해놓아야 하는 항목이 바로 '주요 교육내용'난에 명기되어 있으므로 이것에 주의해주었으면 한다. 게다가 매뉴얼로써 '사원의 마음가짐'이 준비되어 그것에 따라서 트레이너가 가르치고, 습득한 후에는 각자가 자문자답을 '당신의 목표'의 난에 있는 항목에 따라서 진행해 간다. 만일 스스로 자신이 있다고 생각되면 OK 난에 'V'표시로 체크하며, 그것을 정말로 이루었는지 어떤지를 트레이너와 점장 두 사람이 다시 한번 체크하고 나서 다음 스텝으로 넘어간다.

또한 '나누어준 자료와 대출품'의 리스트 업까지 신경을 쓰고 있다는 점에 주목해 주었으면 한다.

2일째부터는 드디어 OJT이다. 즉, 점포·현장에서의 트레이닝이다. 청소방법, 복장, 몸가짐 그리고 정형서비스를 스텝단계에 따라 대략적으로 가르치고 있음을 알 수 있을 것이다.

3일째부터는 청소와 서비스 단계를 하기 쉬운 단계부터 가르치고 날이 거듭됨에 따라서 어려운 단계로 진행하는 것에 주목해야 한다.

이런 식으로 일주일 동안 철저하게 훈련을 반복한다. 이 트레이닝 체크시트를 보면, 매뉴얼란에 마음가짐이라든가 DCI, BMC라는 약어가 나온다. 이것은 제3장 '음식점 영업의 실제'에 나오는 조리, 서비스, 크렌리니스, 오퍼레이션의 각 매뉴얼에 있는 약어로, 이러한 점에서도 각 매뉴얼의 확립이 얼마나 중요한가를 이해할 수 있을 것이다.

또한 8일째부터는 개인의 능력차에 따라서 하루만에 클리어할 수 있는 종업원과 그렇지 못한 사람이 있기 때문에 8일째~ 9일째~ 라고 ~표를 붙여 놓는다. '토마토&오니온社'의 이 기본 훈련표를 참고로 자사의 훈련계획을 정확하게 세우고 그 계획에 따라서 철저하게 기본교육·초기교육을 시켜야 한다.

표 4-4 ○○○○○베이직메이트코스(B.M.C) 트레이닝 체크시트

지금부터 당신도 토마토&오니온의 멤버입니다.

어떤 인연으로 우리 점포에서 함께 일하게 된 당신을 진심으로 환영합니다.

하루라도 빨리 T&O의 일원으로써 손님들에게 만족을 드릴 수 있는 서비스를 할 수 있도록 T&O의 전스텝들은 응원합니다.

그리고 이 체크시트는 오늘부터 각 단계마다의 목표를 세우고 체크를 할 수 있고, 트레이닝을 완료했을 때는 홀에서 완벽하게 오퍼레이션(작업)을 마스터하여, 당신의 개성을 살린 서비스를 할 수 있는 T&O 일원으로 성장할 수 있도록 만들어져 있습니다.

이것은 각 단계마다 트레이너와 함께 목표와 체크항목을 확인하고, 생생한 가이드라인으로써 사용해 주십시오.

건투를 빕니다.   성명 [   ]

B. M. C   START   년 월 일 → END   년 월 일
          check   Check

월/일	시간	스텝	주요 교육내용	메뉴얼	당신의 목표(체크포인트)	OK	트레이너
제1일째	1.5H	OFF. J.T1	1. T&O에 대해서 2. 일에 대한 마음가짐 3. QSC에 관하여 4. 점포, 취업규칙 5. 타임카드와 스케줄 6. 스텝 급여방식 7. 멤버 소개 8. 점포 견학		1. T&O는 어떤 점포인가? 2. 매일의 우리들의 목표는? 3. QSC란 무엇인가? 4. 손님을 기쁘게 하는 조건은? 5. 인사와, 입점, 출점의 룰은? 6. 스케줄표를 짜는 방법은? 7. 워크시프트의 중요성 8. 스텝급여방식이란 무엇인가? 9. 멤버의 이름은 기억하고 있는가? 10. 점포의 레이아웃은 기억하고 있는가? 11. 점포 분위기에는 익숙해졌는가?	1 2 3 4 5 6 7 8 9 10 11	店長 印

(넘겨준 자료와 대출품)   반환 Check   반환 Check
· B.M.C. 메뉴얼 NO.   ○ · 회계전표 NO. ~ NO.   ○ · 명찰 NO.
· 메뉴판   ①-NO   ○ · 제복 NO.   · 락커 NO.

월/일	시간	스텝	주요 교육내용	메뉴얼	당신의 목표	OK	트레이너
제2일째	1.0H	O.J.T1	1. 데일리 크린 1 ・주차장・점포주변 ・현관주의(쓸기, 물뿌리기, 닦기)	・D.CI	1. 데일리크린이란 무엇인가? ・데일리크린 I의 이해 1. 언제 2. 누가 Ⓦ 3. 무엇을 4. 어디서 5. 왜 Ⓗ 어떻게	1 1 2 3 4 5 6	印

	1.0H		2. 복장, 단정한 몸가짐
			3. RPI
			  1. 웨이팅
			  2. 마중
			  3. 손님의 확인
			  4. 안내
			  5. 메뉴판 건네기
			  12. 서비스체크
			  6. 냉수, 물수건
			  15. 치우기세트
			  14. 전송
				BMC
				P
				P ∫
				BMC
				P
				∫
				P
					2. 복장・단정한 몸가짐의 중요함
					머리, 수염, 화장, 손톱, 향수, 시계, 구두, 귀걸이, 유니폼, 명찰, 양말
					3. 웨이팅부터의 흐름을 이해했는가?
					4. 치우는 방법의 이해는?
					5. 테이블 번호의 암기는?
					6. 테이블 세팅에 관한 이해는?
					7. 생기있고 발랄하게 인사하는가?
					① '어서오십시오'
					② '고맙습니다'
						2
						
						3
						4
						5
						6
						7
						1
						2
							印

제3일째	0.5H	O.J.T2	1. 데일리 크린 2.3. ・화장실 ・테이블&세트 ・시트	D.C.2	1. 데일리크린 2의 이해 (5W 1H) 1. 언제 2. 누가 Ⓦ 3. 무엇을 4. 어디서 Ⓗ 5. 왜 어떻게	1 1 2 3 4 5 6	印
	0.5H		2. 사이드워크 1 (카스터 보충작업)	SW1	2. 카스터세트의 보충방법은?	2	印
	1.0H		3.R.P.I.의 반복 Check OK NO 맨투맨 실전	B.M.C P ∫ P	1. 웨이팅 1. 바른자세인가? 2. 복장은? 3. 눈의 위치는? 4. 주의력 포인트는? 5. 모범이 되고 있는가? 6. 움직임은? 2. 마중 1. 머리의 각도 15°는? 2. 미소는? 3. 손은? 4. 말은(명확하고 크게) 3. 객수확인 1. 말, 표정, 동작 2. 테이블 확인 3. 웨이팅 작업 4. 안내 1. 말, 표정, 동작 2. 걷는 법, 거리 3. 테이블 가르침 5. 메뉴판주기 1. 메뉴판의 수는? 2. 권장판매는?	1 2 3 4 5 6 1 2 3 4 1 2 3 1 2 3 1 2	印

	월/일	시간	스텝	주요 교육내용	메뉴얼	당신의 목표	OK	트레이너
제4일째		1.0H	O.J.T.3	1. 데일리 크린 1. 2. 3 · 주차장, 점포주변 · 현관주의 · 테이블&세트 · 시트 (혼자서 완벽하게 한다.)	12. 서비스 체크 6. 엽차, 물수건	1. 어린이용 의자 2. 걸을 때 주의 1. 수 확인 2. 운반상태 3. 컵을 잡는 위치 4. 컵 체크(더러움, 얼음) 5. 테이블에 놓는 위치, 소리 6. 쟁반 잡는 법 7. 언어	1 2 1 2 3 4 5 6 7	印
		1.0H		2. R.P.I.의 실전 맨투맨 실전 Check →	15. 치우기 15. 리세트 14. 전송	1. 빠르기 2. 동일·종류 3. 무리한 동작은? 4. 타이밍은? 5. 미리 양해는 구했는가? 6. 나이프, 포크의 분리 7. 쟁반 사용 8. 연계 플레이는? 1. 빠르게 2. 테이블, 메뉴체크 3. 카스터 체크 4. 의자, 시트 테이블 밑 체크 5. 재털이 세트 1. 감사표시는? 2. 잊은 물건체크 3. 언어는?	1 2 3 4 5 6 7 8 1 2 3 4 5 1 2 3	印
제5일째		0.5H	O.J.T4	1. 사이드 워크 1 (카스터 보충작업)	S.W.I	1. 카스터보충을 할 수 있다. · 솔직하게 · 확실하게	1	印
		0.5H	테스트1	2. 약기문자 레지번호의 테스트	B.M.C P P♩	2. 全問正解 ──→ 合　格 ──→		印

		1.0H	off.JT2	3. 상품지식
				
				· 메뉴설명
					그랜드
					메뉴
					
					모닝
					
					런치
					메뉴
						1. 토마토&오니온에서 파는 것은?
						2. 토마토의 넘버원 상품은?
						3. 고기의 구워진 상태에 따라 부르는
						   법 5가지.
						4. 굽는 상태를 묻는 스테이크는?
						5. 스테이크의 버라이어티는?
						6. 햄버거의 버라이어티는?
						7. 샐러드의 버라이어티는?
						8. 드레싱의 버라이어티는?
						9. 권장판매란 무엇인가?
						10. 스테이크와 햄버거에 대한 권장판매
						11. 아이들 메뉴의 버라이어티는?
						12. 1000원 짜리 상품은?
						13. 오븐에서 굽는 상품은?
						14. 피자, 주문시의 권장판매
						15. 스파게티, 그라탕, 카레 주문시의
						    권장판매
						16. 오늘의 스프는
						17. 플로아에 먼저 내는 상품은?
						18. 이 가게에서 가장 맛있는 상품
							1
							2
							3
							4
							5
							6
							7
							8
							9
							10
							11
							12
							13
							14
							15
							16
							17
							18
								印

월/일	시간	스텝	주요 교육내용	메뉴얼	당신의 목표		OK	트레이너
제6일째	2.0H	O.J.T5	1. R.P.2 · 주문 · 전하기 · 나이프, 　포트 세트 · 서비스 체크 · 상품제공 오늘부터 실물인 요리로 생각 해보자.	B.M.C P P ∫	7. 주문을 받는다.	1. 타이밍, 작법 2. 기입방법 3. 고기 굽는 정도 4. 먼저 내는 메뉴와 나중 메뉴 5. 드레싱의 버라이어티 6. 세트디너의 권장판매 7. 라이스, 빵의 권유 8. 디저트, 드링크의 권장판매 9. 컵의 수량 확인 10. 주문 복창 11. 조리시간 파악 12. 상품 권유 13. 주문받고 돌아가기	1 2 3 4 5 6 7 8 9 10 11 12 13	印
					8. 주문 전하기	1. 전하는 룰은? 2. 확실히 큰소리로 3. 객수는, 지정은? 4. 리듬, 요약은? 5. 음료주문을 전하는 법 6. 먼저 내는 상품 확인	1 2 3 4 5 6	
제7일째	2.0H	O.J.T5	1. R.P.2 반복 　Check OK NO 2. R.P.2 실전 　　맨투맨 　실전 Check		9. 테이블 세팅 ↓ 서비스체크 ↓	1. 솜씨좋게 　준비되었는가? 2. 테이블에서의 작업 　방법 3. 아이들에 대한 서비스상품은 4. 종류별 호칭은? 5. 세트 방법은? 6. 청결한가? 7. 아이들에 대한 배려 8. 노인에 대한 배려 9. 테이블 사용법	1 2 3 4 5 6 7 8 9	印
		O.J.T6	2. R.P.2 실전 　　맨투맨 　실전 Check	B.M.C P ∫ P	10. 상품제공	1. 테이블번호 확인 2. 먼저 내는 상품 제공 방법 3. 접시 잡는법, 놓는법 4. 철판 잡는법, 놓는법 5. 상품확인 6. 스프, 메인 상품제공시 한마디 7. 스프접시 치우기 8. 요리가 준비되었는가를 확인 9. 상품 나르기 10. 제공방법, 기술 　· 냄비요리 　· 햄버거스테이크 11. 아메리칸 커피머신	1 2 3 4 5 6 7 8 9 10 · · 11	

	월/일	시간	스텝	주요 교육내용	메뉴얼	당신의 목표	OK	트레이너

제 8 일 째		1.0H	O.J.T7	R.P.3
				
				11. 게스트체크
				12. 서비스체크
				
				R.P. OK?
				
				실전 OK?
					B.M.C
					
					P
					P ╱
						11. 게스트·체크 11
						  1. 주의깊게
						T.L.C 2. 어프로치
						  3. 체크
						12. 서비스 체크 12
						
						1. 중간 치우기의 중요함, 타이밍
						2. 기 방법, 말, 권장판매
						3. 냉서비스의 중요함
						4. 그 방법, 말, 권장판매
						5. 커피서비스의 타이밍, 방법
						6. 냉교환, 타이밍, 말
						7. 재털이 교환, 타이밍, 말
							1
							2
							3
							
							1
							2
							3
							4
							•
							6
							7
								印

제 9 일 째		1.0H	off.JT.3	1. 스테이션제 2. 호스피틸리티 3. 불만처리 4. 오리엔테이션	B.M.C P P	1. 왜 스테이션제로 하는가? 2. 당신의 일의 범위는? 3. 컴퍼니언의 역할은? 4. 선임자의 역할은? 5. 작업의 우선순위는? 6. 호스피틸리티란? 7. 고정처리의 이해 8. 당신의 목표는?	1 2 3 4 5 6 7 8	

제 10 일 째		2.0H
		6.0H
			O.J.T3	반복 트레이닝
				
				스테이션 담당
				
				트레이너 Check
				OK ╱
						1. 위의 체크포인트를 완전 마스타
						2. 작업 ① 스피드
						      ② 확실성
						3. 접객 ① 상냥하게
						      ② 애정을 담아서
						      ③ 주의깊게
						4. 스마일(미소)
							1
							①
							②
							①
							②
							③
							④
								H
								印
								印
								H
								
								H
								印

확 인				점장 Check OK ╱	T&O 메이트 고과	1. 항상 건강하고 밝은가? 2. 일에 적극적으로 임하는가? 3. 단정한 몸가짐을 하고있는가? 4. 복장은 바른가? 5. 출근시간은 정확하게 지키는가? 6. 동료와 사이좋게 일하는가? 7. 일에 낭비가 없는가? 8. 지시받은 것은 반드시 하는가? 9. 일은 언제나 정확한가? 10. 일의 내용은 정확한가?	1 2 3 4 5 6 7 8 9 10	 5~1 印 10~2 15~3 10~2 25~5
	축하합니다.! 오늘부터 당신도 T&O 일원입니다. 메뉴얼·Q.S.C. T.L.C. 를 잊지 않도록!					·나의 향상목표 트레이너 ·점장이 한마디		

4. 교육 시스템의 실제

얼마 전까지는 외식업계에 경험 지상주의적인 사고방식이 대부분을 차지하여 경험이 많은 것, 즉 몇 직장을 거쳐왔는가? 몇 년 동안 일했는가? 이러한 세월의 길이가 일종의 능력 판단의 척도라는 의식을 갖고 있었다. 수년에서 10년 정도가 지나야 비로소 당당한 한 분야의 프로가 되는 제도적인 것은 아직 남아 있다.

음식점의 경쟁도 그다지 심하지 않았고 비교적 업계자체가 혜택을 입던 과거의 음식업계라면, 종업원에 대한 교육투자는 생각지도 않고 단지 선배의 기술을 눈치보며 익힐 정도의 수업으로 족하였다. 하지만 경쟁이 심해지고 또한 미국과 일본의 외식산업이론과 수법이 우리 나라에 도입되기 시작하고 나서부터 이 종업원, 사원 교육에 대한 견해가 전환되는 계기가 마련되기 시작하였다.

미국과 일본의 외식산업 체인이론과 더불어 매뉴얼을 정확하게 만들어 그에 따라 진행해 가면, 비교적 단기에 습득할 수 있다는 교육시스템도 들어왔다. 따라서 우리 나라의 체인점은 급속 확대를 꾀하기 위하여 적극적으로 일본의 교육시스템을 도입하여 단번에 전국으로 전개되기에 이르렀으며 음식업의 교육시스템은 각광을 받게 되었다.

오늘날에는 외식산업이라 불리우는 대형 외식업체만이 아니라, 지역체인점에서도 이 교육시스템이 확립된 경우가 참으로 많다.

격심한 경쟁에서 이기기 위해서 많은 시간을 들여 교육시킬 여유가 없어졌으므로 하루라도 빨리 확실하고 우수한 인재로 키우고 싶어하는 것이 음식기업 경영자의 본심일 것이다.

특히 10~20년 전과 같이 싼 인건비로 사람을 고용할 수 있는 시대가 아닌 상당히 높은 인건비를 자랑하고 있는 우리 나라에서는 당연 정확한 교육시스템을 만들어 합리적으로 교육해야 한다.

또한 채용된 본인도 이 회사에 들어와서 도대체 어떠한 것을 배울 것인가? 몇 년 정도 지나면 점장이 될 수 있겠는가라는 목표가 정확하지 않으면 마음 편안히 일할 수 없게 될 것이다. 급료만이 아니라, 회사에서 일함으로써 무엇을 얻을 수 있는가에 대한 그 커리큘럼을 명확하게 했을 때 비로소 안심하고 연수에 몰두하게 되며 일할 의욕도 나게 된다.

표 4-5 사원 교육커리큘럼(1)

```
전제교육                    채용결정
   ↓                         ↓
이념교육                    초기 교육
   ↓                         ↓
기준교육                    집합교육
   ↓                         ↓
기술교육                    
   ↓                         ↓
주방교육    홀교육          현장교육
              ↓              ↓  주임교육
           점장교육          간부교육
              ↓
           간부교육
```

　적어도 2~3개 점포로의 확대를 지향하는 음식기업에서는 사원교육의 시스템화, 커리큘럼화가 반드시 필요하다. 그렇다면 도대체 어떤 시스템이 이상적이겠는가? 여기서는 (주)OGM컨설팅이 일반 음식기업에 제안하는 교육시스템을 소개하겠다.

　표 4-5는 사원을 채용해서부터 간부가 될 때까지 교육방법을 대략적으로 나타낸 것이다. 채용시의 초기교육은 본장의 '음식점의 초기교육'절에서 상세하게 서술하겠지만, 여기서는 표 4-6 사원교육 커리큘럼이 그 초기교육인 집합교육 (off·JT)부분이고, 표 4-7 현장 교육 커리큘럼의 사원부분이 현장에서의 트레이닝(OJT)으로 이 두 가지 부분이 초기교육에 해당하게 된다.

　집합교육은 전제교육, 이념교육, 기준교육, 그리고 기술교육의 4가지 부문으로 이루어지며 가로 눈금을 따라서 각 항목의 달성도를 나타낼 수 있다.

표 4-6 사원교육 커리큘럼(2) 집합교육

구분		項 目	
전체교육	1	외식산업개론(업계가 가져야 할 자세)	
	2	외식산업인론(종사자의 마음가짐)	
	3	음식점 번성이론(번성의 5대요소)	
	4	음식점 실천론(5대요소의 실천방법)	
	5	외식산업인으로서의 일반지식	
이념교육	1	우리 회사의 경영이념	
	2	우리 회사의 사명	
	3	우리 회상의 비전	
	4	우리 회사의 조직	
	5	조직속에서의 자신의 역할	
기준교육	1	이념에서 기준으로	
	2	기준은 지켜야 하는 것	
	3	우리 회사의 기준	
	4	점포의 기준	
	5	우리들의 기준	
기술교육	1	음식점의 상식(고객)	
	2	주방 작업	
	3	홀작업	
	4	주방과 홀의 팀웍	
	5	우리 회사는 고객만족을 이렇게 생각한다.	

표 4-7 현장교육 커리큘럼(3) (OJT)

계급·직종		사원	주임	조리담당 부점장 홀담당 부점장	점장
목 표		① 점포의 의의를 이해 ② 모든 실제 작업 ③ 아르바이트에게 지시 ④	① 사원에게 지시 ② 아르바이트 교육 ③ ④	① 사원·주임에 대한 교육 ② 고객관리 ③ 상품관리 ④ 점장대행	① 부점장 교육 ② 본부보고 ③ 매출관리·코스트 관리 ④ 인사관리
기 간		1 2 3 4 5 6 7 8 9 0 1 2	1 2 3 4 5 6 7 8 9 0 1 2	1 2 3 4 5 6 7 8 9 0 1 2	1 2 3 4 5 6 7 8 9 0 1 2
주	QSC·세정장				
	발주·수주·재고				
	사전작업 A				
	사전작업 B				
방	조리 A				
	조리 B				
	조리 C				
	상품관리				
홀	QSC·세정 돕기				
	서비스				
	주문전하기				
	주문받기				
	안내				
	디쉬업				
	캔츄리				
	레지				

표 4-8 점장·부점장 교육커리큘럼(4)

	項 目	1	2	3	4	5	6	7
리더십	리더십이란							
	점장의 리더십							
	점포 전체의 팀웍 만드는 법							
	부하의 근무의욕 높이는 법							
	부하의 문제의식 높이는 법							
	음식점에서의 제수란							
제수관리	매출관리 방법							
	원가관리 방법							
	인건비 관리방법							
	점포 손익내는 법							
계획과 보고	1일 계획 세우는 법							
	1주간 계획 세우는 법							
	1개월 계획 세우는 법							
	일보 기입법							
	주보 기입법							
	월보 기입법							
교육	주방 A단계 교육							
	홀 A단계 교육							
	주방 A단계 교육							
	홀 B단계 교육							
자기개발	점장에게 요구되는 인간성							
	점장으로서 존경받는 조건							
	자기능력개발의 구체적 수단							

표 4-9 사원 교육 일람

	입사전 교육	기초교육	점포운영 교육 초급조리 교육	점포운영 교육 초급조리 교육	점장 교육 조리장 교육	점장 교육 조리장 교육	SV 교육 해외연수	SV 교육 해외연수	SV 교육 해외연수	SV 교육 해외연수
교재	○ 파트, 아르바이트 핸드북 ○ OGM·VTR No1을 보여준다.	○ OGM.VTR No2를 보여준다. ○ 서비스 핸드북 ○ 크린업차트의 설명 ○ OJT ○ OFF.JT	○ OJT(체크 리스트) ○ OFF.JT (서비스매뉴얼) ○ OGM.VTR No3를 보여준다.	○ OJT(체크 리스트) ○ OFF.JT ○ 서비스 매뉴얼(체크 시트)	○ 서비스 매뉴얼 ○ VTR/메뉴얼 체크시트를 ○ VTR을 사용해서 부하를 교육한다.	○ VTR/메뉴얼 체크시트를 사용해서 부하 직원 이하의 교육을 한다.				
교육 내용	□ 회사개요 □ 회사이름 □ 접객서비스의 기본	□ 접객서비스의 첫번째 스텝 □ 크린리니스의 기본 □ 위크스케줄의 이해	□ 접객서비스의 두번째 스텝 □ 접객서비스의 세번째 스텝 □ 크린리니스의 포인트	□ 신입사원의 ②③④를 지시할 수 있다.	□ 서비스리더 이하의 사원들에게 서비스 지도를 체크 한다.	□ 점장대행의 로서의 업무 □ 접객서비스 관리 □ 크린리니스 관리 □ 고객관리	□ 점포 오퍼레이션과 사무관리 □ 고객관리 □ 크린리니스 관리 □ 종업원관리 □ 상품관리	□ 계수관리 □ 원자재관리	□ SV교육
	①	②	③	④	⑤	⑥	⑦	⑧	⑨	⑩
기간	입사 전 일주일	3개월~1년	1년~2년	2년~3년	3년~5년	5년~7년	7년~9년	9년~10년		
자격	입사 전	일반사원	상급사원	주임 부조리장	부점장 조리장	점장(C)	점장(B)	점장(A)	SV	SV

현장교육 커리큘럼은 주방과 홀 두 가지 항목으로 나누어져 있는데, 보통 음식점에서는 홀 전임, 주방 전임 중 어느 한사람에게 초기교육을 시키게 된다.

다음은 표 4-7 주임교육으로 들어가겠다. 적어도 1년 정도의 초기교육의 기술항목을 반복해서 훈련하여 그 단계를 명확히 숙지하고 나서, 주임교육으로 들어간다. 주임교육을 통하여 일반사원과 아르바이트에게 초보적인 지시를 내릴 수 있게 되고, 또한 교육을 할 수 있는가 하는 가능성 여부도 점치게 된다.

다음은 부점장 레벨로 진행하고, 마지막으로 점장까지의 단계를 표 4-7 현장교육 커리큘럼(3) OJT에서 구체적으로 들고 있으며, 또한 표 4-8 점장·부점장 커리큘럼(4)에 더욱 자세하게 습득사항이 명시되어 있다. 이것을 12개월 동안 소화하게 하는 시스템이다.

참고 표 4-6, 4-7, 4-8에 의하면 정사원, 주임, 부점장, 점장을 각 1년만에 수료하게 되어 있고, 이것이 순조롭게 진행되면 4년만에 점장이 될 수도 있다.

이렇게 시작과 목표를 명확하게 할 때 비로소 여기서 일하는 종업원이 일할 마음이 생기는 것이다.

또한, 표 4-9 사원교육일람은 이 시스템과 다른 방법으로, 7년에 걸쳐 간부로 육성시키는 스케줄표이다.

표 4-10 점장 자기 채점표

	1. 계수	매상의 내용	원가	인건비	제경비	전년대비
관리일반	2. 계획	1일 행동	주간행동	월간행동	워크 스케줄	
	3. 지시·실천	작업상황 파악	그 역할	수행확인		
	4. 보고	일보	주보	월보	부하의 평가	
	5. 교육	커리큘럼	조례	미팅	맨투맨	부하를 이해
영업일반	6. 상품	매뉴얼	맛, 담기	스피드	매입, 보관	손님정보
	7. 서비스	매뉴얼	몸가짐, 복장	미소	불만처리	손님정보
	8. 크렌리니스	매뉴얼	일간	주간	월간	작업의 실제
	9. 판매촉진	고객명부	점외 판촉	점내 판촉	써클활동 참여	이웃과 접촉
	자기 개발	경영진과의 대화	타점포 연수	정보수집	지식의 축적	자기 목표 설정

이 회사는 대대로 이어온 국수점으로 교육 시스템이 잘 되어 있어 좋은 인재를 육성할 수 있었기 때문에, 다른 점포에서 연수의뢰가 끊기지 않으며 일손부족을 겪

지 않는 정말로 부러운 점포만들기, 사람만들기에 성공하고 있는 사례이다. 또한 점장·간부로써 어떤 항목을 몸에 익혀야 하는가 그것에 관한 자기 채점표가 표 4-10이다. 이러한 항목을 스스로 체크함과 동시에 상사가 함께 그것을 체크해주어 나중에 무엇이 이루어졌고, 이루어지지 않았는가 앞으로는 무엇을 습득해야 하는가를 명확하게 하는 것이 중요하다.

이처럼 정확하게 만들어진 교육시스템을 바탕으로 그것을 철저하게 실행했을 때 비로소 자사가 요구하는 이상적인 인재로 육성할 수 있고, 계획적으로 인재를 육성할 때 점포의 급속전개가 가능하여 지역 제일의 번성점을 이룰 수 있는 것이다.

5. 평가 시스템

채용된 후 교육커리큘럼에 따라서 정확하게 각각의 단계를 수료하여 기본적인 것을 모두 끝내고 한 사람의 당당한 종업원이 되면 그 당시에는 의욕이 충천되어 열심히 일하고자 할 것이 틀림없다. 그러나 2~3개월이 지남에 따라 점점 일하고자 하는 의욕을 잃어 회사를 떠나는 경우가 정말로 많다. 그 이유는 도대체 무엇일까? 동료와의 인간관계가 좋지 못하거나, 생각보다 노동조건이 나쁘다거나, 일이 자신의 성격에 맞지 않는다 등등, 퇴직의 이유는 얼마든지 들 수 있다. 그렇지만 돌이켜보면 신입사원 교육을 받았을 당시에는 열심히 근무했는데, 정사원이 되자 도중에 그 의욕을 잃어 퇴직하는 경우가 참으로 많다. 그 이유는 명확하다.

신입사원일 때에는 매일 단계를 정해서 그 단계를 수료하기 위해 도전하고, 수료했는지를 상사에게 평가받기 때문에 그것이 일종의 촉진제가 되어 열심히 일했던 것이다. 그러나 그러한 일이 매일 거듭됨에 따라 나태해지고 어떠한 평가도 받지 않게 되면서 '무엇을 위해 나는 열심히 일하는가? 이렇게 해보았자 아무도 나의 성장을 인정해 주지 않는다'라는 불만이 생기게 되어 결국 퇴직하게 되는 것이다.

쓸모 없는 사람, 무기력한 사람 이외에는 정당하게 인정받고 싶어하며 바른 평가를 받고 싶어한다. 그것은 결코 그 사람의 결점을 들춰내어 추궁하기 위한 평가가 아니라 하고 있는 것을 공정하게 관찰하고, 만일 회사가 원하는 수준에 조금이라도 가까이 가면 칭찬, 격려를 하여 더욱 일할 의욕을 끌어올리는 시스템이 있을 때 비로소 진짜 일할 의욕을 갖는 사원을 키우게 된다. 그러므로 이 평가시스템은 중요하다.

여기서 아르바이트와 정사원의 평가 방법에 대해 설명해 보고자 한다.

제4장 음식점의 인사와 교육 153

표 4-11 파트·아르바이트 평가표

평가포인트		포인트	평가포인트					평가점	
			5	4	3	2	1	점장	부장
능력평가	1	일에 대한 지식	□일에 대한 고도한 전문지식을 갖고 있다.	□일에 대한 지식이 그저 그렇다.	□보통	□극히 초보적인 지식밖에 없어 사람에게 묻는 경우가 많다.	□일에 대한 지식도 상식도 부족하다.		
	2	일에 대한 기능	□일을 처리하는 능력이 뛰어나다.	□대체로 일을 처리하는 기능이 있다.	□보통	□아직 기능을 몸에 익히지 못했다.	□전혀 기초적인 기능도 없다.		
	3	접객수준	□정형 서비스를 갖추어져 있다.	□정형 서비스가 그저 그렇다.	□보통	□약간 엉성하다.	□실수가 많다.		
실적평가	1	일의 스피드	□피크시도 빠르게 일할 수 있다.	□표준적인 스피드를 약간 상회한다.	□보통	□기준보다 약간 빠르다.	□너무 느려서 다른 사람의 도움을 받는다.		
	2	일의 정확도	□실수가 적고 확실히 일한다.	□표준적인 일내용을 약간 상회한다.	□보통	□일이 엉성하여 실수가 종종 있다.	□자주 실수를 한다.		
	3	일의 달성도	□항상 미리 계획적으로 달성한다.	□주어진 일을 처리한다.	□보통	□약간 느려서 일치하지 늦다.	□요령을 피운다.		
인성평가	1	일에 대한 의욕	□크다	□그럭저럭 있는 편이다.	□보통	□약간 부족	□거의 없다.		
	2	근무태도	□상당히 좋다.	□안심하고 맡길 수 있다.	□보통	□그다지 분명치 못하다.	□허술해서 거의 대응하지 못한다.		
	3	일에 대한 협동심	□주위 사람들에게 신뢰받고 있다.	□유연성이 있어 주위 사람들과 그럭저럭 지낸다.	□보통	□협동심이 부족하여 주위 사람들로부터 미움받기 쉽다.	□다른 사람들로부터 거의 고립되어 있다.		

표 4-12 파트·아르바이트 임금기준표

Step	기본시간급	평가항목	표준
0	2000	회사규율 웨이팅	정해진 최소한의 규율은 지키는가? "어서오십시오, 고맙습니다"의 소리는 힘차게 나오는가?
1	2100	청소작업 이해 상품제공	청소를 잘 이해하고, 정해진 대로 하고 있는가? 상품의 제공, 치우기는 완전한가? 안내, 냉수, 음료류의 제공을 혼자서 할 수 있는가?
2	2200	주문받기 세팅	정해진 대로 주문을 잘 받고 있는가? 세팅시에 실수는 없는가? 안내, 냉수, 음료류의 제공은 스스로 할 수 있는가?
3	2300	접객스피드	항상 마음이 담긴 서비스를 할 마음가짐이 되어 있는가? 동작은 재빠른가?
4	2400	근무태도	지각과 결근이 많지 않은가? 호감을 갖게 하는 표정으로 일하고 있는가? 상사, 동료, 손님으로부터의 평가는 어떠한가?
5	2500	레지스터 조작 마이크 방송 전화대응	레지스터 조작에 실수는 없는가? 마이크 방송, 전화대응은 정해진 대로 하고 있는가?
6	2600	세터보조 음료작업	피크시에 세터의 보조를 충분히 할 수 있는가? 또한 음료는 자신이 만들 수 있는가? 스피드는 어떠한가?
7	2700	불만처리 연락보고	손님의 불만은 빨리 해결하려고 노력하고 있는가? 연락보고를 태만하게 하고 있지는 않은가?
8	2800	조조·야간 근무의 주임이 가능한가?	조조(7:30 - 8:00), 야간(22:00이후)에는 3000원으로 한다.

단, 입사 1개월간은 시급 2000원으로 한다. 각 단계를 소화할 때마다 시간급을 올린다.
상기 평가는 매원 1회 사장, 부장, 점장이 출석하여 결정한다.

1) 아르바이트의 평가방법

아르바이트의 평가방법에 관한 모델을 표 4-11, 4-12에 제시해 놓았다. 우선 표 4-11은 굉장히 특이한 방법으로 능력, 실적, 윤리나 도덕의 3가지 부문에서 5점법에 의해 평가하는 방법이다. 이 방법은 폭넓은 시야로 평가할 수 있지만, 평가하는 측의 주관이 들어가기 쉬운 것이 결점이다. 이 결점을 보충하기 위하여 평가담당자를 점장과 부장으로 하고 있는 점이 특징이다. 5점법으로 집계한 종합득점에 의하여 승격, 승급, 보너스를 정해도 좋고, 특별히 득점이 높은 사람에게는 표창을 하는 방법도 생각해 볼 수 있다.

한편, 표 4-12의 평가방법은 정곡을 찌르는 직접적인 방법이다. 즉, 회사측이 요구하는 레벨을 수료하면 즉각 시간급을 인상하는 방법이다. 초기교육 1개월 동안은 모든 신규채용자를 평등하게 취급하지만 초기교육 종료시부터 매주 1회 정도 이 체크를 실시해 가는 것이다. 따라서 실력 있는 아르바이트는 9주간, 63일만에 시급이 2,000원에서 2,800원으로 800원이나 상승하게 된다. 이렇게 구체적으로 평가기준표를 명시하고 그것에 도전하도록 요구하는 방법은 명확한 것을 좋아하는 젊은 종업원들로부터 적극적인 호응을 얻고, 지지 받기 쉽다.

이외에도 여러 형태의 평가방법이 있을 것이다. 각각 자사에 맞는 평가기준을 만들고 실시할 것을 권하고 싶다.

표 4-13 레귤러 평가 기준

항 목		평			가	
① 항상 건강하고 밝은가?	(근무태도)	10	8	6	4	2
② 일에 적극적으로 임하는가?	(적극성)	10	8	6	4	2
③ 몸가짐은 바른가?		10	8	6	4	2
④ 복장은 단정한가?		10	8	6	4	2
⑤ 근무시간은 정확하게 지키는가?		10	8	6	4	2
⑥ 동료와 사이좋게 일하는가?	(협동성)	10	8	6	4	2
⑦ 일처리에 무리는 없는가?	(영속성)	10	8	6	4	2
⑧ 지시받은 것을 잘 하고 있는가?	(책임감)	10	8	6	4	2
⑨ 일은 언제나 정확한가?	(확실성)	10	8	6	4	2
⑩ 일의 내용은 우수한가?	(숙련성)	10	8	6	4	2
		S급	A급	B급	C급	D급
		합계점				점

1. 직능급은 평가표의 득점에 따라 지급한다.
2. B급 득점을 얻어야 비로소 부점장의 자격을 취득한다.
3. 이 평가는 해당 점포의 부점장과 점장이 담당하고 양자의 평균점으로 채점한다.

2) 정사원 평가방법

표 4-13은 정사원에 대한 평가기준이다. 입사를 해서 초기교육을 받고 한 사람의 종업원으로 인정받은 정사원에게 요구되는 레벨은 최고의 기술이 아니라, 극히 일반적인 것으로 매뉴얼로 정해진 것을 정확하게 지키는 것에 가장 큰 의미를 두고, 오히려 동료와의 협동성이나 일에 대한 적극성을 문제시한다.

이 표에서는 10개 항목을 요구하고 있고 각 항목의 최고점이 10점이기 때문에 모두 완벽하게 한다면 100점 만점을 받게 된다. 이 평가를 직속상관인 부점장과 부점장의 상관인 점장의 공동책임하에 하도록 고안되었다. 득점에 따라서 직능급이나 보너스가 지불되고 있고, 자신이 하는 일의 레벨에 따라서 급여나 보너스가 정해진다고 하는 점이 사원들에게 보다 일할 의욕을 일으키는 요인이 된다.

표 4-14는 부점장의 평가표이다. 부점장이 되면 일반 정사원보다도 약간 수준높은 항목으로 이루어져 있고 일의 내용도 물론이지만, 리더로써의 공평함, 연구심, 향상의욕이 평가의 포인트로 부점장이 받아야 할 점수는 50점이다. 그러므로 정사원의 B급, 즉 60점이 그 위에 가산되어 110점을 받으면 최고로, 이 득점에 따라서 직능급의 계산이 이루어진다.

표 4-14 부점장의 평가 기준

항 목	평		가		
① QSC에 대한 열의는 높은가?	10	8	6	4	2
② 점장을 보좌할 수 있는가?	10	8	6	4	2
③ 항상 부하에게 공평한가?	10	8	6	4	2
④ 연구심이 왕성한가?	10	8	6	4	2
⑤ 항상 의욕이 높은가?	10	8	6	4	2
	S급	A급	B급	C급	D급
	합계점				점

1. 직능급은 레귤러 B급 득점으로 한다.
2. B급의 득점을 얻었을 때 비로소 점장의 자격을 취득한다.
3. D급은 레귤러로 하락한다.
4. 이 평가는 해당 점포의 점장과 SV가 채점을 하고 양자의 평균점으로 채점한다.

표 4-15는 점장의 평가기준으로 관리능력과 리더쉽이 득점의 대부분을 차지하고 있는 것을 보면, 점장은 보다 고도의 업무·관리능력이 요구된다는 것을 명확하게 이해할 수 있을 것이다.

점장이 받는 점수는 100점이고, 그 위에 레귤러인 A급의 득점 80점이 더해지기 때문에 점장은 180점이 최고의 득점이 된다. 당연히 점장도 이 득점에 따라서 직능급이나 보너스 액수가 정해진다. 이렇게 평가를 정확하게 해서 그것을 점수화함으로서 한사람 한사람의 능력이 명확해지고 더구나 그것이 금전으로 표현된다고 하는 타산적인 것이 오늘날의 젊은 종업원들에게 호평 받는다.

이렇게 매일의 작업을 정확하게 평가할 때 비로소 종업원은 일할 의욕을 가지고 기꺼이 기쁘게 일하게 되므로, 이러한 평가가 이루어지지 않으면 종업원 개인의 성장과 점포의 성장을 기대할 수 없다. 공정한 평가와 상벌이 있어야 기업은 활성화되는 것이다.

표 4-15 점장 평가기준

항목		평		가	
① Q의 관리는 되고 있는가? (관리능력)	10	8	6	4	2
② S의 관리는 되고 있는가? (관리능력)	10	8	6	4	2
③ C의 관리는 되고 있는가? (관리능력)	10	8	6	4	2
④ 매출달성율은 높은가?	10	8	6	4	2
⑤ 전년 매상대비가 늘어났는가?	10	8	6	4	2
⑥ 1인당 매출고를 높이고 있는가?	10	8	6	4	2
⑦ 부하에게 적절한 지시를 하고 있는가? (지동성)	10	8	6	4	2
⑧ 부하의 교육을 하고 있는가? (교육력)	10	8	6	4	2
⑨ 계획을 세워 일하고 있는가? (계획성)	10	8	6	4	2
⑩ 본부에 정확하고 신속하게 보고하고 있는가?	10	8	6	4	2
	S급	A급	B급	C급	D급
	합계점				점

1. 직능급은 레귤러인 A급 득점으로 한다.
2. B급의 득점을 얻을 때 비로소 스텝의 자격을 얻는다.
3. D급은 부점장으로 떨어진다.
4. 이 평가는 SV와 본부의 상사가 담당하고, 그 양자의 평균점으로 채점한다.

표 4-16 사원 교육진행표

성명	입사년월일	독장	동기점	스텝 1	2	3	4	5	6	7	8	9	10	11	12	제1회	제2회	제3회

점 담당자   점장

표 4-17 카운셀링 기록표

성명 _____ 직급(입사시) _____ 입사년월일 _____
점명 _____ 직종 _____ 급료 _____ 교육책임자 _____

월일	카운셀링 내용	카운셀링 당시의 상황		카운셀링 후의 평가		
		수강자(질문·개인적 발표)	담당소견(성과·목표·어드바이스)	평가·문제점	담당자 소견	인

6. 카운셀링과 동기부여

　음식점에서의 인재육성은, 엄격히 채용하고 정확한 초기교육을 실시하며, 일정기간 교육계획(커리큘럼)을 세워 이 커리큘럼에 따라서 계획적으로 한 사람 한 사람을 키워가는 것이 중요하다는 것을 이해할 수 있었을 것이다. 이러한 순서로 진행해가면서 또 한편으로는 피교육자인 당사자가 상사에게 공평한 평가를 받을 때 일할 의욕을 가지며 또한 더 높은 수준으로 도전하여 성장해 간다. 교육시스템이 완벽하게 갖추어졌다고 해서 인재가 육성되지 않는다는 것도 충분히 알았을 것이다.

　공정한 평가야말로 교육시스템을 확실하게 하는 것이다. 이 평가시스템을 보다 완벽하게 하기 위해서 카운셀링 시스템을 만들 것을 권하고 싶다.

　표 4-16은 입사한 지 얼마되지 않는 1점포 단위의 신입사원 교육진행표이다. 초기교육항에서 가르치는 항목에 대해서는 이미 자세하게 설명했기 때문에, 초기교육(트레이닝)시에 표 4-4같이 완전하게 만들어진 것이 있으면 그것도 좋다. 그러나 이러한 시트가 없는 경우에는 표 4-16처럼 진행표를 작성하여 담당자가 평가한 내용을 기입하고, 당사자와 정기적으로 면접하여 그 기술의 성장 정도를 검토하고 서로 이야기하다보면 면접을 받은 당사자도 자신의 레벨을 알 수 있다. 또 앞으로 어떠한 면을 노력해야 하는가를 이해할 수 있게 되어 의욕을 더하게 된다.

　면접시에 면접을 담당한 상사가 기술적인 면의 진행상태만을 기입하는 표 4-16 만으로 진행하지 말고, 이 트레이닝 평가가 끝나면 반드시 '오늘의 일을 어떻게 생각하는가?' '생활은 익숙해졌는가?' '동료 특히 선배와는 잘 지내는가?'등부터 시작하여 사생활에 관한 화제, 특히 어떤 취미를 갖고 있는가? 휴일에는 무엇을 하며 보내는가?' 서클 활동은? 등의 라이프스타일, 또한 가정·이성친구 등으로 화제를 옮겨 한 사람 한 사람의 생활 = 인간을 이해하려고 노력하지 않고서는 자신이 생각한 신입사원교육을 해나갈 수 없다.

　이러한 의미에서도 상대를 이해하려고 하면 카운셀링(여기서는 신입사원의 초기교육)을 담당하는 상사는 먼저 자신의 생활을 모두 공개하며 피교육자들과 맞서야 할 것이다. 그렇게 할 때 비로소 양호한 인간관계가 이루어진다.

　표 4-17은 초기교육을 끝낸 신입사원이 각 점포에 정식으로 배속된 후의 카운셀링 기록표이다. 여기서는 한 사람 한 사람에 대한 카운셀링 기록표를 작성해 두고

있다. 카운셀링을 받게 되면 '이렇듯 자세하게 자신이 조사받는 것은 프라이버시 침해다'라고 생각하는 젊은이가 있을지도 모르지만, 이러한 생각을 갖는 사람들은 일부분이고 거의 모든 종업원들은 '이 정도로 우리를 생각해 주는 것은 정말 고마운 일이다'라고 마음으로부터 기뻐하며 솔직하게 교육담당자에게 마음을 열게 될 것이다.

상대를 얼마나 이해하고 있는가? 상대가 어떠한 것을 하고 싶어하는가? 이러한 항목을 충분하게 이해하고 나서 상대의 꿈과 희망을 달성하기 위해 협력하고 도와주므로써 사원들은 곧 힘있게 자라줄 것이다.

다음으로 모티베이션이다. 우리말로는 '동기부여'로, 요는 '어떤 식으로 일할 의욕을 일으키는가?'이다. 신입사원을 비롯하여 정사원, 그리고 아르바이트에 이르기까지 일할 의욕을 갖게하기 위한 모티베이션은 리더의 손에 달려있으며, 리더의 자세에 의해 결정된다고 할 수 있다.

(1) 한 사람 한 사람에 대한 정확한 데이타를 갖고 있을 것

일반적인 음식기업에서는 사원이나 아르바이트를 채용할 때 이력서를 받고, 그것을 화일링하는데 만족할 뿐, 그 이상의 자세한 데이타를 갖고 있지 않다. 초기교육 자료는 물론 각자의 커리큘럼 진행표를 정확하게 훑어봄과 동시에 표 4-18처럼 입사시부터 본인 관계사항, 회사에서의 동태, 그리고 본인의 목표·꿈을 정리해서 데이타로써 갖고 있어야 한다.

(2) 꿈, 목표에 공감할 것

사원기록표에 기록된 사원의 목표, 꿈을 이해하고 꿈의 실현을 위하여 진지하게 함께 생각하는 것이 중요하다.

예를 들어 '집을 갖고 싶다'면 어떻게 하면 가질 수 있는가? 돈 모으는 법, 계획을 세우는 법 등을 가까이서 함께 생각해주고 힘을 보태준다. 특히 일에 대한 목표에 관해서는 선배로써 적절한 어드바이스를 하면 부하는 면접자를 신뢰하여 솔직하게 대해준다.

표 4-18은 정사원용이며, 표 4-19는 아르바이트용이다.

표 4-18 사원기록표

(a) 본인관계사항
  (1) 성명　　　　　　　　(4) 생년월일　　　년　　월　　일
  (2) 주소　　　　　　　　(5) 최종학력
  (3) 가족 구성

성 명	나이	생년월일(음·양)	동거·별거	근무처·학교	기타

  (6) 성격 :
  (7) 주거의 종류 : (주택 · 아파트 · 사택 · 전세 · 월세 · 기타)

(b) 회사의 관계사항
  (1) 입사년월일
  (2) 경력

년도	근무처	교육	이동	직무	상벌	기타

(c) 목표 . 꿈

년 월 일	내　용	상 담 자

표 4-19 준사원록

근무점포명			점		년 월 일 현재			
성 명				인	남·여			
생년월일	년 월 일 만 세							
현 주 소								
	우편번호 (-) TEL (-)							
긴급연락처	주소					성 명		
	전화 (-) 호출							

◎ 학생은 학교명을 기입

　　　　학교명 (　　　　　　　　　　학년)

입사년월일	시급	시간수	입사년월일	시급	시간수
년 월			년 월		
월			월		
월			월		
월			월		
월			월		
월			월		
월			월		
월			월		
월			월		
월			월		

특기사항 (점장 기입)	특기사항 (본부 기입)

표 4-20 나의 노력 목표

( )用	점포		이름	
성 과	저는 下記의 목표대로 수행했습니다. (1) (2) (3)			
반 성	저는 下記의 항목을 목표대로 수행하지 못했습니다. (1) (2) (3)			
나 의 노 력 목 표	저는 下記의 항목을 새로이 목표로 정하여 도전하겠습니다. (1) (2) (3)			

저는 위의 항목을 새로운 목표로 정하여 도전하겠습니다.
열심히 일하겠으니 많은 지도를 부탁드립니다.

년   월   일   귀하

(3) 한 사람 한 사람에게 단기목표를 설정하게 한다.

　장기적인 꿈, 목표를 설정하고 도전하는 것은 상당히 좋기는 하지만, 기간이 너무 길어서 도중에 주저앉기 쉽다. 그래서 매월에 해당하는 노력목표를 세우게 하고, 그 내용을 함께 검토하여 선배로써 그들의 목표달성을 돕는 방식이 효과적이다.

　표 4-20은 이번 달의 목표설정에 대해 어떠한 성과가 있었는가? 반성해야 할 점은 무엇인가? 그리고 다음 달 목표는 무엇이며 어떤 식으로 행동해야 하는가를 한 장의 보고서 형태로 상사에게 제출하게 하는 방식이다. 그리고 상사는 부하의 다음 달 목표 달성을 위해 함께 노력한다. 이렇게 착실하게 해야 비로소 부하는 일할 의욕이 일어나게 된다. 이렇게 아무것도 아니라고 여겼던 것을 하나하나 거듭해가다 보면 종업원들도 모르는 사이에 일할 의욕이 생겨 열심히 일하게 된다.

　당사자의 꿈, 목표를 알고, 결혼기념일이나 생일에 선물을 하는 등 세심한 배려에 의해 모티베이션은 견고해진다. 결코 억지로는 사람을 움직일 수 없다. 그러나 싸우지 않고 이기는 방법으로써, 배려와 기분을 맞추어주면 오랫동안 기쁘게 일해줄 것이다. 제시한 여러 가지 표를 사용하여 과학적으로 정확하게 동기부여를 하는 것이 중요하다.

7. 음식점의 급여

1) 취직시의 필요한 조건

　모집광고 등을 보고 응모의욕을 일으키는 여러 가지 조건으로써,
　① 하고 싶은 일이다
　② 일 하는 곳이 가깝다
　③ 노동시간이 적당
　④ 발전가능성이 있다
　⑤ 지명도가 높다
　⑥ 경영자의 사고방식이 훌륭하다
등을 들 수 있다.

　응모하러 온 사람들에게 면접담당자는 자사를 미화하고 자랑에 열변을 토한다. 자주 있는 모집이 아니기 때문에 다소의 과장은 어쩔 수 없지만, 나중에 사실과 다른 것은 절대로 금해야 한다. 면접시에 달콤한 말로 무리하게 취직시킨 사람은 오

래 일하지 못한다. 이러한 부정한 방법으로는 좋은 인재를 채용할 수 없다.

2) 회사의 크고 작음은 상관없다

'우리 회사처럼 작은 곳에는 응모자가 오지 않습니다'라고 자신없는 말을 하는 경영자가 가끔 있다. 오늘날과 같은 사회에서는 취직할 때 직장의 크고 작음을 문제로 하는 사람은 그렇게 많지 않다. 있다고 해도 큰 회사는 대우가 좋을 것이다라는 2단론법을 믿고 있을 뿐이다. 큰 회사는 '有給제도가 완비되어 있다'라든가 '노동시간이 짧다' 등의 이유 때문에 선택하는 것이지 결코, 크다라는 이유만으로 회사를 선택하지는 않는다.

작은 회사라도 '좋은 조건'을 전면적으로 내세우면 된다. '有給완비' '8시간 근무' 등과 같이 큰 회사와 동등한, 아니 그 이상의 조건을 내거는 것이다. 그러면 이렇게 반론하는 경영자가 반드시 있을 것이다. '그렇게 하면 우리 같은 작은 점포는 도산해 버리고 만다'라고.

3) 모든 회사조건을 좋게 하고자 생각지 말라!

회사가 능력도 없는데도 불구하고 이것저것 대기업 이상의 조건을 완비시킨다면 도산해 버릴 것이다. 그러므로 필자는 취직할 때의 몇 가지 조건 중에서 급료에 과녁을 맞추어 생각해 보고자 한다.

응모자는 '급료'가 높다는 것에 무엇보다도 매력을 느끼게 된다. 그러나 여기에도 반론을 제기할 경영자가 있을 것이다. '선생님! 요즘 젊은이들은 급료보다도 휴일이 많은 쪽을 더 좋아합니다'라고, 분명히 그런 젊은이들도 있다. 그러나 놀기 좋아하는 젊은이가 엄한 수업을 참아내고 훌륭한 점장이 되었다따위의 이야기를 들은 적이 없다. 노는 것이 인생의 목적인 인간을 채용한 사람이 잘못이다.

좋은 인재를 채용하고 싶다면, 일을 우선으로 생각할 수 있는 사람을 선택해야 한다.

4) 다른 회사와 비교해서 자랑할 수 있는 것은 무엇인가?

일을 우선적으로 생각할 수 있는 인간은 자신의 생활설계도 엄격하게 한다. 따라서 좋은 인재를 확보하기 위해서는 얼마나 많은 급료를 주느냐가 최대 포인트가 될 수밖에 없다. 모집할 때 '급료'면에서 다른 회사와 차별화를 꾀하는 것이다. 더욱 극단적으로 말하면 '초임'을 올리는 것이다.

초임을 올리면 그 외의 급료도 자동적으로 올라갈 수밖에 없기 때문에 인건비율이 올라가게 되어 역시 도산하지나 않을까하는 걱정도 되겠지만 반드시 그렇지만은 않다. 예전과 똑같은 방법으로 사람을 고용한다면 당연히 인건비는 올라가겠지만, 다른 방법이 있다.

지금부터 자세하게 설명하겠다. 어쨌든 타사에 자랑할 수 있는 항목을 '초임'으로 해보지 않겠는가?

5) 초임을 높이기 위해 우선해야 할 것.

초임을 올리고 종래에 있는 사원 전부를 한번에 승급한다면, 상당히 어려워진다.

우선, 첫째로 해야할 일은 아르바이트 비율을 높이는 것이다. 인원이 아니라 시간을 전체 총 노동시간 속에서 점하는 아르바이트의 비율을 높이는 것이다. 예를 들면, 총 노동시간이 1개월에 2,000시간이고, 아르바이트가 그 중 1,000시간을 일한다고 하면, 아르바이트비율은 50%가 된다. 이 아르바이트의 비율을 65%이상 목표로 하는 것이 바람직하다.

또 하나의 예는, 월매상 4,000만원을 목표로 하고 있는 점포의 아르바이트와 정사원의 비율 (시간수)은 표 4-21처럼 되어 결과적으로 정사원의 수도 확정되어 간다.

표 4-21 아르바이트와 정사원의 비율

매상목표 4,000원
인시매상고 16,000원

① ②
40,000,000 ÷ 16,000 = 2,500
③
2,500 × 0.65 = 1,625
④
2,500 - 1,625 = 875

①의 16,000원이라는 것은 인시매상고이다. 한 사람의 1시간당 매상고이다.

②의 2,500원은 1개월 동안 허용되는 총 노동시간수, ③이 아르바이트를 사용해도 좋은 시간수, ④가 정사원의 시간수로 되어 있다. 정사원의 경우 아침 일찍 나오고 잔업도 있기 때문에 한 사람이 1개월 동안 일하는 시간수를 250시간으로 보면 875÷250=3.5가 되어, 약 3.5명의 정사원이 필요하다.

바꾸어 말하면, 정사원 한 사람이 책임지는 매상고는 약 1,200만원이다. 매출이 3,600만원이라면 1,200만원으로 나누어서 3.3명의 정사원밖에 못둔다. 나머지는 아르바이트로 돌려야 한다. 이렇게 정사원을 줄이고 아르바이트를 많이 사용하는 것이 초임금을 올릴 수 있는 유일한 방법이다.

6) 정사원을 줄이는 법

작업분석표를 사용하면 쓸모없는 사람들을 얼마나 고용하고 있는지를 알 수 있다. 사용방법은 정사원을 전부 기입하고, 각각의 정사원이 15분(가능하면 5분간)마다 어떠한 작업을 하고 있는가를 기입해 가는 것이다.

예를 들면 조리담당인 A씨의 경우, 출근하자마자 곧 통에 물을 붓고, 닭껍질과 야채 등을 넣고 스프를 만들 준비를 한다든가, 양배추를 가지러 간다든가, 돈까스에 곁들이는 야채를 다듬는 작업을 표 4-22에 간단하게 기입해 간다. 기입은 경영자 자신이나 간부가 하는 것이 바람직하다. 가능하면 7일 동안 조사를 한다. 주문을 처리하는 작업(to order)은 기입하지 않아도 좋다.

표 4-22 작업 분석표

		정사원 氏	정사원 氏	정사원 氏
15	5			
	5			
	5			
15	5			
	5			
	5			
15	5			
	5			
	5			
15	5			
	5			
	5			
15	5			
	5			
	5			
15	5			
	5			
	5			

그리고 분석을 한다. 그것은,
① 정사원이 없어도 되는 작업
② 그 시간이 아니어도 되는 작업

에 해당하는 것을 빨간펜이나 파란펜으로 마크하여 체크해 간다.

마크된 작업은 아르바이트가 아침, 점심, 저녁 어느 때나 하기 쉬운 시간대에 처리할 수 있는 것으로 정사원이 해야 할 일은 아니다. 얼핏보면 정사원밖에 아니, 더 능숙한 조리사가 아니면 도저히 안 될 것 같던 작업도 잘 보면 아르바이트가 할 수 있는 것이 얼마든지 있다.

고등학교에 다니는 여고생이 회를 뜬다거나 튀김을 튀기는 점포가 있다. 처음부터 아르바이트는 무리라고 포기해서는 안 된다. 중요한 것은 아르바이트로도 가능한 일을 많이 만들어서 시급이 낮은 사람들을 많이 고용하도록 하는 것 외에는 어떠한 방법으로도 정사원에게 많은 급료를 지급할 수 없다.

7) 꼭 채용해 달라고 요청하게 해야 한다.

정사원이든, 아르바이트이든 시급이 높다는 것은 점포 쪽을 우위에 서게 한다. '돈을 많이 주지만 우리는 엄격합니다'라고 면접 때 말을 해두어야 한다. '엄격해도 좋으니까 들어오고 싶다'라고 말하게 해야 한다. '급료는 아무래도 좋으니까 휴일이 많았으면 한다'라는 젊은이를 채용해서는 절대 안되며, '우리 점포에 오면 별로 할 일도 없고 편하다'라는 등의 말을 해서는 안 된다. 그러나 이렇게 서술했는데도 불구하고 아직 '어디어디는 급료가 싼데도 놀랄 정도로 인재가 많아요'라며 부러워하는 경영자도 있다. 그것은 당연한 일이다.

급료가 싸더라도 호텔처럼 일류기술을 배울 수 있으면 기술습득을 목표로 하고 있는 사람들은 취직을 한다. '무엇이라도 좋으니까 다른 회사와 비교해 자랑할 수 있는 것을 하나 가져라'라고 하는 것도 이러한 것 때문이다. 무언가 하나만 있으면 부득이 급료(초임급)을 높게 할 필요가 없다. 그러나 아무것도 없으니까 '초임'을 높게 하라는 것이다.

새로운 급료체계의 요지는 능력에 맞추어 급료를 주는 조직을 만드는 것이다. 일하고자 하는 의욕을 가진 사람을 오게 하고 싶으면 타사보다도 높은 급료로 모집해야 한다. 너무 인색하면 그 정도의 사람밖에 모이지 않는다. 그래서 겨우 채용한 사람이므로 그만두면 곤란하기 때문에 경영자가 울며 매달리게 되는 것이다. 교육을 위해 세미나 등에 보내려고 하면 교육 같은 것을 보내면 그만두겠다라고 하는 어이 없는 사원도 있다.

8) 급여의 구성 / 일시적인 급여체계로부터 탈피

지금 일반적으로 가장 많이 사용되고 있는 급료체계는 '등급'과 '호봉'으로 구성되어 있다. 등급은 일의 내용에 따라 1등급에서 8등급으로 구분되고, 각각의 등급마다에 승급의 호봉을 정하여 체계화한 것이 가장 일반적이다.

이러한 등급과 호봉에 의한 급여체계는 잘 만들어져 있지만 반면, 정밀한 기계와 같으므로 잘못 다루면 곧 움직이지 않게 되어 버리는 위험성을 겸비하고 있다. 특히 음식업처럼 어떻게 해서든 사람이 필요할 때, 모처럼 만든 급여체계를 무시하고 채용하는 경우에 너무나도 잘 정리된 체계가 오히려 장애가 되는 경우도 있다.

9) 새로운 급여체계의 제안

종래의 급여체계와 가장 다른 점은 초임이 높다는 것이다. 정말로 일하고자 하는 의욕이 있는 사람은 노는 것보다도 일하는 것을 우선시한다.

고졸이 년봉 개념으로 월 90만 원이라는 것은 현시점에서는 파격적이다. 그렇기 때문에 응모자가 온다. 그리고 회사가 엄격하다는 것을 충분히 설명한다. 장래 간부의 길도 경우에 따라서는 독립의 길이라는 것도 이야기해준다. 마지막으로는 본인이 납득하고 스스로 결단을 내려 취직하게 해야 한다. 매년 승급은 연간 40,000원씩. 그러나 23세부터는 24,000원밖에 승급하지 않는다.

왜 이렇게 조금밖에 승급되지 않는가하면 직무수당이 많기 때문이다. 표 4-23은 직위를 6단계로 분류하고 또한 음식업에 맞게 개정하고 있다.

표 4-23 직무수당의 결정 방법

(1)	20,000원	신입사원 교육을 하는 책임수당
(2)	40,000원	점장보좌로서 훈련받는 수당
(3)	60,000원	드디어 새로운 점장으로서 책임있는 직무를 하는 수당
(4)	120,000원	중견 점장으로서 점포업무를 거의 안심하고 맡길 수 있는 수당
(5)	360,000원	다음 점장육성을 할 수 있고, 자신도 언제라도 sv가 될 수 있는 실력을 갖고 있다.
(6)	480,000원	이 이상의 수당은 맡고 있는 점포수나 매상고 UP 등의 경영실적에 맞게 평가되는 것으로 한다.

점장의 임기를 보통 3년으로 하고 있지만 능력만 있으면, 2년만에 다음 직위로 올리더라도 상관없다.

두 번째 차이점은 직무에 대해서 수당이 붙도록 되어 있기 때문에 몇 년이 지나더라도 직무를 부여받지 못하는 사람(무능한 사람)은 매년 아주 조금씩밖에 승급되지 않는다. 능력이 있는 사람은 직위가 점점 올라가기 때문에 급료도 점점 올라가게 된다. 점장이나 SV가 된 사람과 되지 않은 사람과의 차를 비교해 보면 36세 때에는 2배 차이가 나고 있는 것을 알 수 있다(표 4-24).

표 4-24 직무수당에 의한 연령별 급여격차

	직무가 있는 사람의 월급	직무가 없는 사람의 월급
21세	1,040,000원	920,000원
24세	1,220,000원	980,000원
27세	1,460,000원	1,040,000원
30세	1,700,000원	1,100,000원
33세	1,900,000원	1,160,000원
36세	2,100,000원	1,220,000원

본인의 능력을 정당하게 평가받는다는 것은 바로 이러한 차이를 나타나게 하는 것이 아니겠는가? 앞으로는 서서히 연공서열급이 아니라, 능력을 평가하는 실력주의로 변해갈 것이 틀림없다.

8. 음식점의 복리후생

음식업은 급료면에는 크게 관심을 갖고 있었겠지만, 의외로 관심이 낮은 것이 복리후생면이다. 지금까지의 음식업에서는 노동시간이 길기 때문에 일반 산업계처럼 8시간 노동, 높고 복리후생은 원하지 않았지만, 그 대신에 손에 들어오는 임금만은 정확히 받아야지라는 자세로 고용된 쪽은 일하러 왔고, 고용한 측도 임금만 높여서 대응해 왔기 때문에 복리후생면에서는 아주 낮은 것이 현실이다.

얼마 전까지는 밥을 먹을 시간도 없어서 점심은 거르던가 휴식도 취하지 못하고 계속 일하는 것을 자랑하거나 식사를 할 장소가 없어서 주방구석이나 카운터에서 서서 식사를 한다든가, 휴게실이 없어서 주차장에 주차한 자신의 차에서 잠을 잔다는 등의 말이 많았다.

　오늘날 대형 외식기업들이 들으면 놀라 자빠질 일들이 아무렇지도 않게 행하여졌던 것이다. 복리후생을 논하기 전에 일반 음식점에서는 노동시간의 길이, 휴게실의 설치, 식사 방법 등등에 대해서 하나의 기업으로서 부끄럽지 않은 마음가짐과 설비가 완비되어 있는지를 체크해 볼 필요가 있다.

　또한 대형 외식기업이라면, 일정한 근속연수나 실적을 올리면 해외연수여행이나 국내연수 등을 보내주기도 하지만, 일반 음식기업에서는 이러한 것들은 바라지도 못한다. 사회보험이나 퇴직급제도를 보면 그 차이를 확연히 알 수 있다. 이러한 예를 들자면 수도 없이 많다. 이래서는 좋은 인재를 모을 수 없다.

　사회가 급속성장을 이루어 국민 한 사람 한 사람이 풍요로움을 향유할 수 있도록 된 오늘날에 음식업계만이 전근대적으로 피고용자를 대하고 있다면 음식업계의 발전은 기대할 수도 없다. 그러면 종업원이 환영하고, 일할 의욕을 가지고 일하게 하는 복리후생, 환경만들기란 도대체 어떠한 것인가. 생각나는 항목 순으로 열거해 보겠다.

1) 사회보험의 정비

　본 절의 처음에도 서술했지만 음식업계의 특성으로는, 지금까지 업계사람들은 급여의 총액이 아니라 손에 들어오는 것에 연연해 왔기 때문에 얼마나 많은 금액을 손에 넣느냐만을 생각한 나머지 의료보험이나 실업보험 가입을 거절하더라도 손에 들어오는 액수만 많으면 된다고 생각했다.

　한편, 경영자 쪽에서도 사회보험에 가입하지 않고 그에 해당하는 돈을 급료의 일부로 하는 것을 아무렇지도 않게 생각해 왔다. 그렇지만 음식업계에서 외식산업이라 일컬어지는 대형체인점이 급속성장함에 따라 점점 대졸 응모자가 늘고, 그들의 취업이 늘어남에 따라서 대기업에서부터 사내에 사회보장제도가 충실해져 지금은 적어도 연 매상이 40억 원 규모 이상의 음식기업에서는 이 사회보험제도를 완비해 놓고 있다. 문제는 소규모 음식기업에서의 완비, 불비의 문제이다.

　여기서 이야기하는 사회보험이란 ① 산재보험 ② 고용보험 ③ 의료보험 ④ 연금 4종류이다.

(1) 산재보험

이것은 정식으로는 노동자재해보상보험이라고 하고, 종업원을 5인 이상 고용하고 있는 모든 사업소에 적용되는 것으로 회사에서 일하는 노동자가 일하는 도중이나 통근중에 재해를 입어 병이나 부상, 혹은 사망했을 때, 본인이나 유족의 생활을 구제하기 위한 보험이다.

이 보험료는 전액을 사업주가 부담하는 것으로 노동자측에서는 일절 지불할 필요가 없고, 또한 사업소의 내용에 따라서 일어나는 재해의 많고 적음의 무게에 따라 다르기 때문에 사업주가 지불하는 보험료도 다르지만 음식업에서는 일반적으로 지불하는 급여의 1%에도 미치지 못하는 액수다.

(2) 고용보험

이것은 불행하게도 회사가 도산하거나 실업상태가 된 근로자의 생활구제를 목적으로 하는 것으로, 이 외에 본인의 구직활동 원조, 능력개발향상 지원 등도 병용해서 행하는 보험이다. 이것도 산재보험처럼 종업원의 수 30인 이상 고용하고 있는 사업주는 원칙적으로 가입하지 않으면 안 되는 것으로 되어 있다.

보험료는 사업주와 노동자가 5 : 5로 부담하게 되어 있고, 지불급료의 1%에도 미치지 않는 부담이다.

(3) 의료보험

이 보험은 종업원이나 그 가족의 건강이 염려되거나, 부상을 입었을 때 치료비나 진료비 부담을 가볍게 하기 위한 보험이다. 이 보험은 원칙적으로 종업원이 5인 이상 있는 사업주는 모두 가입하는 것이 법률에 의무로 되어 있고, 사업주도 보험료를 납부하지 않으면 안 된다. 이 보험료는 원칙적으로 사업주와 종업원의 부담이 반반이다. 그 액수는 해당 가족의 부양가족 수나 급여의 다과에 따라서 약간 차이가 있지만, 과거의 지급실적을 바탕으로 각자의 보험료금이 결정되는 구성으로 되어 있다. 대체로 지불급여의 3%이내에서 납부한다.

또한 보험자는 국가이지만 항시 1,000명 이상의 노동자를 고용하고 있는 사업소에서는 자사에서 의료보험조합을 만들고, 조합이 보험자가 되는 것도 가능하다.

(4) 국민연금

이것은 일하는 사람들의 노후생활을 보장하고자 하는 것으로 그 외에도 피보험자의 신체장애가 남는 경우에 장애연금을, 만일 사망한 경우에는 유족연금이 지불되어, 유족의 생활을 유지해 주기도 한다.

이 보험도 의료보험처럼 원칙적으로는 5인 이상의 근로자를 고용하는 사업주는 모두 가입을 하고, 근로자가 4%, 회사가 2%를 부담하고 한다.

2) 법정외의 복리후생

전술한 4가지 보험은 나라가 정하여 그 실행자를 경영자에게 구하는 것으로, 이것을 법정 복리후생이라고 한다. 이외에 자사의 판단으로 마련한 독자적인 종업원을 위한 복리후생이 있다. 그 사례는 많이 있지만 그 중에서도 비교적 공통되는 항목을 순서대로 설명하겠다.

(1) 급식지급

지금까지 음식업은 음식을 다루는 것이기 때문에 여기서 일하는 종업원들에게 식사를 지급하는 것은 당연하다고 하는 견해가 일반적이었지만 요즈음 타업종에서 음식업으로 급격한 신규참여로 음식업계 독자의 관행이 재고되기 시작했다. 그러므로 이 식사 지급방법을 예를 들어보자.

① 식사수당으로 지급하고, 월급에서 공제하는 방법.

이 방법은 비교적 대기업이 하고 있다. 1일당 식사수당을 출근일수를 곱해서 지급을 한다. 이러한 경우 식사준비를 하는 경우가 많은데 이 식사는 식사수당의 총액을 일수로 나누고 약간의 보조금을 내서 하루의 예산액을 미리 정해서 그 범위 내에서 준비하게 된다. 이때 당연한 일이지만 지급 받은 금액은 과세대상이 되는 것을 종업원들에게 이해시켜 두어야 한다.

② 급식 도시락을 시킨다.

어쨌든 음식업은 점심시간 때나 저녁시간 때가 가장 바쁜 때여서 이 바쁜 피크타임에 식사를 마련하기란 상당한 무리가 따른다. 식사를 마련하기 위해서 손님에게 폐를 끼치면 안 된다. 그래서 외부에서 식사를 갖고 오는 것이 하나의 방법이라 생각된다.

　이러한 경우에는 1식당 얼마를 보조하는가를 결정해 두고, 급식도시락회사와 계약해서 가져오는 것이다. 어느 회사의 경우에는 반찬만 급식회사에서 가져오고, 밥과 김치 된장국은 자사의 것을 제공하고 있는 곳도 있다.

　③ 점포의 메뉴 중에서 선택하게 한다.

　이 경우는 어디까지나 회사가 지정한 것 중에서 선택하게 하는 것이다. 다만, 당사자가 지불하는 요금은 판매가의 50%라고 미리 정해놓는다. 이것은 다만 단순히 식사를 한다라는 것뿐만 아니라, 종업원에게 점포에서 팔고 있는 상품을 이해시킨다거나 메뉴 하나하나의 맛을 보게 하는데도 효과가 크다. 그러나 피크시에 먹어서는 안 된다. 그러므로 아이들타임이어야만 한다. 이 방법이 대형 외식체인의 일반적인 패턴이다.

　이상이 급식의 대표적인 스타일로, 옛날에는 식사를 마련하는 것을 당연히 여겨 종업원에게는 급식비 일절을 공제하지 않고, 중에는 일부러 식사를 마련하는 사람을 고용해서 식사를 만들게 하는 경우도 있었다. 이렇게 하면 점포의 원가율이 틀림없이 2~3% 높아지고, 원가관리 등이 불가능해져 버린다. 가능하다면 식사를 마련하지 말고 ②나 ③의 스타일을 권하고 싶다.

(2) 휴게실, 락카, 기숙사, 기타

　지금까지는 비교적 사원 기숙사에 대해서는 독신자를 많이 고용하는 음식업에서는 이런 항목들을 신중하게 생각해 왔을 것이다. 특히 지방에서 중·고졸 집단취직이 붐을 일었던 2, 3년 전은 기숙사가 없으면 사람이 오지 않는다는 말도 있었다. 때문에 작은 기업은 작은 대로 집을 빌려 기숙사를 준비해서 지방에서 젊은이를 맞이했다. 그러나 주택사정이 좋지 않고, 오늘날과 같이 풍요로운 사회가 되자, 아무래도 기숙사에 들어가지 않고서도 스스로 아파트를 빌려서 사는 것이 업계의 실정이라 말할 수 있을 것 같다.

　따라서 꽤 큰 기업이나 한 점포의 매상이 상당히 높은 음식점 이외에는 기숙사의 설치는 지금까지처럼 그다지 배려를 할 필요는 없을 것 같다. 만일 이러한 면에서 복리후생을 고집한다면 독신종업원이 빌리려고 하는 아파트 보증금의 일부, 혹은 전액을 부담하거나 일부 집세를 부담하는 정도일 것이다.

그것보다도 오히려 점포 내의 종업원 휴게실과 락카 등을 완비하는 편이 중요하다고 할 수 있다.

일반적인 음식점에서는 하나라도 많은 객석을 채우기 위해 종업원이 쾌적하게 일할 수 있는 환경이 무시되는 경우가 실로 많다. 이래서는 경영자가 원하는 현장레벨을 결코 실현할 수 없다. 종업원이 안심하고 동시에 기쁘게 일할 수 있도록 반드시 1평 정도의 휴게실을 만들어 여기서 유니폼을 갈아입거나, 식사를 하거나, 휴게시간에 담배를 피면서 편히 쉴 수 있도록 해야한다.

휴게시간이라고 해서 객석에서 유니폼을 입은 채로 담배를 핀다거나, 심한 경우에는 객석의 시트에 누워서 자는 사례도 있다. 또한 휴게실이 없다고 해서 종업원이 유니폼을 입은 채로 당당히 객석에 앉아서 식사를 하고 있는 것은 음식점 점내 풍경으로 보기에 썩 좋지 않다. 입지가 상당히 좋아 地價, 임차료가 높아서 휴게실이 필요치 않는 점포라면 몰라도 일반적인 음식점에서는 반드시 휴게실을 만들고 쾌적한 근무환경을 만드는 것이 중요하다.

또한 휴게실에는 락카 등을 설치해서, 한 사람 한 사람의 사물함을 정확하게 관리할 수 있는 상태로 만들어야 한다. 락카관리를 게을리하면, 탈의실(휴게실)에서 돈을 도둑맞는다거나 구두가 없어지는 문제가 많이 일어나게 된다.

(3) 여행, 레크레이션

대부분의 음직점들은 몰라도 연중무휴이며, 장시간 영업을 하므로 점포 문을 닫고 전원이 여행을 간다는 것은 상당히 어려운 일일 것이다. 그러나 매일 조금씩 돈을 모아 놓고, 회사에서도 보조를 하여 연 1회 정도는 사내여행을 실시할 것을 권유한다.

이때, 경영자가 모든 기획, 준비를 하는 것이 아니라 회사에서 여행위원회를 만들어서 간부는 물론 사원, 가능하다면 아르바이트들도 위원에 포함시켜 그들이 기획을 하게 한다면 틀림없이 더욱 흥미가 있을 것이다. 또한 여관이나 호텔에 도착하면 가능한 한 짧게 회사의 현상보고나 다음년도 목표 등을 경영자가 발표하고, 우수사원, 공로자 등을 표창하는 것도 시기적절한 것일 것이다. 게다가 즐겁게 저녁을 먹은 후에는 장기자랑 대회를 여는 것도 좋지 않겠는가? 이러한 기획이 사원위원회에서 나온다면 반드시 흥미를 돋울 것이다.

음식업자 중에서 '모처럼 큰돈을 지불해서 여행을 했는데 요즘 젊은이들은 조금도 감사하지 않는다. 때문에 여행을 해도 의미가 없어요.'라고 투덜거리는 사람도 많지만, 이것은 방법이 나빴기 때문이다. 서로의 기분을 이해하고 동지감을 갖고, 자신이 이 회사에서 일하는 것에 기쁨을 느낄 수 있는 가장 좋은 장이 이 사내 여행이다.

이것과 똑같은 것으로 레크레이션이 있다. 봄, 가을 2회 정도 모든 점포에 휴일을 정하여 사내 운동회나 소프트볼, 야구, 배구대회 등의 개최하거나, 4월 꽃구경, 10월의 단풍구경 등의 피크닉 개최를 권유한다. 이것도 역시 종업원들에게 기획을 맡기고 그들이 미리 예산도 세우고 실시까지도 맡기는 편이 좋다.

소규모 점포에서는 사람수가 적어서 야구나 배구를 할 수 없다고 한다면 볼링도 있고 드라이브 등도 할 수 있다.

점포 안에서의 미팅이나 조례 등의 커뮤니케이션도 중요하지만 역시 점포 밖에서 하루동안 함께 움직이고 서로 커뮤니케이션을 교환하는 것은 복리후생 이상의 효과를 낳는다고 할 수 있다.

또한 회사가 커지면 동호회처럼 조직을 만들고 각 위원장을 종업원 중에서 선택하여 자주 운영의 기회를 종업원에게 제공하는 것도 재미있다. 동호회는 스포츠관계 야구나 테니스에서 시작하여 어떤 것이라도 가능하고, 문화면에서는 음악, 회화에서 실로 다양한 동호회 그룹을 가질 수 있다.

(4) 사원주주제도와 분점만들기

보다 적극적인 복리후생으로써 사원주주제도와 분점차려주기 제도가 있다. 사원주주제도를 채용하고 있는 음식기업은 비교적 많다. 사원의 기업에 대한 로얄티는 확실하게 권한을 위양하여 각각의 위치에서 자신의 의견을 당당하게 말할 수 있고 경영에 참가하게함으로써 조직은 활성화되고 움직이기 시작한다.

그러나 더욱 확실하게 하기 위해서 사원에게 주식을 나누어주는 방법은 굉장히 효과적인 수단이다. '우리 회사다, 우리가 자본을 들이고 있다.'라는 참가의식을 높이고 무엇보다도 경영자 감각을 갖게 된다. 그러나 모든 종업원에게 줄 수는 없다. 여기서 사원주주제도의 대요를 설명해 보겠다.

· 자격   5년 이상 근속한 점장직 이상의 역직자로 이사회가 인정하는 자

- 지불방법   월 액 8만원을 급여에서 떼고, 연 2회의 상여시에 각각 12만원씩 떼어 원칙적으로 연간 120만원으로 한다.
- 액면금액   특전으로 액면가의 80%로 한다.

 이것은 일본의 어떤 회사의 사례이다. 기업규모가 커지면 사원주주회를 만들고 이 회에서 주식을 운용하는 것이 바람직하다. 그것은 소량 주주를 하나로 정리함으로써 안정주주 대책이 되고, 소량 주주측에서도 하나로 정리되므로써 그 나름의 정당한 발언을 할 수 있다는 메리트가 있다.

 가능하면 기업이 작을 때는 증권의 명의변경은 이사회의 승인을 요한다는 항목을 정해 놓고 주주의 안정화를 꾀해놓는 것도 잊어서는 안 된다.

 다음으로 분점을 만들어주는 제도이다. 이 분점제도는 음식업계만이 아니라 수공업, 상업세계에서도 널리 일반적으로 행해져 온 제도이다. 그러나 봉건색이 강한 도제제도하의 분점은 오랜동안 싼 임금으로 봉사를 하여 드디어 한 사람의 기능인이 되었을 때 분점을 내어 독립하는 제도이고, 오늘날의 민주주의 사회에서는 이러한 분점 제도가 아닌 것은 자명한 일이다.

 오늘날의 분점 제도의 일반적인 케이스는 다음과 같다.
- 자격   점장 이상의 역직자로 점장 경험이 3년 이상이고 연령이 30세 이상, 기혼자로 자기명의의 저금이 2,000만원 이상 있는 자로 이사회에서 승인을 받은 사원
- 수입조건   오너점장으로써 최저 월수입이 300만원으로 하고 출점 수지(收支)가 틀림없이 실행될 수 있다는 판단이 있을 것.
- 자금의 조달   이상의 조건을 만족하는 경우에는 회사측이 차입의 보증인이 된다.

 이상이 대략적인 개요로, 이 분점제도에는 분점을 받게 될 당사자가 기뻐하며 일할 의욕을 가질뿐만 아니라 후배사원들의 격려가 된다는 장점이 있음과 동시에 자사의 분점을 넓히고 기업체로써 기반을 만든다는 것도 커다란 장점이다.

 분점을 만들 때의 운영방법에 대해서는 FC스타일을 취할 것인가? 공영회처럼 일정의 회비만으로 연결되는 보란타리적인 스타일을 할 것인가, 어느 쪽이든 명확하게 정해 놓을 필요가 있다. 무엇보다도 본점에 일정의 강제력이 없으면 독립한 쪽이 마음대로 영업을 하는 경우가 많고, 이렇게 되면 본점이 분점에게 상처를 입고

고객에서 신용을 잃을 가능성이 높아 결과적으로는 큰 마이너스가 되어버린다.
　결코 점포명만을 주고 점포를 갖게 해서는 안 되며, 이 경우에의 실패 예는 여기에 모두 들 수 없을 정도로 얼마든지 있다는 것은 주지한 대로이다. 요는 사내 분점제도라고는 해도 분점을 만들 때 명확한 계약을 한 후에 실행을 해야 한다.

(5) 기타 복리후생

　음식기업의 대부분이 중소규모로 일반 대기업과 달리 노동조건도 좋지 않고, 더구나 급여면에서도 그다지 혜택을 받고있지 못하는 경우가 대부분이다. 대기업은 복리후생 등을 그리 배려하지 않아도 유능한 인재가 그 기업의 지명도에 의해서 많이 모여든다. 그렇지만 음식업계는 그렇지 못하다. 사람을 모집하는 것이 정말로 어려운 것이 상식이다.
　본 장의 각 항목에서 누누이 그 실정에 대해서는 서술해 왔고, 바람직한 인재 확보, 정착율 향상을 위해 취해야 할 방법에 대해서도 제안을 했다. 요는 세세한 배려가 음식업의 인재확보에는 절대로 필요하고 복리후생에 대한 대응도 대기업처럼 보험조합, 휴양지, 별장 등의 대대적인 규모는 할 수 없을지라도 세세한 인간적인 면에 신경을 써주는 것이 정말 중요하다. 그러므로 이러한 배려, 복리후생의 사례를 소개하겠다.

① 결혼기념일, 생일축하 - 기념품을 준다. 가능하면 메세지를 적어서
② 설, 크리스마스 등의 선물 - 명절에 집을 나와 점포에서 일하고 있다. 집에 있는 자녀에게 주는 세뱃돈이나 선물을 경영자 자신이 준다.
③ 가족초대일 - 연 1회 정도는 가족을 점포로 초대한다. 젊은 종업원이라면 부모를, 아르바이트인 경우는 아이들을 신규개점일에 초대, 피크닉와 운동회에 초대하는 것도 있다.
④ 표창제도 - 우수사원, 공로자, 무결근자 등을 표창하고 감사를 한다. 또한 해외연수제도나 국내연수제도 등 실로 많은 복리후생을 생각할 수 있다.

　중요한 것은 함께 일하는 종업원 개개인을 어떻게 이해하고 애정있는 대응을 하는가가 음식업에서의 복리후생이라 할 수 있다. 이러한 면을 잘 지켜서 안심하고 일할 수 있게 한다. 또한 기쁘게 일할 수 있는 환경만들기가 중요하다고 할 수 있다.

제5장
음식점조직을 움직이는 법

전 장 '음식점의 인사와 교육'에서 몇 번이나 종업원에게 어떻게 하면 일할 기분을 만들 수 있는가, 또 그 중요성에 대해서 강조했다. 음식점은 피플비즈니스라 할 정도로 사람에 관한 요소가 대단히 중요하다. 따라서 어떻게 회사조직을 만들어야 종업원이 의욕을 가지고 활기있게 일하게 할 수 있을까? 이러한 조직을 형성하는 방법에 관심을 기울어야하는 것은 말할 필요조차 없는 일이다.

이 장에서는 어떻게 이상적인 회사를 만들고, 움직여가느냐를 상세히 서술해 가기로 하겠다.

1. 조직의 원리원칙

인간이 혼자서 살아간다는 것은 지극히 어려운 일이다. 적어도 다른 사람과 서로 더불어 살아가는 것이 통상적인 생활 스타일이다. 남에게 의지하여 살아가는 것이 인간이고, 사람과 사람의 협력으로 살아가는 것이 바로 인간이다. 사람들은 무언가 큰일을 할 때는 몇 백 명, 몇 천 명이 힘을 합하여 하나의 일을 이루어낸다.

역사상 대건축물이나 이집트의 피라미드, 중국의 만리장성도 모두 사람의 힘으로 만든 것으로 인간집단의 힘으로 만들어 낸 것이다. 이렇게 사람들이 모여서 힘을 합하는 행위의 연속이 인류의 역사라 해도 과언이 아니며, 앞으로도 그러한 형태를 취하지 않을 수 없다. 그렇지 않으면 인류는 오래 존속될 수 없다.

'하나의 목표달성, 일의 완수를 위해서 사람들이 서로 힘을 합한다.' 이것이 조직이다. 화재가 발생하고, 소방차가 달려와서 불을 끄고 그것을 지켜보는 개구쟁이들, 이들은 다만 군중이지 조직이라고는 할 수 없다. 은행가나 쇼핑센터에 나온 사람들은 아무리 많이 모였더라도 당연히 조직이라고는 할 수 없다.

'하나의 목표가 있다' 그리고 '그 목표를 달성하고자 하는 공통의지가 있다' 이 2가지 요건이 갖추어지지 않으면 조직이라고 할 수 없다. 이렇게 생각해 보면 '학교'는 어떠한가? '공부해서 졸업한다'라는 목표가 있고 공통의지가 있다. '국가'는 어떠한가? '국민 한 사람 한 사람이 행복한 생활을 한다'라는 목표가 있다. 정부, 의회, 법원이 그 달성을 위해 노력을 하는 것은 물론, 국민은 자신이 할 수 있는 범위 내에서 참가하는 즉, 말하자면 공통의지가 존재한다. 때문에 당연히 국가는 조직이다.

이렇게 확대해가면, 가정, 지방의회, 마을 군, 시, 도, 국가라는 단위로 조직은 존재하고 한편으로는 관청, 회사, 봉사단체, 문화써클에 이르기까지 사회는 이렇듯 많은 조직으로 성립되어 있음을 알 수 있을 것이다. 당연히 음식기업도 하나의 기업조직이며, 점포자체도 조직이라는 것을 이해할 수 있을 것이다.

표 5-1은 부부 두 사람이 운영하는 음식점의 예이다. 이 점포에서는 경영자 부부와 조리사 세 사람이 일하고 있다. 세 사람이라고는 하지만 당연히 주도하는 사람과 이끌려 오는 사람이 있어야 한다. 세 사람이 마음대로 자기가 하고 싶은대로만 한다면 점포는 원활하게 움직여주지 않는다. 누군가 정리하고 이끌어가지 않으면 점포가 잘될리 없다. 그러나 대부분 부부 두 사람이 운영하는 경우는 이 원리원칙을 이해하지 못한 경우가 많았다.

표 5-1 음식점 조직의 원형

부인이 남편에게 지시하고 함부로 대하며, 또한 단 한 사람의 고용인인 조리사를 어렵게 여겨 오히려 이 조리사 뜻대로 점포를 움직여 가는 경우가 실로 많았다. 이래서는 번성점의 조건인 상품력, 서비스력, 점포력을 발휘하여 손님에게 지지를 받아 점포를 번성시킬 수 없다. 따라서 우선 조직의 원리·원칙을 잘 이해하는 것이 중요하다.

표 5-2를 잘 보기 바란다. 이것은 세 사람인 경우의 조직도이다. A가 리드하고, B와 C가 A의 부하라는 위치에 놓이게 된다.

① 우선 A가 B와 C에게 구체적으로 적절하게 지시를 내리는 것에서부터 시작된다. (때문에 A가 지시를 정확하게 내리지 않으면 이 시점에서 이 조직은 움직일 수 없게 된다.)

표 5-2 조직의 원리원칙

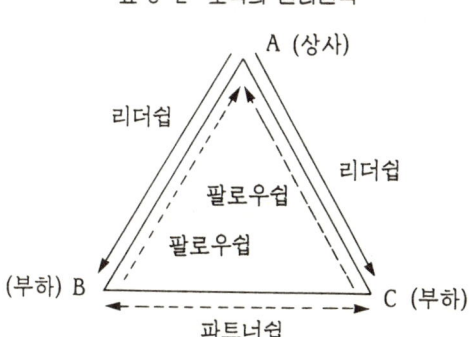

② 다음으로 B와 C는 각각 A가 내린 지시를 분담하여 실행한다.(여기서 B와 C가 A를 신뢰하지 않고 자신의 생각대로 움직이면, 이 조직은 움직이기는 해도 성과를 얻을 수 없게 된다.)

③ 또한 B와 C가 힘을 합하여 서로 협력해서 자신들에게 주어진 작업을 해간다. (반대로 B와 C가 상반하여 협력하지 않으면 작업성과는 얻을 수 없게 된다.)

이렇게 ① ② ③의 힘이 균형을 이루어야만 비로서 조직이 잘 굴러가 커다란 성과를 얻을 수 있게 된다.

①을 리더쉽(Leader Ship), ②를 팔로우 쉽(Follow Ship), ③을 파트너쉽(Partner Ship)이라 하는데, 모든 조직은 이 세 가지 힘의 조립으로 성립되어 있다.

자사의 현재의 조직을 한번 잘 살펴보고, 이 세 가지 힘이 균형을 유지하고 있는지를 체크해보자. 또한, 리더쉽은 절대주의국가나 봉건시대 이전의 경우에는 리더의 명령대로 행동하지 않으면 칼의 위력을 발휘하여 무리하게 따르게 할 수 있었고, 이러한 힘을 갖고서 피라미드나 만리장성 등도 쌓게 했다. 다시 말해 권력을 배경으로 리드했지만, 민주주의시대에서는 이러한 권력으로는 사람을 다룰 수 없으며 사회자체도 이 권력행사를 허락해 주지 않는다. 따라서, 리드되는 쪽이 스스로 원해서 따라주는 상황을 만들어(이것을 팔로우쉽이라 한다) 사람들을 목적지까지 이끌어가야 한다.(여기에는 여러 가지 세세한 배려가 리더에게 필요하다.)

부하가 마음으로부터 신뢰하고 따를 수 있도록 상사는 리더쉽을 갖추어야 하는데 이것을 권위라고 한다. 이 권위로써 조직을 움직여가야 한다.

리더쉽, 권위에 대해 서술하자면 이것만도 많은 지면이 필요하기 때문에 여기서는 간단히 언급하겠지만, 중요한 것은 이 3가지 힘을 잘 배합해서 조직을 만들고 움직여야 한다는 것이다.

2. 음식점의 조직

부부 두 사람이 운영하는 소규모점포에도 조직은 존재한다라는 것은 이미 앞에서 이해할 수 있었을 것이다.

음식점의 경우, ① 식재를 매입하고 ② 보관해서 ③ 조리하고 ④ 제공하고 ⑤ 접객서비스를 더해서 ⑥ 계산을 받는다. 그리고 ⑦ 매출을 예금하고 ⑧ 기장하여 손익계산을 내고 ⑨ 거래처와 종업원에게 돈을 지불한다라는 흐름으로 영업을 하는 것이 보통이다. 아무리 작은 음식점이라 하더라도 이러한 패턴으로 운영되고 있다.

때문에 3사람 이상이 음식점을 경영한다고 하면, 앞에서 예를 든 ABC 세 사람의 관계에서 보면 A는 총괄의 책임을 지고, B는 ①②③의 작업을, C는 ④⑤⑥을 그리고 A가 ⑦⑧⑨를 담당하게 된다. 게다가 소규모 점포이기 때문에 피크시는 주인인 A가 조리장을 돕거나 배달을 하기도 한다.

그렇지만 여기에도 조직은 틀림없이 존재한다. 이러한 경우의 조직도는 표 5-3과 같다.

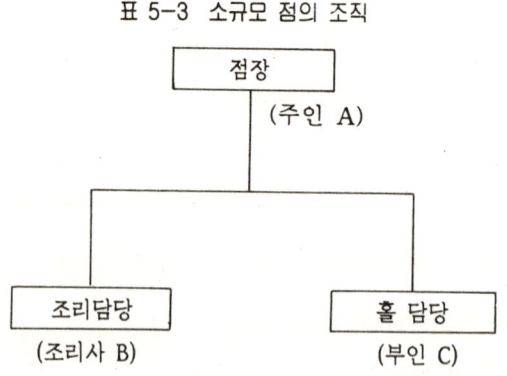

표 5-3 소규모 점의 조직

이 조직도의 움직임은 상위에 있는 A에서 B로는 직선으로 연결되어 있다. 그리고 C도 똑같이 A와 직결되어 있고, 이 직선 아래쪽인 B, C에 지시를 내리게 되어있다. 결코 부인인 C가 직접, 조리사인 B에 대해서 이것저것을 지시·명령해서는 안 된다. 이것이 조직을 움직이는 원리·원칙이다. 그렇지만 보통 음식업자들의 부인들은 위에 있는 남편, A를 제쳐놓고 이것저것 지시를 내리는 사람이 많다. 이래서는 당연히 조직이 움직이지 않을 뿐 아니라 사람도 키울 수 없다.

그렇다고 C인 부인이 일상 속에서 조리사인 B에게 어떤 요리를 만들어 주십시오 등의 요구를 하는 것은 여기서 말하는 지시·명령이 아니라, 극히 일반적인 작업의 일부이므로 여기까지 하지 말라고 하는 것은 아니다.

다만 너무나도 조직에 대해 몰라서 점포를 망치는 소규모 점포가 많은 것에 놀랄 따름이다. 표 5-4에서 표 5-6까지는 음식점 규모에 따라 적합한 조직 만드는 법의 사례를 나타내고 있다.

표 5-4 연매상 2~3억 원의 음식점 조직도

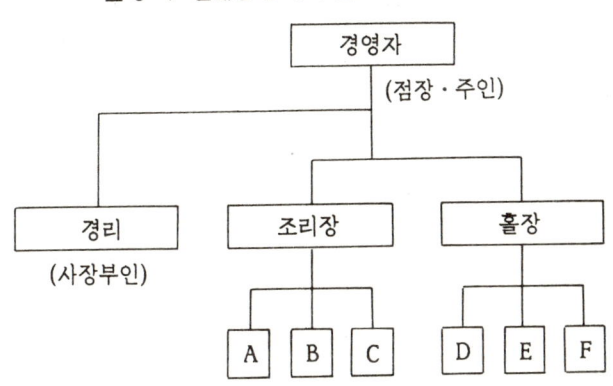

연매출이 2~3억 원인 음식점이라면 표 5-4와 같은 조직도가 만들어져야 한다. 주방과 홀에 각각 책임자 역할을 할 사람이 있고, 그들의 지시로 주방, 홀이 움직이는 것이 이상적이다. 여기서는 경영자가 점장을 겸임하고 있으므로 점장은 주방과 홀이 잘 움직이는가를 늘 관찰하고 홀이 약하다고 생각되면 홀을 돕고, 주방이 복잡해서 늦어지면 주방에 들어가서 돕는 유연성이 필요하다.

중요한 것은 간부를 어느만큼 신뢰하고 권한을 위임하고 있는가로, 항상 권한을 이양해준 직속 부하를 도와주는 스타일을 취해야 한다.

점포가 2점째가 되면 표 5-5와 같은 조직도가 된다. 3~4점포로 진행되면 표 5-6같은 조직도에 나오는, SV이라는 새로운 직종의 간부를 키우면서, 5점포를 만들어갈 때에 비로소 표 5-6의 조직으로 변해간다.

표 5-5 2~4점포의 음식기업 조직도

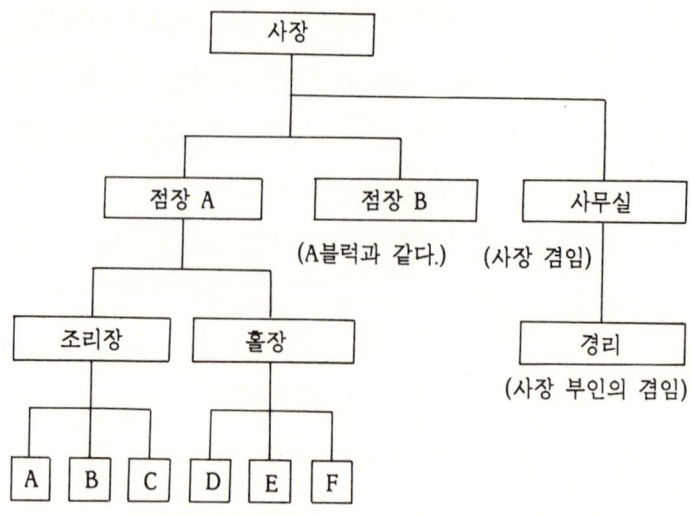

표 5-6 5~10점포의 음식기업 조직도

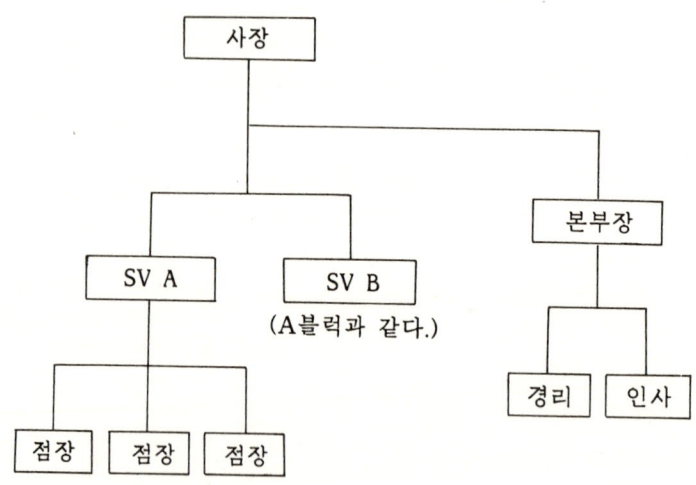

그렇지만 체인점 조직이 되면 조직의 구성방법, 운영방법이 크게 변화한다.

표 5-7은 일반적인 체인점의 조직도이다. 여기서는 사업부장(전무)을 정점으로 하는 영업부문(라인이라 한다)과 본부장을 정점으로 하는 영업지원과 참모부문(스텝이라 한다)의 두 부문에서 조직은 성립된다.

표 5-7 체인점 음식기업의 조직도

```
                            사장
                             │
              ┌──────────────┴──────────────┐
           사업부장                        본부장
              │                             │
   ┌──────┬───┴──┬──────┐              ┌────┼────┬────┐
  SV A   SV B   SV C   SV D          계수담당           
                 4점    4점                              
                 4점                    교육담당         
              (A블럭과 같다.)                            
   ┌───┬───┬───┐                       상품담당         
  A점 B점 C점 D점                                        
                                       기획담당         
```

그러나 체인점의 조직은 지시·명령을 내리는 톱과 최하위로의 계층이 일반 중간 규모의 음식기업과 똑같으므로, 점포수가 많아지더라도 서로 겹쳐지지 않도록 연구되어 있는 점을 주목하기 바란다. 게다가 사무소(본부)에 완전한 지원조직이 있어 점포사이드(라인)에서 머리를 쓰지 않더라도 관리나 작업이 자연스럽게 이루어지도록 되어 있다.

개개의 직무에 대해서는 다음 절에서 상세하게 서술하기로 하겠다.

조직을 만드는데는 표 5-8과 같은 세 가지 스타일이 있다.

먼저 고깔 모자형 조직은 사장, 부사장, 전무, 부장, 과장, 점장, 조리장과 같이 회사규모도 그다지 크지 않은데 역직만 많아 결재 하나를 받는데도 몇 단계를 거쳐야 하는 스타일의 조직이다. 이것은 회사의 역사가 오래되고 고참사원이 많으므로 무엇인가 새로운 것을 만들어가고자 하면, 주위에서 지나치게 걱정하기 때문에 이러한 많은 역직을 만들어 심사숙고만 하고 있는 것이다. 돈을 차입하는 것과 같은 신중한 결재를 요하는 경우는 할 수 없지만, 현장 영업이 차지하는 비율이 높은 음식업에서는 아무래도 즉결대응이 요구되는 부분이 많으므로 톱에게 직접 전달되지 않으면 곤란해진다. 예를 들면 메뉴를 만드는데도, 이벤트를 하는데도, 현장을 전혀 이해하지 못하는 간부나 사장이 판단을 내린다면 좋은 결단을 내릴 수 없다. 따라서 사장과 현장은 거리가 짧을수록 바람직하다.

다음은 삿갓형 조직이다. 이것은 사장→점장→주임으로 단계를 심플하게 해서 중간역직을 가능한 한 생략한 조직이다. 그렇지만 이 조직도 점포수가 4~5점포까지는 사장이 모든 일(제2장에서 서술하고 있는 정책, 전략, 전술항목)을 통찰하고 판단·지시할 수 있지만, 점포수가 늘면, 통찰이 불가능해진다. 그러므로 사장 대신에 현장의 전술면(즉, 상품력, 서비스력, 점포력 레벨)만을 담당하는 역직을 만들어야 한다. 즉, 음식점 경영의 ① 재무 ② 인사 ③ 영업 ④ 기획 중에서 영업을 담당하는 과장(SV라 한다)을 만들고, 사장, 과장, 점장, 주임이라는 형태를 만들어 나간다.

삿갓의 양면이 점점 높아진다. 그리고 점포가 더욱 증가해서 12~13점포가 되면 영업담당인 SV가 점차 복수로 많아지게 된다(표 5-6 참조). 이렇게 되면 사무실도 그 나름의 담당자를(본부장) 두게 되는 바로 정삼각형이 되어간다.

일반적인 지역점인 경우에는 정삼각형 스타일을 권하고 싶다. 일반 음식점의 경우, 고깔모자형(이것은 역사가 오래된 회사에 많다)이나 삿갓형(이것은 역사가 짧은 원맨형 경영자의 회사에 많다)인 경우가 많을 뿐, 정삼각형은 거의 없다.

다음의 '음식점 조직 움직이는 법'에서 상술하겠지만, 경영자는 조직의 크기에(회사 규모) 맞는 역직자를 육성하고 권한이양을 꾀하여 바른 형태의 조직을 만들어야 한다. 마지막으로 삿갓형 조직이 필요한 경우가 있음을 서술해 두겠다.

체인점을 지향하는 특히 10점포 규모인 회사가 20~30점으로 확대를 해서 50점을 넘는 경우에는 조직을 삿갓형으로 하지 않으면, 표 5-9와 같이 6점포의 조직을 정삼각형이론으로 가져가 24점포가 되면 조직체계가 2배 높이로 되므로 그 명령계통이 중층화되어 아무 것도 되지 않는다. 때문에 가능한 한 경영자와 현장의 거리를 줄여 삿갓형으로 할 필요가 있는 것이다. 그 경우에는 본부(사무소)의 지원구조를 충실히 하여 본부스텝이 SV와 협력하면서 현장(라인)레벨을 높게 한다.

때문에 같은 영업스타일을 취할 수 있고, 그렇게 함으로써 관리코스트도 내려가서 대량매입, 대량판매가 가능해져 고객에게도 압도적인 지지를 받아 급속확대가 가능해진다라는 것이 체인이론이다.

확실히 지금까지 대형외식체인기업은 이러한 체인이론을 바탕으로 조직을 만들어 급속 확대를 꾀해 왔지만, 일반적인 5~6점 규모의 음식기업이 이 조직론을 채용하는 것은 삼가해야 한다. 간단하게 정삼각형 조직을 만들어 중견간부의 인재육성을 꾀하면서 10점포가 넘는 시기에 삿갓형 조직에 대한 연구를 시작하고, 필요한 인재를 육성해 20점포 무렵에 점포를 바꿔가는 것이 이상적이라 할 수 있다.

일부 대자본 기업이 외식에 참여하는 경우에는 자금과 인재가 풍부하므로 체인이론 조직으로 일거에 급속확대를 꾀해도 되지만, 일반 음식기업에서는 삿갓형으로 단락화해서는 절대로 안 된다. 견고한 조직이 최대성과를 낳는다는 것을 명심하기 바란다.

표 5-8 조직개념

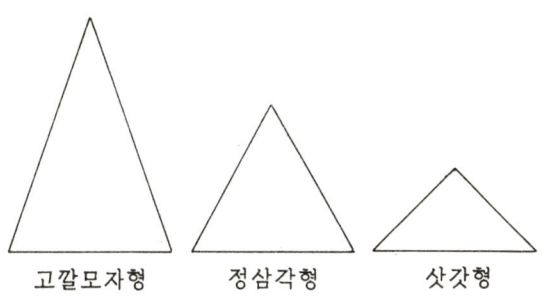

고깔모자형   정삼각형   삿갓형

표 5-9 조직확대 개념

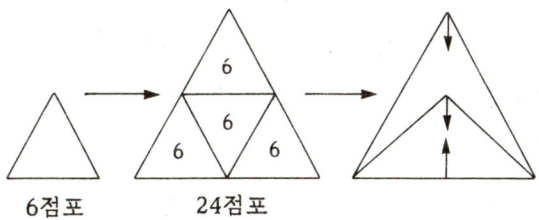

6점포   24점포

3. 음식점의 직무분담

그러면 도대체 어떠한 조직으로 직무를 분담시켜야 하는가라는 것이 이 부문에서 서술해야 할 것이다.

앞에서 조직도를 규모별로 제시했는데 그 도표를 기본으로 누가 무엇을 담당하는가를 모델케이스순으로 설명하겠다.

1) 부부 두 사람이 하는 경우(표 5-3)

· 주인(경영자, 점장을 겸임)

전반적인 정책, 재무, 인사, 영업, 기획의 4개부문 중에서 영업과 기획 두 개 부문, 그리고 주방을 맡는다.

· 부인

정책면에서 남편과 의논하는 것은 당연하며 기술부문, 4부문 중 재무부문과 인사부문, 그리고 홀을 맡는다.

이론적으로 말하면 이렇게 된다. 이것을 현장 입장에서 설명하면 이렇게 된다.

· 주인

매입을 하고 사전준비를 하고, 손님이 오면 맛있는 요리를 열심히 만든다. 시간이 나면 주방을 청소하고 정리정돈을 하는 등 매일매일 바쁜 일과에 쫓기고 있다. 정책, 전략에는 일체 관계하지 않는다. 시간이 나면 태평스럽게 잠을 잔다.

· 부인

아침에는 우선 은행에 가서 돈을 저금하고 그리고 나서 홀청소. 손님이 오시면 접객을 하고 시간이 있을 때 청소. 점포가 끝나면 집안 일이 기다리고 있으므로 돈을 계산해서 장부에 적을 시간도 없다.

이렇게 되어 버린다. 이래서는 안 된다. 어떻게든 점포를 번성시키고 적어도 크게 만들고 싶으면 서로의 역할을 이해하고, 담당하여 서로 의논하여 정확하게 직무를 다하는 노력을 해야한다. 따라서 부부가 운영하는 작은 점포라 하더라도 해야 할 항목은 많이 있다.

여기서 주인과 부인을 사장, 점장, 홀장으로 생각해 보자.

· 사장

정책(앞으로 어떻게 되고 싶은가? 2호점에 도전할 것인가 말것인가? 함께 일하는 사람들의 행복을 어떻게 확보할 것인가? 등)의 기본적인 것을 항상 생각한다.

· 점장 (주인이 담당)

① 영업(항상 점포의 QSC레벨을 높이기 위해 노력한다.) 매입, 조리 등 주방일을 겸한다. ② 기획(행사 · 이벤트 기획, 메뉴기획, 고객명부관리 등)

・홀장 (부인이 담당)

① 영업(좋은 서비스를 하기 위한 마음가짐) ② 재무(장부기장, 세무사 지도에 의한 손익계산, 세무서와의 절충, 돈 관리) ③ 인사(급여지불, 구인·채용 등등)

이렇게 부부가 역할을 명확하게 분담하여 영업에 임할 때 비로소 고객에게 '이 점포는 다르다!!'라는 지지를 받을 수 있는 것이다. 역할을 분담하지 않고, 즉흥적으로 해버리므로 남편은 그저 건성건성 일하는 것 같아 부인이 모든 것을 처리해버리는 음식점이 되어버린다. 결코 요리를 만드는 것만이 음식점의 직무가 아님을 이런 작은 점포의 경영자는 꼭 명심해 주었으면 한다.

2) 연매출이 2~3억원인 점포(표 5-4)

이 정도의 점포가 되면 겨우 본래의 정확한 조직도를 만들 수 있다. 사장이 정책과 전략의 영업과 기획을 담당하고, 사무실의 부인이 전략인 재무와 인사를 담당한다(즉, 금전계산과 구인, 채용과 교육을 담당).

그리고 점장이 점장 본래의 일을 완수한다(그 직무내용은 '교육시스템의 실제'절에 있는 점장자기채점표 표 4-10을 참조로 할 것). 즉, 계수관리, 노무관리, QSC현장관리, 매니지먼트를 행하면서 피크시에는 현장의 가장 약한 부분에 들어가 보조하게 된다.(가능하면 피크시에도 항상 선두에 서서 현장의 QSC를 체크하며 리드하는 것이 이상적이다.)

또한 부하교육, 카운셀링과 고객관리 등의 업무도 점장이 담당하는데 이 조직에서는 사장이 점장이기 때문에 이것을 모두 부인과 확인을 하면서 진행하게 된다. 만일 점장이 경영자가 아닌 경우에는 당연히 직속상관이 사장이기 때문에 사장과 상담하여 결재를 받으면서 직무를 완수한다.

홀장은 점장의 직무 중에서 매상관리, 종업원 워크스케쥴 등의 관리업무를 분담하게 된다. 또한 아르바이트 교육··지도를 맡고 현장에서는 웨이타로서의 직무를 수행한다. 그리고 아이들타임에는 서비스레벨을 체크해서 대응함과 동시에 홀내·외의 청소관리를 철저히 하고 점장과 상담하면서 이들 업무를 진행해 간다.

요리장은 식재발주, 매입, 보관을 행함과 동시에 1일 사전준비작업을 하는 것이 가장 중요하며, 부하의 조리작업을 체크·지도하여 피크시에도 맛있는 요리가 빨리 제공될 수 있도록 부하를 리드한다. 그리고 아이들타임에는 주방의 정리정돈, 청소,

집기를 체크하고, 매입원가관리, 간부교육·훈련을 실시한다.
　즉, 이 규모의 조직에서는 역할분담을 명확하게 한 후, 그 실행자 특히 점장, 주임의 레벨을 올리기 위한 노력이 중요하다고 할 수 있다.

3) 점포가 2~4점 규모(표 5-5)

　이 정도가 되면 완전히 가족들끼리 하는 장사에서 탈피할 필요가 있다. 단도직입적으로 말해서 부인은 가능한 한 현장에서 물러나기를 권한다. 사무경리를 담당하고 자금회전과 수익을 담당하는 편이 현장도 유연해지고, 인재도 키우기 쉽다. 이 정도가 되어야 비로소 이상적인 조직을 구성할 수 있고 권한이양도 쉬워진다.
　사장의 정책과 전략을 철저하게 따라주는 현장의 점장, 조리장, 홀장이 전술면을 담당하는 스타일로 되어 간다. 여기서 가장 문제가 되는 것은 조직이 성립되어 사장, 사무실담당자(여기서는 사무장이라 해두자) 점장, 조리장, 홀장이라는 역직이 결정되어 있음에도 불구하고, 사장이 점장의 역할을 가로채서 자신이 모두 처리하거나 사무실에 있는 부인이 현장에 와서 홀장의 일을 도맡아 해버리고 부하에게는 아무것도 맡기지 않게 되면 곤란하다. 이래서는 조직이 제대로 움직이지 않게 된다. 또한 조직 운영법에 대해서는 '체인점의 역할분담'에서 상세하게 서술하겠지만, 요는 과감한 권한이양이 가능한가, 이 정도 규모의 회사를 잘 운영할 수 있는지, 그리고 간부가 예정대로 육성할 수 있는지의 기로점이라 할 수 있다.
　즉, 이러한 규모의 조직에서는 권한이양이 완전하게 이루어지고 그것을 실행하는 점장 레벨의 노력이 중요하다 할 수 있다.

4) 점포수 5~10점포의 규모(표 5-6)

　이 정도의 규모가 되면 새로운 역직이 생긴다. 그것이 SV(수퍼바이저)이다. 일반기업에서 사용하고 있는 용어로는 영업과장이라 생각하면 된다. 사장대신에 현장레벨을 유지하도록 점장을 비롯 QSC레벨을 체크하고 종업원을 지도하여 점포를 활성화 시켜가는 역할을 분담하게 된다.
　SV의 직무에 관해서는 마지막 절에서 상세하게 서술하겠지만, 적어도 2~3점포의 경우에는 사장이 정확하게 현장 상황과 점장을 장악하고 있으면 점포는 높은 레벨을 유지할 수가 있지만, 점포가 5개 이상이 되면 사장 혼자로는 역부족이다.

그것은 리더가 지도하고 통제를 하는 사람수가 5명을 넘으면 통제하기 어려워지기 때문이다. 두 세명일 때는 견실하였던 점포가 매상이 늘고 종업원이 많아짐에 따라서 레벨이 떨어져 '이 점포는 옛날 작았던 편이 훨씬 좋다'라는 소리를 들은 경험은 누구나 있을 것이다. 부하의 수가 증가하여 경영자의 의지가 하위까지 전달되지 않아 경영자의 생각처럼 점포가 움직여주지 않기 때문이다.

게다가 점포수가 5~6개로 증가하면 사장은 점장조차 통제할 수 없게 된다. 그래서 현장·점포를 통제하는 SV가 필요하게 되고, 이 SV도 당연히 한 명의 담당이 3~4점을 지도할 수는 있지만, 6개가 넘어가면 복수의 SV가 필요하게 된다. 그러므로 항상 혼자서 담당하는 점포를 6점포 이하로 억제해야 한다. 왜냐하면 조직이라는 것은 경영적 측면에서 리더가 통솔하는 부하가 6명이 넘게되면 통제력을 잃게 되기 때문이다. 따라서 항상 담당하는 부하의 수를 6명 이하로 제한하는 것이 조직을 움직여 가는 포인트이다.

전쟁을 하기 위해 만들어진 군대조직을 생각해 보면, 그것을 잘 이해할 수 있을 것이다. 분대장이 6명의 대원을, 소대장이 6명 이내의 분대장을 그리고 중대장, 대대장, 연대장도 모두 6명 이내의 장을 통괄하고 있으며 연대의 집합체가 사단이 되는 것이다.

이렇게 해서 만들어진 조직은 바로 정삼각형의 조직이 된다.

5) 체인점의 역할 분담

체인점이 되면 역할 분담이 크게 변한다. 10점포 이내일 때는 사장, SV, 점장, 주임이 하나의 상하 직접관계로 직무가 정해지지만, 체인점의 경우에는 앞 절 '음식점의 조직'에서도 서술했지만, 정삼각형 조직은 점포수가 증가되어 직무가 계속 증가하면 경영자의 뜻대로 되기 어려워진다.

여기서 현장부분(라인)과 본부(스텝)의 역할을 명확하게 나누고, 라인 쪽은 적극적으로 경영자와의 단계를 줄이려는 연구가 행해져야 한다.

체인조직에서는 라인 쪽은 사장 - 담당전무 - SV - 점장 - 주임의 형을 이루고, 스텝 쪽은 사장 - 본부장 - 각 담당 스텝이라는 형을 이룬다. 본부는 현장(라인)이 자연스럽게 영업될 수 있도록 지원하고, 기획한다. 여기서 라인과 스텝의 역할을 설명하겠다.

· 사장

총괄(정책담당), 대외교섭, 그리고 직속부하로 스텝의 본부장과 라인의 사업부장(여기서는 전무)을 통합한다.

· 사업부장(전무)

라인의 모든 부문을 맡는다. 그리고 4명의 SV를 통할지도한다. 다시 말해, 전체 영업을 담당.

· SV

여기서는 4명의 SV가 각각 4점포씩을 맡게 되고, 4사람의 점장이 직계부하이다. 점장을 통할지도하여 각 점의 영업에 최대효과를 창출하게 한다. SV의 직속상관은 사업부장이지 결코 사장은 아니다. 이 사업부장 (전무)의 지시로 일한다.

· 점장

점장은 부하와 점포를 맡아서 최대의 매상과 최대의 이익을 창출해야 한다. 점장의 직무는 '연매출이 2~3억원인 점포' 항에서 설명한 대로 매출관리, 인사관리를 비롯 현장관리, 부하교육 그리고 고객관리가 있지만, 체인점의 경우에는 이러한 것은 대부분 본부에서 지원하여 관리업무를 간단하게 하는 연구가 이루어지고 있다. 점장은 직무수행을 위해 홀장과 조리장을 부하로 두고 그들을 통해서 높은 현장레벨을 확보해 간다. 따라서 현장에 있는 점장의 리더쉽에 따라 매출이 70% 정도는 좌우된다고 할 정도로 현장에서의 점장직무, 레벨은 음식기업에서는 중요하다.

· 조리장

주방의 모든 책임을 맡는다. 매입관리, 품질관리(조리), 원가관리, 주방 내의 인사관리, 교육, 또한 주방 청결 관리도 한다. 당연히 이것은 점장으로부터 권한을 이양받은 직무이지, 결코 점장보다 조리장이 상위임을 의미하는 것이 아니라 분명 점장 아래라는 것을 충분히 인식해야 한다.

조리장은 어디까지나 점장의 보좌역이며 점장을 주방 안에서 도와주는 사람이다. 때문에 주방의 모든 일을 맡게 된다. 때문에 점장의 주방에 대해 언급을 금하는 것은 언어도단이다.

반대로 점장도 주방은 모두 조리장에게 맡겼다며 책임을 회피해서도 곤란하다. 항상 조리장에게 협력하고, 조리장에게 도움을 받고 있다라는 인식이 필요하다.

· 홀장

홀 안의 모든 일을 점장에게 위임받아 도맡아 관리한다. 우선 현장의 서비스레벨을 높이는 것이 첫번째이다. 그리고 홀 안의 종업원 인사관리, 교육, 청결 그리고 스탠바이 등이 있고 출납의 금전관리도 담당하는 경우가 있다.

요는 가능한 한 홀사이드에서의 점장의 관리작업을 적게 할 수 있는 홀장이 우수한 홀장이다.

다음에는 본부, 스텝의 직무에 대해서 서술하겠다.

① 어카운팅 컨트롤러(경리담당)

매출 예상과 실제 매출 체크작업을 우선 행하고 입안한 매출계획, 이익계획에서 크게 벗어나지 않는가를 항상 체크하며, 만일 벗어난 경우에는 곧바로 본부장에게 보고하여 대책을 강구한다.

② 휴먼 컨트롤러(교육담당)

현장의 QSC레벨을 높게 유지하고, 자사가 추구하는 수준이 될 수 있도록 아르바이트 비롯한 정사원교육도 담당한다. 자사의 메뉴얼을 충분히 숙지하고 현장에서 열심히 일하는 인물이 없다면 교육담당으로서의 역할을 다하지 못한 것이다. 그리고 교육은 '음식점의 인사와 교육'에서도 서술했듯이 정확한 커리큘럼을 준비하여 그것을 바탕으로 점장, 홀장, 조리장을 지원하면서 교육해야 한다. 또한 부하에게는 현장교육담당자와 구인을 담당하는 리크루터로서의 의무를 갖게 한다.

③ 프로덕트컨트롤러(상품담당)

두 가지 커다란 직무가 있다. 그것은 우선 자사에 맞는 상품을 만드는 것이다. 식재를 비롯 센트럴키친에서 가공, 배송, 그리고 조리, 제공까지의 흐름속에서 상품을 만들고 이것이 확립되면 본부의 경리파트에서 작성한 ABC분석(이것은 하 권의 제1장 '음식점의 계수관리'에서 상술)에 바탕을 둔 메뉴만들기가 두 번째 직무라 할 수 있다. 또한 매입전속 머천다이저와 상품개발에 종사하는 푸드디자이너를 부하로 둔다.

④ 시스템컨트럴러(기획담당)

전반적인 기획을 담당한다. 크게 나누어서 4가지 직무가 있다. 첫 번째가 이 회사를 어떻게 확대시킬 것인가 하는 장기경영계획의 작성이다. 기업이 커지면 이것을 담당하는 부하를 배치한다. 이 부하를 스트레티지플래너라 부른다.

두 번째가 이 장기경영계획의 실행을 위해 가까운 미래에 조직은 어떻게 변화시킬 것인가, 또한 매뉴얼 등을 어떤 식으로 수정을 해나가야 하는지를 담당하는 부하를 시스템플래너라 한다.

세 번째는 선전기획이다. 연간 판매촉진계획이나 계절별, 점포별 이벤트 등을 기획·입안한다. 이를 담당하는 부하를 세일즈프로모터라 한다.

마지막으로 입지개발이다. 자사가 원하는 출점장소는 부동산회사를 비롯, 모든 인맥을 통해서 손에 넣을 수 있다. 담당하는 부하를 스토아디벨로퍼라 부른다.

이처럼 기업이 커지면 그 나름대로 그에 상당하는 역직을 마련해야 하며, 각각의 직무를 분담하여 완벽하게 해냈을 때 비로소 조직은 활발하게 움직여간다.

점포수가 약 40~50점포 규모의 조직을 상정해서 각 직무에 대해 설명했는데 이것을 체인점 조직도, 표 5-7에 맞추어 이해를 해주었으면 한다.

이 조직도를 우선 이해하고 나서 2~3점포의 음식점을 경영하는 경영자가 自社의 조직도를 작성해 가면 정확한 조직도를 만들 수 있다. 항상 2~3배 규모의 기업을 상정하여 자사의 조직도를 만드는 것이 바람직하다.

4. 음식점의 요원계획

지금까지 음식점 조직의 원리원칙과 조직도 만드는 방법에 대해서 서술했다. 여기서 조직에 대해서는 어느 정도 이해하지만, 실제 점포사이드에서는 어느 정도의 종업원을 모집하며, 또한 회사가 커지면 어느 정도의 본부스텝을 두어야하는지 잘 모르겠다는 경영자가 많다. 그러므로 점포사이드에는 몇 명의 종업원이 이상적이며, 본부 스텝은 어느 정도 비율이 바람직한가에 대해 설명하겠다.

1) 점포사이드의 요원계획

점포가 굉장히 붐비며 활기에 차 있으면 대부분의 사람들은 돈을 많이 벌 것이라 생각한다. 그렇지만 그들 점포가 모두 일반 사람들의 생각처럼 벌이가 되느냐 하면 그렇지 않다. 그 이유의 대부분이 사람을 잘못 사용했기 때문. 즉, 조직운영이 미숙하여 사람만 많이 고용하였기 때문에 매출이 많을지라도 이익은 나지 않게 되는 것이다.

앞 장의 '음식점의 급여'절에서도 서술했듯이 단 한 사람이라도 많은 급료를 지불하여 일할 맛을 불러일으키는 것이 번성점을 만드는 조건이다. 높은 급료를 지불하면 당연히 인건비가 높아져 이익을 압박하게 된다. 때문에 '업무를 체계화하여 단순화하려는 연구'와 '한 사람 한 사람의 기술을 높이기 위한 교육·훈련'이 중요하다.

요는 점포에서 일하는 사람수를 줄여서 1인당 일의 효율을 높이는 연구를 하는 것이 이 요원계획의 첫번째 전제 조건이다.

두 번째 전제조건은 1점포당 인건비를 매출의 24%이내로 하는 것이다. 단, 이것은 일반 패밀리레스토랑 레벨의 음식점에서만으로, 패스트푸드와 디너하우스는 또 다르다. 여기서는 대중 레벨 음식점의 요원계획에 대해서 이야기하겠다.(인건비에 관한 내용은 하권의 제1장 '음식점의 계수관리'에서 상세하게 설명해 놓았다.)

표 5-10 요원계획

(1) 현장에서의 1개월간의 적정인건비
 42000만 원(연매출) ÷ 12개월 = 3500만 원(월매출)
 3500만 원(월매출) × 24%(표준인건비율) = 840만 원(1개월당 인건비)
 840만 원 - (840만원×15%)(1개월당 복리후생비와 보너스)
 = 7,140,000

(2) 정사원의 급여계산
 점장 180만 원 조리장 180만 원
 정사원 100만 원 × 2人(키친 1人 + 홀 1人) = 200만 원
 합계 560만 원

(3) 파트·아르바이트 채용
 714만 원 - 560만 원 = 154만 원
 154만 원 ÷ 2,000원(1인당 평균시급) = 770시간
 770시간 ÷ 34일(일요일은 2일분으로 한다) ≒ 23시간/日
 23시간/日 ÷ 4시간(아르바이트, 파트의 1일 평균 근무시간)
 = 5.5명 1일 약6명의 아르바이트를 고용한다.

인원을 삭감하는 시스템화, 종업원의 기량, 그리고 미리 정해진 점포당 인건비율이라는 조건을 바탕으로 현장요원계획을 세우게 된다. 여기서 연매출이 4억 2천만 원인 점포의 요원계획(물론 업종·업태에 따라 필요인원은 다르겠지만)을 소개하겠다.

그것은 표 5-10과 같은 수식이다.

이 계산방법은 ① 우선 현장에서 1개월간의 인건비 지불가능액을 계산하고, 다음으로 ② 정사원의(이것은 경험으로만 가능한 것인데 월매출이 3,500만 원이라면 정사원을 3~4명으로 구성하는 것이 일반적이다.) 월매출에 표준인건비율을 곱해 급여를 계산한다.(보너스·복리후생비는 앞의 표 (1)항에서 처럼 계산하고 요원계획할 때는 급여에서 빼준다.) 또한 ③ 아르바이트의 시간급 총액을 계산한다(이것은 (1)에서 (2)를 공제하면 산출된다). 그 금액을 1시간당 평균시급으로 나누고 1개월 아르바이트가 근무할 수 있는 시간을 1개월 업무일로 나누면 평일 하루분의 시간수가 나온다. 또한 이 총 시간수를 1일 평균근무시간으로 나누면 평일 근무 가능한 아르바이트수가 나온다.

이러한 작업을 거쳐 이 점포에는 정사원 4명, 아르바이트 6명이라는 요원이 필요하다는 결론이 나오게 된다. 이러한 방법으로 1점포당 적정인원, 요원계획을 세워간다. 요원계획을 세우는데는 기준이 있다. 자점에서 세운 요원계획이 적절한가를 우선 1개월의 계수 속에서 체크할 것을 권한다.

그 체크포인트는 다음과 같다.

첫 번째는 앞에서 이야기했듯이 1개월의 총 매출에 대한 인건비가 패밀리레스토랑, 패밀리다이닝 레벨에서 24%, 패스트푸드 15%, 디너하우스에서 28%이내에서 지출되는가이다.

두 번째로 인시매상고를 체크한다. 이것은 1개월의 총 매출을 1개월의 모든 종업원의 총 노동시간으로 나눈 수치로, 1시간당 15,000원에서 20,000원 정도가 이상적이다. 대형 패스트푸드레스토랑에서는 인시매상고가 20,000원 이상인 점포가 많다고 한다.

세 번째는 노동분배율이 38%이내인가를 체크한다. 노동분배율이란 1개월 동안 전종업원의 총 인건비를 매출이익으로 나눈 수치로 이것을 38%이내에서 처리하면 인건비는 안정되어 적절한 요원계획이 된다.

이상과 같이 현장사이드에서의 요원계획, 적정인원은 각 체크항목에 부합되게 계획하고 실시하는 것이 중요하다. 그러나 거의 모든 음식점은 계수에 관계없이 바쁜 피크시를 대비해 여분의 인원을 포함하기 때문에 아이들타임에 어슬렁거리는 종업원이 있는 경우가 많다. 이것은 커다란 기회손실이다. 현재 자점의 요원계획, 종업원의 적정배치를 다시 살펴볼 필요가 있다.

음식점에서 이익을 높이는 길은 이 요원계획이며, 종업원의 적정배치가 포인트가 되는 것만은 틀림없다. 때문에 점포의 오퍼레이션 시스템화, 종업원의 질향상·정예화가 요구된다.

2) 본부스텝의 요원계획

점포수가 늘어감에 따라 경영자 혼자서 기장에서부터 구인, 메뉴만들기에 이르기까지, 영업이외의 모든 항목을 한다는 것이 불가능하므로 사무원을 두게 된다. 이렇게 4~5점으로 점포가 늘어남과 동시에 전절 '음식점의 직무분담'에서 서술했듯이 여러 스텝이 필요하게 된다. 여기서 어느 정도의 스텝이 필요한지 그 대략적인 틀에 대해 설명하겠다.

당연히 스텝은 회사의 규모, 특히 매출규모에 따라 크게 좌우되기 때문에 '음식점의 조직'에서 설명한 각각의 규모에 따라서 그 스텝수를 생각해보자.

(1) 연 매상 2~3억 원 점포 1개

사장(주인)과 부인이 스텝 의무를 모두 진다. 오히려 사장은 점장을, 부인은 조리와 홀을 모두 도와주는 경우가 많기 때문에 전속 스텝은 하나도 없다.

(2) 연매상 4~5억원, 점포 2~4개

여기서 비로소 겨우 사장이 전임 스텝일을 하고, 부인이 사무원 역할을 한다. 그렇지만 아직 전속 스텝을 채용배치할 여유는 없다(표 5-5 참조).

(3) 연매상 20~50억 원, 점포 5~10개

드디어 본격적인 기업·회사라 할 수 있다. 사장은 사장본업(정책, 전략)에 전력을 다할 수 있게 되고, 본부에서는 본부장(이른바 상무, 넘버 투가 되는 인물)을 배치하고 그 밑으로 경리와 인사교육담당을 둘 수 있다. 게다가 점포수가 10점포에 가까워 지면 기획담당 스텝을 배치하게 된다. 여기서 사장부인의 역할을 어떻게 해야 하느냐를 명확하게 하는 것이 중요하다(표 5-6 참조).

(4) 체인점 연매상 50억 원 이상

이렇게 되면 '체인점의 역할분담'의 항에서도 서술했듯이 각각의 항목을 담당하는 스텝이 필요하다. 그러나 점포수가 10여 개가 약간 넘은 시점에서 계수, 교육, 상품, 기획을 담당하는 모든 스텝을 본부에서 배치하게 되면 머리만 큰 본부가 되어 이익을 압박하게 된다. 그러므로 본부요원의 적정수는 지금까지의 경험에서 보면 연매상 10억 원에 대하여 한 사람의 본부요원이 한도라 생각된다.

따라서 (1)의 경우는 사장겸임, 부인겸임으로 0.5인분, (2)의 경우에서 단 1사람, 그것도 경영자부부가 겸임 (3)에서 그 규모에 따라서 2~4명, 여기서 비로소 전임 스텝이 나온다. 그러나 20억 원에서 30억 원 정도 사이는 아직 경영자부부의 겸임이 필요할지도 모른다. 여기서 우선 어느 직종의 스텝을 키울 것인가? 즉, 경리, 인사, 상품, 기획, 어느 부분에 힘을 기울이느냐를 미리 정하고, 자사의 방향성을 명확하게 하는 것이 중요하다. 그리고 체인점이라면, 10억 원 매상마다 본부요원을 늘이도록 한다.

본부요원에는 사장, 전무, 상무를 서열로 하여 SV를 비롯 본부를 지탱하는 사무원을 포함시키는 것이 원칙이며 그것을 기본으로 생각한다.

예를 들면 연매상 100억 원인 음식기업이라면 10명 정도의 스텝이 필요하게 된다. 이 10명을 어떻게 배치시키느냐에 따라서 그 기업 스타일이 결정된다. 가령, 라인측에서 SV 3명, 본부측에 경리, 인사, 상품, 기획에 4명의 스텝과 3명의 사무원을 두게 된다.

이상과 같이 자사의 요원계획, 적정배치에 항상 주의해야 하는데, 만일 본부의 기준에 적합하지 않거나 현장점포에서 더 많은 종업원을 필요로 하거나, 본부직원의 수가 부족하여 일처리를 제대로 할 수 없는 것은, 틀림없이 자사의 오퍼레이션 시스템이 잘못되었거나 종업원의 능력이 부족하기 때문이다.

5. 음식점의 조직 움직이는 법

본 장에서 조직의 원리원칙, 음식점에 맞는 조직의 구성방법에 대해 서술했는데, 여기서 그 조직을 어떻게 움직이면 활성화되어 효과적으로 운영할 수 있는가 생각해 보자.

그 포인트는 다음과 같다.

1) 완전한 권한 이양

　점장, 조리장은 물론이고 본부 스텝에게도 과감하게 일을 맡긴다. 일반 음식기업의 경우, 경영자가 고생고생하여 회사를 키운 경우가 대부분이므로 내 회사, 내 것이라는 의식이 상당히 강하여 일에 대해서도 자신이 제일이라 생각하는 자기의식이 상당히 강하다. 따라서 부하에게 '일을 맡긴다'라는 것은 말뿐이지, 실제로는 이것저것 자신이 전부 해버리는 경영자가 너무나도 많다.

　중에는 超ONE-MAN도 있어 사장이 없으면 아무런 결재도 되지 않는 회사가 실로 많다. 이래서는 조직이 정상적으로 움직이지 못한다. 적어도 3~5점으로 다점화하여 각각의 점포가 번성하기를 원한다면 과감히 현장을 맡겨야 한다.

　해당 간부가 미덥지 못하다면 사전에 점포 운영방법, 부하를 리드하는 방법 등을 정확하게 가르쳐주고 나서 실행시키고 그들을 지켜볼 정도의 도량이 경영자에게는 있어야 한다.

　간부가 육성되지 않는 것은 어쩌면 당사자에게도 원인이 있을지 모르지만, 그 대부분은 경영자측에 있는 것이 사실이다.

　제3장 '음식점 영업의 실제'에서 매뉴얼 만드는 법을 서술했는데, 모든 일의 기준을 매뉴얼로 정해두었기 때문에 이 매뉴얼대로 지키게 하려는 노력이 경영자에게는 필요하다. 要는 '정해진 것을 정해진대로 한다'라는 社風을 만들고, 그 실행을 강하게 간부에게 요구한다. 규준(매뉴얼)을 벗어나지 않는 범위 내에서 모든 것을 맡기는 것이 중요하다.

2) 정당한 평가

　모든 것을 맡겼다고 해서 그것을 방임하면 안 된다. 맡긴다라는 것과 방임한다는 것은 근본적으로 다르다. 맡기고 나서 제대로 운영되고 있는가를 일의 과정속에서 항상 체크해야 한다.

　음식기업 중에는 1개월의 점포 실적만을 보고 '너에게 맡겼는데 이게 도대체 뭐냐?'고 점장을 꾸짖는 경영자가 있다. 물론 결과도 중요하지만 경과를 하나도 보지 않고 "맡겼다 --> 좋은 결과를 내라"고 한다면 누구든 가만있지 않을 것이다. 아무리 바빠도 사장자신이(큰 기업에서는 상무나 부장이) 일의 진행상황을 체크하여, 만일 잘못된 곳이 있으면 가능한 한 해당 간부에게 알리고 수습해야 한다.

그리고 나온 결과가 바람직하다면 그 성과를 크게 평가해주어야 한다. 이 점에 대해서는 앞장의 '교육시스템의 실제' 및 '평가시스템'절에 상세하게 서술되어 있기 때문에 이 정도로 해두지만, 무엇보다도 경영자의 정당한 평가가 조직을 움직이는 원동력이 된다.

가능하면 1개월에 한번은 평가를 내리고, 적어도 분기별 한번 정도는 점포의 계수는 물론이고, QSC레벨, 일에 대한 의지 등에 대해서도 평가를 해주어야 할 것이다.

3) 계획적인 운영

제3장 '음식점 영업의 실제'중 '운용 매뉴얼 만드는 법'의 절에서 점포의 관리방법, 움직이는 법에 대해 상세하게 서술했지만, 요는 정확한 계획을 세워 실행하고 그 결과를 반성(체크)하는 사이클을 정확하게 지키는 것이 점포관리의 요체이다. 회사 전체 조직를 움직이는 방법도 이 점포 메니지먼트 사이클과 마찬가지로 계획, 실행, 반성(PDC라 한다)이라는 사이클을 가지고 움직여가고 있다.

우선 1개월간의 예정을 정확히 세운다. 표 5-11은 어느 회사의 1개월 예정표이다. 이 예정표에 따르면 본부회의와 미팅 등이 사전에 정해져 있고, 지난 달의 반성, 당월의 실제 진행상황, 그리고 다음 달의 예정 확인 등이 정확하게 PDC스타일을 취하고 있다는 것을 알 수 있을 것이다.

회사의 경영은 그때그때 되어가는대로 해서는 결코 커다란 성과를 기대할 수 없다. 본부의 예정을 모든 점포에 공표하여 '회사는 이렇게 움직인다'라는 것을 알리는 것이 중요하다.

점장이 주간 매니지먼트사이클용 행동예정표를 기본으로 행동하고, 그것이 1개월로 연결되도록 하는 것이 진정한 메니지먼트사이클이며 회사조직을 움직이는 법이라 할 수 있다.

표 5-11 월간 행사 및 행동예정표

월		관리사항			현장사항			판매촉진
요일	행사·보고	미팅	교육	상품의 질	서비스	청결함	
1								
2								
3								
4								
5								
6								
7								
8								
9								
10								
11								
12								
13								
14								
15								
16								
17								
18								
19								
20								
21								
22								
23								
24								
25								
26								
27								
28								
29								
30								
31								

표 5-12 사장의 월간 행동예정표

일	요일	일반행사	본부관리 사항	회의	현장사항	가운셀링	체크항목
1							
2							
3							
4							
5							
6							
7							
8							
9							
10							
11							
12							
13							
14							
15							
16							
17							
18							
19							
20							
21							
22							
23							
24							
25							
26							
27							
28							
29							
30							
31							

년   월

표 5-13 사장의 주간 행동예정표

년   월

(시간)	월요일		화요일		수요일		목요일		금요일		토요일		일요일	
	사무실	현장	사무실	현장	사무실	현장	사무실	현장	사무실	현장	사무실	현장	사무실	현장
10:00														
11:00														
12:00														
1:00														
2:00														
3:00														
4:00														
5:00														
6:00														
7:00														
8:00														
9:00														
10:00														
11:00														

4) 전원참가

　회사라는 형태의 조직으로 움직이는 한, 그 조직 구성원(음식점의 경우에는 종업원) 한 사람 한 사람이 의욕을 가지고 함께 일하는 것이 가장 이상적인 모습이다. '조직의 원리원칙'절에서도 서술했지만, 리더가 솔선해서 사람들을 끌어가는 리더쉽을 완벽하게 발휘할 수 있으면 틀림없이 전원이 의욕을 가지고 따라주고 참가를 하게 된다.

　흔히 경마를 예로 드는데, 마권을 사지 않은 사람들은 경마에 열중하지 않는다. 그것과 마찬가지로 음식점의 영업·운영에 가능한 한 많은 종업원을(그것은 한 사람도 빼놓지 않은 전원이 바람직하다.)참가시켜야 한다.

　그를 위해서는 우선 매출, 원료비, 인건비, 그리고 제반 경비를 모두 공개하는 것에서부터 시작하지 않으면 안 된다. '매출을 알리면 외부로 유출되어 불합리한 경우가 발생한다'고 생각하여 매출조차도 발표하지 않는 기업이 많다. 매출도 모르는 종업원에게 '매출을 늘리자! 매출을 높이자!'라고 아무리 외쳐봐도 소용이 없다. 또한 '매출을 공개하면 곧 임금 인상과 연계된다'고 하는 경영자가 '원가를 줄이자, 인건비를 내리자'고 아무리 외쳐봐도 종업원들은 움직여주지 않는다. 과감하게 사원들에게 매출, 원료비, 인건비, 제반 경비를 공개해야 한다.

　'원료 + 인건비 + 제경비'를 경영의 체질이라 하는데, 이 경영체질은 반드시 공개해야 한다. 계수에 대해서는 하권의 제1장 '계수관리'에서 상세하게 서술하겠지만, 경영체질을 매출의 70%이내에서 억제하고 있는 음식기업은 건전한 영업을 할 수 있다.

　계수를 공개하여 자사의 경영을 유리보듯이 환하게 알리는 것이 바로 모든 종업원이 참가의식을 가지고 적극적으로 목표달성을 위해 노력하게 하는 방법인 것이다. 또한, 회사가 실시하는 모든 행사와 이벤트에도 아르바이트를 끌여들여 실시하는 것이 바람직하다.

　정사원들이 생각도 못한 좋은 아이디어가 이들 아르바이트에게 나오는 예가 많다. 참가하는 것에 기쁨을 느끼게 해주는 회사는 틀림없이 번성을 이룰 것이다.

표 5-14 회의의 종류

회의명	내용	출석 의무자	회수
정기 간부회의	정책·전략의 결정 검토	사장 본부장, SV 2명, 경리, 인사 스텝	월 1회
점장회의	점포레벨의 계수, QSC레벨에 관한 사항, 이벤트 등	사장, 본부장, SV 2명, 모든 점장	월 1회
조리장 연락회의	주방에 관한 사항 원가관리, 상품개발 등	사장, 본부장, SV 2명(본부 스텝은 필요에 따라서)	월 1회
홀장 연락회의	홀에 관한 사항 서비스, 청결, 이벤트 등에 대해	사장, 본부장, SV 2명(본부 스텝은 필요에 따라서)	월 1회
구역별 점장회의	구역 안에서의 협력체제, 인원 보충·지원 등	해당 구역 담당 SV 구역 내의 점장	2개월 1회
아르바이트 연락회의	QSC에 대한 제안 의견, 트레이닝에 대한 의견 교환	본부장, 각 점포의 아르바이트 대표	2개월 1회
사원전체 회의	연간 행동지침 설명, 결의대회	전원(가능하면 거래처도 참가)	연 1회

5) 잘 운영되고 있는 회의, 미팅

이와 같은 전원이 참가하는 환경이 조성되면 회의나 미팅은 보다 효과적이게 된다. 조직을 활발하게 움직여가는데는 회의와 미팅이 차지하는 요소가 참으로 크다. 그러나 보통 사람들은 회의와 미팅 운영방법에 서툴다. 그래서 음식기업의 회의·미팅에는 어떠한 것이 있고, 어떻게 운영하는가에 대해 설명하겠다.

우선 여기서는 6개의 점포, 연 매상 20~30억 원인 음식기업을 가상하여 이야기를 진행시켜가기로 하겠다. 따라서 조직도로 보면 표 5-6이 된다.

표 5-14를 보기 바란다. 큰 기업은 아니지만, 그래도 회의는 7가지 종류나 있다. 또한 미팅에는 사장과 본부장 미팅(스텝부분 미팅), 사장과 SV들과의 미팅(라인부분 미팅), 또한 점포 내에서 행해지는 점장, 조리장, 홀장의 점포 간부미팅, 그리고 점포 전체 미팅 등이 있다.

이들 미팅도 회의와 마찬가지로 사전에 개최일을 정해 두고 정확하게 실시한다.

미팅의 종류, 내용을 정리하면 표 5-15와 같다. 이 미팅은 현실적인 운영면에서 일정협의, 실적반성, 목표설정과 확인 등, 극히 실무적인 내용이 많고, 반대로 회의는 토론, 검토, 결의가 많으므로 확실히 나누어 운영하는 것이 가장 중요하다. 때문에 그 내용을 사전에 충분히 검토해야만 할 것이다.

표 5-15 미팅의 종류

미팅명	내용	출석의무자	개최빈도
스텝미팅 주체자 : 본부장	본부내의 사정 경리, 인사, 상품, 기획 등	사장, 본부장, 경리, 인사스텝	주1회
라인미팅 주체자 : SV	점포의 매출 QSC레벨, 현장 人事	사장, SV 2명	주1회
점포간부 미팅 주체자 : 점장	점포의 매출 원가, 인건비, 인사, 주간목표	점장, 조리장, 홀장	격주1회
점포 미팅 (점장)	이번달 반성과 월간 목표 주간목표의 확인	정사원 전원	월1회
조례	주간목표의 확인	전 종업원	주1회

다음은 회의, 미팅을 잘 운영하는 방법이다. 회의 개최방법에 대해서는 청년회의소, 로터리클럽, 라이온스클럽 등에 입회되어 있는 경영자라면, 누구나 회의를 몇 번은 경험하였기 때문에 이해가 잘 되리라 생각하지만, 국제연합회의 등에서 주로 행해지고 있는 회의법의 기본을 취하면 정확한 운영을 할 수 있다.

그것에 따르면, 우선 회의개최는 의무출석자에게 반드시 1주일 전에는 통지한다 (간단하게 복사한 안내장이라도 좋다). 거기에는 개최하는 일시, 장소, 의무출석자명, 의제가 기록되어 있어야 하고, 그 회의 주최자의 책임으로 개최되는 것이다.

회의 진행방법은 표 5-16의 의사록 순서에 따라서 진행해 간다.

표 5-16 회의 의사록(議事錄)

```
(1) 개최일시      년    월    일      개최장소 :

    의무 출석자명
    참관자

(2) 개회

    의장인사
    전회의 회의록 확인
    의사록 서명자 지명
    오늘의 의사진행 확인

(3) 의사(議事)
    ① 보고사항
       본부보고
       각 점포 보고
    ② 협의사항
       제1호 의안(議案)
       제2호 의안
       제3호 의안
    ③ 의뢰 연락사항

(4) 다음 개최 확인

(5) 폐회
```

① 우선 출석자를 확인한다.
② 계속해서 의장이 개회를 선언한다. 이어서 지난번 회의의 의사록를 확인한다. 그리고 지난번 회의의 기록이 틀리지 않았는가를 지난번 회의 서명자에게 확인을 받고 전원에게 알린다. 만일 이의가 없으면 지난 회의에서 결정한 사항은 효력을 갖고 '모두 찬성했으니까 지키자'라고 선포하게 된다. 그리고 이번 의사록의 서명자를 의장이 지명한다.
③ 그리고 의사에 들어간다. 우선 보고에서 시작하여 다음으로 협의에 들어간다. 약 1주일 전에 전 출석자에게 의제를 미리 보냈기 때문에 각 점포에서는 당

연히 필요하다면 의논을 해야 한다. 출석자와의 협의를 통하여 모든 항목을 결정해간다. 이것이 끝나면 출석자 쪽에서 연락과 협력을 의뢰한다.
④ 마지막으로 다음 회의 개최일시와 장소를 정하고 폐회한다.

이와 같은 순서로 회의를 행하면 사장 독무대가 되지 않으며, 비교적 평등하게 출석자가 발언하게 되어 회의는 자연스럽게 진행된다. 그리고 이 회의의 의사기록을 표 5-16처럼 작성한다. 이것으로 모든 결정사항이 서류로 남겨지게 되므로 매뉴얼 등의 수정도 이 의사록의 기록을 쫓아 정확하게 할 수 있게 되며, 출석자 전원이 정한 것이기 때문에 정한 것을 그대로 실행하는 것도 쉬워진다.

미팅은 이것을 더욱 간단화한 것으로, 미리 정해서 실행하면 된다.

이상으로 5가지 항목에 대한 조직을 잘 움직이는 포인트를 서술했는데, 이 외에도 연차계획을 정확하게 세워서 그에 따라 전원을 움직이게 하는 것, 리더쉽 등등 아직 많지만 여기서는 이 5가지만 서술했다.

이상으로 상 권을 마치게 된다. 외식산업의 개론으로 시작하여 영업의 실제, 인사와 교육, 그리고 조직 운영방법 등으로 진행해 왔다. 하 권에서는 계수관리, 출점전략, 점포설계, 프로모션, 그리고 장기경영계획에 대해 기술하기로 하자.

역자 약력

강태봉(姜泰奉)

1980년 대전고등학교 졸업
1987년 경희대학교 산업대학 식품가공학과 졸업
1989년 일본 東京 外語전문학교 졸업
1990년 일본 OGM 컨설팅 입사. 한국 기획실장
1991년 OGM-KOREA 컨설팅 설립
　　　대표 역임. 현재에 이른다.

　선진 외국 일본에서 공부한 외식이론을 바탕으로 시대의 흐름에 따른 소비자의 Needs(욕구) 변화에 따른 업계에 어떻게 대처하고 고객들을 어떻게 이끌 것인가를 정확히 제시함으로써 많은 점포를 자문해 성공점으로 만들어 주고 있다.
　특히 세계 제일의 컨설팅 회사인 일본 OGM社와의 네트워크 형성으로 고객들에게 실질적인 도움을 주고 있다고 정평이 나있다.
　현재, 창업자문, 경영자문 및 교육·세미나 사업에 많은 실적을 남기고 있으며 특히 경영자문은 회원기업 50社(점포수 약 2,500개)에 정기적인 경영컨설팅을 하고 있다.
·번역서 : 매출증대 이렇게 합시다.

전략 입안편

식당 경영론(上)

1997년 11월 15일 제1판제1발행
2005년　8월 10일 제1판제5발행

　　　저　자　사까끼 요시오
　　　역　자　강　태　봉
　　　발행인　나　영　찬

발행처 **文知社**
서울특별시 동대문구 신설동 104의 29
전 화 : 2234-9703/2235-0791/2238-7744
FAX : 2252-4559
등 록 : 1993. 9. 4. 제5-380호

정가 10,000원

◆ 본서에 게재된 내용 일체의 무단복제 복사를 금함
ISBN 89-7880-037-8
www.gijeon.co.kr